JN411203

놓칠 수 없는 시간이기에
성소라, 꿈과 열정으로
하버드를 품다!

놓칠 수 없는 **시간**이기에

초판1쇄 인쇄 2008년 11월 14일
초판1쇄 발행 2008년 11월 17일
초판2쇄 발행 2008년 11월 20일

지은이 성소라
펴낸이 김영철
펴낸곳 북넷

기획 류재식
편집실장 김승주
디자인 이세은

편집 (주)새로운사람들
출력 미성디엔씨
인쇄 한국소문사
제본 (주)세인북스

등록일 2007년 11월 1일
등록번호 제203-90-00857
주소 서울시 서대문구 홍은1동 453-2
풍림빌딩 305호

전화 02) 395-2341
팩스 02) 395-2303
블로그 http://cafe.daum.net/book-net
e-mail/book2341@naver.com

ISBN 978-89-960730-7-9(03810)

* 책값은 뒤표지에 씌어 있습니다.

성소라 지음

BOOK NET

프롤로그Prologue

서로의 차이점에서 희망과 용기를 배우는 하버드

개학을 며칠 앞두고 〈탐구생활〉을 상대로 속전속결 한판승을 거두던 10년 전 여름이나 20대 초반의 성인이 되어 버린 지금이나 창문 너머로 들려 오는 매미들의 극성스런 함성은 반가울 정도로 그대로입니다. 세상도 사람도 많이 변해 가지만 여름을 수놓는 녹음과 끈끈한 공기는 어린 시절 기억하던 그 모습 그대로인 것 같습니다. 이렇게 변함없는 모습으로 우리를 맞아 주는 한국의 여름이 참 좋습니다.

2003년 12월 하버드 대학 수시입학 허가서를 받았을 때 책을 써 보라는 제안을 많이 받았었습니다. 그때만 하더라도 한국 고등학교에서 미국 아이비리그 대학으로 곧바로 지원하는 경우가 드물었기 때문에 제가 어떻게 공부를 했는지 궁금해 하시는 분들이 많았습니다. 더군다나 한국에서는 처음으로 일반 고등학교에서 하버드에 입학하였다고 하니 제가 '천재' 이거나 '특별한 공부 비법을 가진 아이' 라고 생각하시는 것 같기도 했습니다.

저는 쑥스러웠습니다. 대학에 들어가기까지의 과정은 다른 사람들과 마찬가지로 나름대로 목표를 정해서 열심히 앞만 보고 달리다 보니 감사하게도 '하버드대 입학' 이라는 결실을 얻게 되었는데, 주변의 여러분들은 이러한 사실을 대단한 일로 여겨 주셨습니다. 다소 진부하게 들릴 수도 있겠으나 "나의 개인적인 발전을 넘어서 한국의 발전을 위해 일하겠다"는 저의 목표에 어느 정도 도달했을 때, 그래서 사회 곳곳에 생산적인 도움을 줄 수 있게 되었을 때 글을 쓰고 싶었습니다.

책을 쓰면 미국 대학을 목표로 준비하는 많은 학생들에게 도움이 되지 않겠냐는 말에 마음이 흔들린 적도 있었습니다. 하지만 학업에 있어서 전형적인 모범생과는 조금 다른 길을 걸어온 저의 이야기가 대한민국의 수험생들에게 실질적인 도움이 될 수 있을까 하는 의문이 들었습니다. 고백하자면 전 사실 '저만의 공부법'이나 '시험에서의 고득점 비결'과 같은 구미가 당기는 답을 가지고 있지 않습니다. 고등학교 담임 선생님이 "소라야, 넌 실수 때문에 점수가 많이 깎이니까 시험 치는 훈련을 더 해야겠다"고 이메일을 보내셨을 정도입니다. 그래서 저는 못하더라도 다른 사람이 미국 대학 입학에 관한 경험담을 책으로 출간했을 때 얼마나 기뻤는지 모릅니다. 많은 학생들이 그 지침서들을 통해 도움도 받고 무엇보다도 더 큰 희망을 가지게 되었을 테니까요.

저는 다만 매사에 의욕이 넘쳐흐르고 새로운 것을 배운다는 사실이 행복했습니다. 가끔은 미련하고 느리게 앞으로 나아갔습니다. 돌아가는 길도 하나님의 뜻이라 생각하고 감사하게 받아들였고요. 고3 수시입학 시즌이 다가왔을 때 저의 다양한 사회 · 문화 활동, 취미와 특기, 그리고 삶에 대한 궁극적인 목표를 원서에 담아 하버드에 보냈고, 학교에서는 저만의 독창성에 높은 점수를 준 것 같습니다. 하지만 이러한 저만의 독창성이 만들어지기까지 이미 저에게는 주어져 있던 것들이 많다는 사실을 잘 압니다. 부모님의 각별한 사랑 안에서 배움에 대한 열정을 키워 나갈 수 있었고, 저에게 아낌없는 사랑과 후원을 보내 주시는 감사한 분들이 주위에 많이 계셨습니다. 사회 문제에 관심이 많아 봉사활동을 나가서도 항상 세상으로부터, 또 그 곳에 계신 분들로부터 더 많은 것을 배우고 집에 돌아왔습니다. 하버드 입학은 결코 저 혼자만의 입시 비법이나 재능, 노력을 가지고 해낼 수 있었던 일이 아닙니다. 그래서 저는 대학에 들어가서부터 지금 이 순간까지 빚을 지고 있다는 생각으로 더 열심히 살기 위해 노력했던 것 같습니다.

하버드는 배움의 전당인 동시에 순간순간 놀라운 깨달음의 장이었습니다. 세계에서 내로라하는 집안의 자재들과 뉴욕 빈민촌에서 온 학생들이 룸메이트가 되어 서로의 경험을 존중하며 배우고 있었습니다. 한 번도 미국을 벗어나 본 적이 없는 '보스턴 레드삭스' 야구팀의 열혈 팬과 보스턴 살인 추위가 익숙하지 않은 나이지리아의 유학생이 서로의 문화를 나누고 있었습니다. 태어나는 순간부터 자신의 의사와 상관없이 결정되는 인종, 성별, 그리고 가정의 사회적 · 경제적 지위 등은 학생들에게 있어서 자랑거리나 원망의 대상이 아니라 '나'와 '너'를 구분 짓는 '차이점'일 뿐이었습니다. 저마다 자신에게 주어진 환경과 조건 속에서 치열하게 살아왔고, 하버드에 도착한 지금이 인생의 긴 여정에 있어 진정한 출발점이라는 것을 알기 때문입니다.

저는 하버드에서 학생들이 서로의 '차이점'에서 가장 큰 희망과 용기를 배운다는 사실을 체험했습니다. 그리고 남들과는 다른 길을 걸어온 저의 삶의 이야기도 "나는 지금 과연 어떤 길을 택해야 할까?" 하고 고민하는 학생들에게 용기와 희망이 될 수도 있겠다는 작은 바람으로 책을 쓰게 되었습니다. 음악을 위해 무작정 학교를 그만두었던 중학교 시절, 한국인으로서 조국을 먼저 알지 못하고는 세계인이 될 수 없다는 생각에 미국에서의 모든 것을 포기하고 한국행을 택했던 고등학교 시절, 그리고 하버드라는 새로운 세상에서 공부를 하고 있는 지금 이 순간까지 제가 일정한 틀에서 벗어난 길을 택할 때마다 사람들은 저를 실패자로 바라보곤 했습니다. 그때마다 저도 앞으로 어떤 길을 가야 할 것인가로 매번 많은 고민을 했고요. 하지만 기도와 열정으로 달려갔던 그 '다른 길들'의 끝에는 언제나 또 다른 성공의 문이 저를 기다리고 있었습니다. 언제나 스스로에게 당당할 수 있는 명분을 가지고 달려 나가는 사람들에게는 이 세상에 결코 '헛길'은 없으니까요.

평생 신입생이었으면 좋겠다는 바람을 시간은 야속하게도 들어줄 생각이 없나 봅니다. 저의 어린 시절 꿈이 고스란히 담긴 원서를 하버드로 보냈던 5년 전의 그 설렘 반, 긴장 반의 심정으로 이젠 또 대학 졸업 후의 미래를 고민해 보는 인생의 기로에 서 있습니다.

"Harvard was a kind of luxurious afternoon."

이렇게 말했던 어느 하버드 졸업생의 말처럼 하버드에서의 지난 몇 년은 제 인생에 있어 최고로 달콤했던 순간들이었지만 이제 저 아이보리 타워 너머로 펼쳐지게 될 미래는 학생이라는 변명이 통하지 않는 '실전'일 테니까요.

세상으로 나가기에 앞서 이 책을 통하여 많은 분들과 대화를 나누고 싶습니다. 유치원에서 있었던 재미있는 이야기를 엄마에게 빨리 들려주고 싶어 집으로 달려오는 꼬마의 마음으로 이곳에서 여러분을 기다리고 있겠습니다.

여름방학을 맞아 귀국했던 저에게 '글쓰기' 라는 대장정을 떠날 수 있게 기회를 마련해 주시고 응원을 해 주신 많은 분들께 감사하다는 말씀드리고 싶습니다. 그리고 언제 어디서나 무슨 일이 있어도 내 편이 되어 주는 우리 가족, 친척들, 친구들! 감사하고 사랑합니다. 마지막으로 저를 위해 가장 가까운 곳에서 하나님께 기도드려 주고 계실 하늘에 계신 우리 할머니와 부산 할아버지, 언제나 부끄럽지 않은 손녀딸이 되도록 저 열심히 살게요. 다시 뵐 그날까지, 우리 파이팅!

2008년 가을에

성소라

---

* 이책에 수록 된 사진들은 저자가 직접 촬영한 것임을 밝혀 드립니다.

Contents

제2장 소녀, 음악에 빠지다

Contents

하버드를 향한 긴 여정

제4장 하버드야, 1년만 기다려 줘!

Contents

젊음의 태도

제1장

서울에 울려 퍼진 하버드의 선율

1. 하버드 래드클리프 오케스트라HRO

HRO의 200번째 생일파티/ 한국은 아시아의 숨겨진 보석/ 공연 준비, 그 숨가쁘고 아름다웠던 1년/ HRO, 서울과 만나다/ 마법에 걸린 듯 행복했던 8일

2. 지하실 쓰레기통 창고에서 왈츠를 추다

꼭 넘고 싶은 산/ 신입생 주간, 4개의 오디션/ HRO, 음악을 다시 만나다

1. 하버드 래드클리프 오케스트라HRO

HRO의 200번째 생일파티

"여러분도 알다시피 다가오는 2007-2008 시즌*은 우리에게 큰 의미가 있다네. 오케스트라가 200살이 되는 해니까. 그만큼 여러분의 어깨를 빌릴 일이 더 많아질 테지만 특별한 해인 만큼 오케스트라의 임원진이 된 것을 다시 한 번 축하하네."

하버드 래드클리프 오케스트라HRO의 비즈니스 매니저가 되어 처음 참가해 보는 임원회의에서 '닥터 Y'로 통하는 제임스 야나토스 지휘자님은 특유의 웃음을 띤 얼굴로 우리에게 축하인사를 해 주셨다. 신입생 시절부터 지난 2년 동안 나는 HRO의 바이올린 주자로서 매년 다섯 차례씩 정기 연주회를 무대에 올렸지만 이젠 무대의 뒤편에서 펼쳐지는 오케스트라의 행정적인 일까지 관여할 수 있다는 생각에 마음이 한껏 부풀어올랐다.

HRO는 해마다 12월이 되면 회장, 총괄 매니저, 비즈니스 매니저 등 3명의 임원을 선거로 뽑는다. 새로 뽑힌 임원진은 겨울 방학이 지나고 2

학기(봄 학기)가 시작되는 이듬해 2월부터 공식적인 활동을 시작하게 된다. 오케스트라의 전 단원이 참가하는 선거는 하버드 캠퍼스의 샌더스 극장에서 치러지는데 회장, 총괄 매니저, 비즈니스 매니저의 순으로 투표가 진행된다. 투표에 앞서 후보자들은 각자 무대에서 10~20분씩 공약을 발표하고 단원들의 날카로운 질문 공세를 받는다. 아직 오케스트라 내에 아는 사람이 많지 않던 2학년 초에 내가 임원 선거에 나가 보기로 용기를 낸 것은 솔직히 그 직책이 너무나도 탐났기 때문이다. 현존하는 미국의 그 어느 교향악단보다도 오랜 역사를 가지고 있는 HRO의 임원 자리는 참 매력적이었다. 하버드 대학교 학부 재학생으로 구성된 백여 명의 오케스트라 단원들, 오케스트라의 역사만큼이나 오랜 전통을 자랑하는 HRO 동문회, 그리고 대학 당국이라는 삼각 구도 속에서 서로 상충되는 의견을 조절하고 새로운 방향을 제시하는 영광스런 의무이자 권리를 가지게 된다. 단원 개개인과 좀더 친밀하게 지낼 수 있다는 점도 좋았다.

난 특히 HRO의 재정을 담당하는 비즈니스 매니저를 해보고 싶었다. 경제학 전공도 아닌 데다 100명이 넘는 대규모 단체의 재정을 홀로 맡아 본 적도 없었기 때문에 나는 그 '새로움'에 끌리고 있었다. 친구 캐더린은 선거 때 나를 후보자로 추천해 주겠다며 나의 결정을 부추겼다. 1학년 때는 개인 사정으로 HRO 선거에 참가할 기회를 놓쳤던 나는 HRO 선거가 보통 어느 정도 규모로 진행되는지 전혀 가늠할 수가 없었기 때문에 그만큼 더 막연하여 긴장감도 더했다. 선거 당일엔 리허설 내내 열 번도 넘게 마음이 바뀌었다.

'나갈까, 말까? 왜 난 항상 사서 고생이지? 에라, 모르겠다. 그만두지, 뭐. 근데… 도전이라도 해봐야 나중에 후회가 안 남겠지?'

리허설이 끝나자 선거의 막이 올랐다. 120명의 단원들이 극장 객석에 자리잡고 앉았다. 먼저 회장 후보들이 무대에 올라 공약을 발표하기 시작했다. 유명 인사들의 연설을 패러디하여 눈물을 흘리며 공약을 발표하거나 전단지를 뿌리며 춤을 추기도 했다. 다가오는 2007-2008 시즌은 오케스트라의 200주년이 되는 해이니 그만큼 더 많은 행사를 개최하고 더 많은 관객을 확보하겠다는 식의 공약들이 줄을 이었고, 더 '와일드' 한 HRO 파티를 개최하는 데 힘쓰겠다는 식의 재미있는 공약들도 나왔다. 그런데 나를 정말 놀라게 한 것은 각 후보들이 무대 뒤로 들어가자마자 시작되는 단원들간의 살벌한 토론이었다.

"난 기호 1번하고 단짝이긴 하지만, 사실대로 말하자면 걔는 정말 시간관리를 못해. HRO 회장 일을 얼마만큼 소화해 낼 수 있을지 의문이야."

"기호 2번 또한 항상 맡겨진 일을 잘 처리한다고는 말 못 해. 내가 룸메이트라서 잘 아는데, 언제나 시간에 쫓기면서 일을 진행하곤 하거든. 까먹기도 잘하고, 항상 위태위태하지. 근데 정말 HRO를 위하는 마음만큼은 그 누구보다도 크다고 내가 장담할 수 있어."

"마음만 크다고 다 되는 것은 아니잖아? 걔는 언행일치가 안 되잖아? 오히려 기호 3번이 평소에 인지도는 낮아도 일을 꼼꼼히 하기로 유명한 친구야."

단원들은 정말 냉철하게 후보자들을 평가하고 있었다. '대통령 선거도 아니고 일개 학생단체의 임원진 선거인데, 자신의 단짝 친구나 룸메이트가 후보로 나오면 앞뒤 볼 것 없이 밀어 주는 것이 관례 아닐까?' 하는 나의 생각을 뒤엎는 순간이었다. 이들에게 공과 사는 물과 기름의 관계나 마찬가지였고, 또한 토론장에서 나온 말들은 그 누구도 후보자들에게 몰래 고자질하지 않을 것이란 절대적인 믿음을 가지고 있었다.

40분이 넘는 토론 끝에 결국 크리스틴이라는 여학생이 회장으로 선출되었다. 그 다음으로 총괄 매니저에는 젝키라는 여학생이 선출되었고, 곧 비즈니스 매니저의 선거가 이어졌다. 그때 나는 사실 선거의 과열 분위기에 압도되어 후보자 등록을 다시 한 번 망설이고 있었다. 나에게 단원들이 어떤 질문을 퍼부을지, 내가 무대에서 사라진 사이에 나를 놓고 어떤 비판부터 해댈지 걱정이 되었던 것이다. 물러서 버리면 나중에 후회할 것 같긴 한데 그렇다고 선뜻 용기도 나질 않았다.

이런 나의 마음을 눈치챘는지 캐더린은 덥석 나를 추천해 버렸고, 나는 자의 반 타의 반으로 무대에 나가 나의 생각들을 말하기 시작했다. 내가 비즈니스에 대해 내로라할 만한 경험은 없지만 전임 비즈니스 매니저에게 배워 가며 열심히 하겠다는 의지를 밝혔고, 이때까지 HRO 디자이너로서 HRO를 위해 열심히 일해 왔던 것처럼 초심을 잃지 않고 HRO의 튼튼한 재정적 바탕을 이루기 위해 노력하겠다고 약속했다. 별 대단한 공약은 아니었지만 나는 나의 진심을 담아서 이야기했다.

"만약 저에게 이 선거에 왜 나왔냐고 물으신다면 전 딱 한마디로 답할 수 있을 것 같습니다. 전 HRO를 사랑하고 HRO를 구성하는 여러분을 섬기고 싶기 때문입니다."

비즈니스 매니저로는 그나마 벤이라는 남학생과 나밖에 후보자가 나오지 않았기 때문에 가능성은 50:50이었다. 무대 뒤 연습실에서 선거 결과를 기다리고 있던 그 시간이 어찌나 길게만 느껴지던지. 잠시 후 발자국 소리와 함께 HRO 전 회장의 모습이 나타났다. 그런데 그가 벤을 향해 발걸음을 옮기는 것이 아닌가? 순간 '떨어졌구나' 하는 생각으로 가슴이 철렁했다. 그래도 도전은 해보았으니까 후회는 없다는 마음과 함께. 그런데 패자로서 마지막 자존심은 지키기 위해 애써 웃음 지으며 섭섭한 마음을 감추고 있던 나의 귓가에 놀라운 말이 들려 오기 시작했다.

"벤, 이번 선거에 나와 주어서 너무 고맙다. 안타깝지만 내년에 다시 한 번 도전해 달라고 부탁해도 될까? 소라, 새로운 비즈니스 매니저가 된 것을 축하한다!"

닥터 Y와의 첫 임원회의는 성공적으로 끝이 났다. 앞으로 1년 동안 오케스트라를 함께 이끌어 나가야 할 사람들인 만큼 첫 단추가 중요한데 크리스틴, 젝키, 그리고 내가 모두 여학생이다 보니 시종일관 할아버지와 손녀딸들 같은 화기애애한 분위기 속에서 즐겁게 회의를 할 수 있었다. 특히 닥터 Y는 내가 한국 유학생이라는 사실에 놀라워하며 다시금 격려를 해 주셨다. 1년 반 전, 떨리는 마음으로 HRO 오디션을 보러 왔던 나에게 그러셨던 것처럼 말이다. 그때 그 생면부지의 신입생이 나였다는 것을 닥터 Y는 기억하실까? 감회가 새로웠다. 비록 삭막해지기 쉬운 대규모 학생단체이지만 이런 가족 같은 분위기가 나를 HRO로 끌어당겼고 오케스트라를 위한 일이라면 바쁜 일정 중에도 그 누구보다 먼저 두 팔, 두 다리를 걷어붙이게 하는 원동력이 되었다.

'나를 믿고 뽑아 준 오케스트라의 기대를 저버리지 않도록 정말 열심히 해야겠다.'

이런 각오로 회의실 문을 나서는데 닥터 Y의 마지막 한마디가 나의 관심을 붙잡았다.

"참, 한 가지만 더. 4년마다 해 오던 해외 공연을 슬슬 준비해 봐야지. 2008년 여름을 목표로 '200주년 기념' 이라는 타이틀에 걸맞게 좀 크게 했으면 하는데… 어디로 가면 좋을지 생각들 좀 해봐요."

한국은 아시아의 숨겨진 보석

한국, 한국이다! 닥터 Y의 말이 떨어지기가 무섭게 내 머릿속에는 4천만 붉은 악마의 '대~한민국' 이란 외침이 떠돌기 시작했다. HRO 창단 200주년 기념 해외 순회공연이라면 한국만큼 이상적인 목적지가 없을 것이란 강한 믿음이 생겨났다. 한국인들의 높은 문화 의식과 클래식 음악에 대한 관심, 그리고 얼마 전에 방영된 〈러브스토리 인 하버드〉라는 드라마로 대중들과 친숙해진 하버드 대학의 이미지가 왠지 삼박자로 딱 맞아떨어지는 느낌이었다. 가끔씩은 김칫국부터 마셔도 좋다는 굳은 신념으로 살아온 나의 머릿속에서는 벌써 HRO가 한국의 관객들과 만나고 있었다.

물론 HRO가 음악단체인 만큼 동서양의 문화 교류와 음악적 교감이 공연의 주목적이 되어야겠지만, 나에게는 개인적으로 또 다른 욕심이 있었다. 물론 오케스트라에게는 비밀이지만. 나는 당시 오케스트라의 유일한 한국 유학생으로서 하루빨리 미국 학생들에게 한국을 소개하고 싶었다. 서양 세계의 전폭적인 관심을 받고 있는 중국과 일본 사이에서 기를 펴지 못하는 '한국의 저력' 을 차세대 세계의 리더들인 하버드 학생들에게 보여 주고 싶었던 것이다. 한국에 발을 디디는 순간 모두들 한반도 특유의 기氣와 백의민족의 푸근한 정情에 매료될 것이라 장담했다. 나의 몫은 그들의 관심이 일단 한국에 뻗칠 수 있도록 마음을 움직이는 것! 순간 한국에 있는 가족과 친구들의 얼굴이 떠올랐다. 사랑하는 고국에 HRO의 음악을 선사하는 것. 그 얼마나 흥분되는 일인가! 기숙사로 돌아오는 눈길 위에서 난 이듬해 여름을 꿈꾸었다. 케임브리지의 혹독한 겨울바람이 몰아치는 2007학년도 봄학기 초의 일이었다.

김칫국을 미리 마신 덕분인지 난 의욕에 넘쳐 정보를 수집해 나갔고 매주 두 차례의 오케스트라 리허설이 있을 때마다 친구들에게 한국을 알리기 시작했다. 동양 학생들이 많이 포진해 있어도 대다수가 중국계 미국인이거나 오랫동안 한국을 방문해 보지 못한 한국 교포였기 때문에 무엇보다도 오케스트라의 민심을 얻는 일이 중요하다고 생각했다. 나는 학구적인 하버드 학생들의 기호에 맞추어 나만의 '짝퉁' 소크라테스식 산파술을 만들어 냈고, 젊은 문화에 민감한 대학생들에게 어필하기 위하여 여학생들에겐 '구두와 옷', 남학생들에겐 '소주와 노래방' 을 이용했다.

"오 마이 갓, 소라! 네 구두 진짜 맘에 들어. ALDO랑 Jasmine Sola(하버드 스퀘어의 유명한 가게들)에서도 못 보던 건데, 어디서 샀어?"

"나 겨울방학 동안 한국 다녀왔잖아. 몰랐어?"

"동문서답 말고, 응? 구두 어디서 샀어?"

"당연히 한국 갔다 왔으니까 새 구두를 신고 있을 수밖에."

"뭐? 한국 가면 예쁜 구두 생기는 거야?"

"물론. 한국은 다 예쁘고 싸니까. 남대문, 동대문, 백화점 세일~ 아~"

"나도 한국 갈래!"

4월경부터 임원진을 중심으로 순회공연 기획에 관심이 있는 단원들을 모아 '투어위원회'를 구성하였고 주로 이메일을 통해 정보를 교환했다. 원래부터 중국과 일본을 잇는 '그랜드 아시아 투어'에 대한 꿈을 갖고 계시던 닥터 Y의 제안으로 일단 투어 목적지로 중국과 일본이 물망에 올랐는데 임원회의 때마다 이어지는 나의 끈질긴 설득 끝에 한국도 포함이 되었다. 1985년도에 중국과 일본을 순회하던 도중에 며칠 동안 한국에 들러 서울대에서 연주를 했다는 말도 들었다. 다행히도 단원들은 한국에 찬성하는 편이었다. 아직 정해진 것도 아닌데 한국에서의 투어 일정표를 가지고 있냐고 물어 오는 친구들도 있었으니 내가 약 장사를 잘했나 보다. 닥터 Y 역시 여름방학 동안의 진행사항을 보아가며 세 나라 중 가장 실현 가능성이 큰 쪽으로 택하자고 하셨다. 모든 권한이 '투어위원회'에 일임되었고 HRO 동문회에서도 우리 쪽에서 준비가 되면 삼만 달러 정도의 재정 지원을 해 주겠다고 약속했다. '투어위원회'의 친구들은 평소 자신 있게 한국을 지지하던 나의 모습에 한국 공연은 문제없다고 생각했는지 나를 위원회 디렉터로 추천했다.

"소라, 네가 없었으면 어떡할 뻔했냐? 빨리 한국으로 가자!"

마침 협연자가 한국 사람들에게 친숙한 수필가 고故 피천득 선생님의 손자, 스테판 재키로 결정되었다는 소식을 들었다. 이제 꿈을 현실화시키는 일만 남았구나!

공연 준비, 그 숨 가쁘고 아름다웠던 1년

평소 무턱대고 일벌이기를 좋아하는 나였지만 이번엔 규모가 너무 컸다. 공연장 대관과 홍보부터 시작하여 오케스트라 단원 90명을 위한 호텔, 레스토랑, 관광지, 항공권 등 신경 써야 할 일이 한두 가지가 아니었다. 가장 큰 문제는 예산. 돈 많은 학교로 알려진 하버드 대학이라 학교 차원에서 지원비가 많이 나올 것이라 생각했는데 그건 큰 오산이었다. 담당교수의 지도와 학생들의 운영으로 100% 운영되는 학생단체인 만큼 모든 것을 학생들이 해결해야 했고 나는 삼억 원이라는 예산 앞에서 걱정과 함께 오기가 생겼다. 물론 음악기획사를 끼지 않고, 그저 그런 공연장에서 연주를 하고, 단원들이 각자 경비를 부담해야 하는 자유관광으로 일정표를 채우면 투어위원회에서 부담해야 하는 예산에서 쉽게 팔천만 원 정도를 줄일 수도 있었다. 실로 지난 백 년 동안 HRO의 해외 순회공연은 대부분 그런 식으로 진행되어 왔다고 했다. 하지만 나는 또다시 한 세기가 흘러 HRO 창단 300주년이 되었을 때도 모델케이스로 기억될 수 있는 한국 순회공연을 개최하고 싶었다.

"최대한 많은 단원들이 참가할 수 있도록 참가비는 최소로 받고 모자라는 돈은 우리가 조금이라도 더 뛰어다니며 모아 보자!"

2학년 2학기를 끝내고 여름방학을 맞아 한국에 온 나는 먼저 서울의 공연장 대관을 알아보았다. 개인적으로 가장 원했던 예술의 전당이나 세종문화회관의 2008년도 정기 대관은 이미 오래 전에 예약이 끝난 상태였지만 나는 희망을 버리지 않고 수시 대관을 위해 신청서를 냈고, 동시에 KBS홀과 성남 아트센터 등에 대관 신청을 했다. 대관 신청을 너무 만만히 보았던 것일까? 난 아마추어 오케스트라에게는 인색할 수밖에 없는 공연장 대관 풍토에 진땀을 흘리곤 했다.

"성소라 씨, 대관이 얼마나 어려운 줄 알아요? 웬만한 한국 프로 오케스트라들도 대관 펑펑 떨어집니다. 듣자 하니 다들 음악 전공도 아니라면서요?"

한편 한국 음악계의 수준을 잘 모르는 HRO 투어위원회 친구들은 뉴욕 카네기 홀도 아닌 일개 한국 공연장을 대관하는 것이 뭐 그렇게 어렵겠냐는 반응이었다. 나는 자존심이 상했다. 워낙 친한 친구들이다 보니 나를 같은 미국인으로 생각하고 말을 편하게 하는 경향이 있었지만 그들이 한국에 대해 우월감을 가지고 있었던 것도 부인할 수 없는 사실이다. 이후로도 1년 동안 투어 준비를 하면서 여기저기서 한국인으로서 자존심이 상했던 적이 많았는데, 특히 HRO 동문회의 할머니, 할아버지들과 회의를 할 때마다 난 울화통이 터지곤 했다. 몇 십 년 전에 HRO에서 활동했던 분들로 이루어진 동문회인데 과거의 한국 모습만 기억하고 계신 건지 항상 나의 속을 벅벅 긁으시곤 했다.

"소라, 한국에서 공연장의 대관이 된다고 한들 그게 얼마나 믿을 만한 거지? 나중에 딴소리를 하거나 그러는 거 아니야?"

"절대 그런 일 없습니다. 한국은 그런 후진국이 아닙니다."

"그래? 그럼 대관은 그렇다 치고, 오케스트라 멤버들이 한국에서 음식을 잘못 먹고 병이 나면 어쩌지?"

"병이 날 일도 없겠지만, 설령 병이 난다 해도 병원이 있는데 무슨 문제입니까?"

"병원은 제대로 있나? 일이 나면 의사들을 바로 부를 수 있어?"

그럴 때마다 스스로에게 다짐했다.

'백문이 불여일견. 때를 기다리자.'

예술의 전당을 비롯한 서울의 몇몇 공연장은 수시대관 신청엔 합격했지만 HRO의 순회공연 날짜와 맞지 않아 아쉽게도 다음 기회를 기약해야 했다. 더욱이 당시 예술의 전당 대표께서는 한낱 대학생인 내가 무모할 정도로 이리저리 뛰어다니며 공연을 준비한다는 사실을 기특하게 여기시고 격려의 말씀을 아끼지 않으셨다. 그리고 대관뿐만 아니라 앞으로 대한민국을 이끌어 나갈 여성 지도자로서 내 진로에 대해서도 여러 좋은 말씀들을 해 주셨다.

여름방학이 끝나갈 무렵, 다행스럽게도 성남 아트센터에서 허락이 떨어졌다. 그리고 개학과 함께 미국으로 돌아가서 두 달여가 지났을 때 서울 여의도의 KBS홀과 강남구 삼성동의 코엑스 오디토리움에서 공연을 할 수 있게 되었다는 소식도 듣게 되었다.

투어를 준비하면서 뭐니뭐니 해도 가장 힘든 일은 모금이었다. 미국

경기가 어려워져서 후원기업 찾기가 쉽지 않다는 이유로 투어위원회 친구들이 모금 활동을 포기해 버렸기 때문이다. 친구들은 미안한지 나에게 직접 말을 하지는 않았지만, '한국' 순회공연인 만큼 '한국' 사람인 내가 '한국' 기업들을 상대로 돈을 모으는 것이 가장 가능성 있는 일이라고 생각하는 듯했다. 한국도 경제 사정이 어렵긴 마찬가지고, 게다가 HRO의 인지도가 전혀 쌓여 있지 않은 마당에 어떤 '한국' 기업이 선선히 고액의 후원금을 내주겠는가. 하지만 내가 처음 아이디어를 냈던 한국 공연인 만큼 끝장을 봐야겠다는 책임감과 자존심이 치솟았다.

후원기업을 찾아라! 나는 그 해 여름부터 순회공연이 이루어진 이듬해 오월까지 철저하게 'HRO 모금' 을 중심으로 돌아가는 삶을 살 수밖에 없었다. 한국 하버드 동문회 멤버들을 포함하여 대기업 대표님, 변호사님, 교수님들에게 백 통이 넘는 이메일을 보냈고, 그중에서 대여섯 군데로부터 답장을 받았다. 뿐만 아니라 사업을 하는 사촌 오빠를 통해 기업가들을 소개받거나 친구 아버님께 도움을 받기도 했다. 서로서로 연결되어 있는 비즈니스 사회의 네트워크를 직접 눈으로 확인하면서 비즈니스에서는 사람이 가장 큰 자산이라는 말도 실감할 수 있었고, 기업의 대표님들은 직접 시간을 내어 만나 주시거나 홍보팀과의 미팅을 주선해 주셨다. 나는 그때마다 HRO가 비록 학생단체이지만 공연을 후원함으로써 기업에 돌아갈 홍보 효과와 이미지 향상 효과를 강조하며 부탁을 드렸고, HRO의 방한이 장차 한국 사회의 국제화에 긍정적인 영향을 주게 될 것이라고 확신에 찬 목소리로 말씀드렸다.

"장차 세계를 이끌어 나가는 지도자들이 될 하버드 학생들에게 한국에 대해 좋은 인상을 심어 주는 것은 미래에 대한 투자이고 국위 선양에 일조하는 길입니다."

가을쯤엔 감사하게도 머니투데이 신문사에서 우리 순회공연의 공동 주최를 제안해 오셔서 큰 힘이 되었다. 신문에 'HRO가 모금액을 채우지 못해 발을 동동 구르고 있다'는 기사가 났는데 그 기사를 우연히 보고 나에게 이메일을 보내 주셨던 것이다. 1년 동안 한국과 미국을 자주 오갔다. 보름도 채 되지 않는 겨울방학과 3월의 봄 방학 때도 한국을 방문했다. 3월에 귀국했을 때는 특히 머니투데이에서 인터뷰를 바탕으로 한 HRO 공연 관련 기사를 많이 내보내 주었고, 콘서트홀 대관부터 시작하여 좀더 구체적인 순회공연의 윤곽이 드러나고 있던 터라 기업들도 조금씩 더 관심을 가지기 시작했다.

하루 종일 담배연기가 자욱한 회사 사무실에서 '영업사원' 노릇을 하다 귀가한 날이면 머리가 아파 밤새 토하기도 했다. 여의도에서 강남과 강북을 돌며 다섯 군데, 여섯 군데씩 뛰어다니는 날은 돈에 웃고 돈에 우는 세상을 체험하며 감히 세상에 대한 회의감에 빠지기도 했다. "하버드라고 다 되는 게 아니야"라는 핀잔을 들었을 때는 "난 학벌주의를 반대하는 사람"이라고 반박하고 싶었지만 어쩌면 하버드라는 이름을 믿고 처음부터 이런 큰일에 뛰어들었을지도 모른다는 생각이 들어 스스로의 오만함을 반성하기도 했다. 사실 목표만큼 모금을 해냈을 때 주위의 친구들은 "역시 하버드라 편하구나!" 하는 반응을 보였는데, 나는 그런 사람들에게 꼭 "이 세상에는 직접 발로 뛰고 노력하지 않으면 얻을 수 있는 게 없다"는 말을 되돌려주고 싶다.

그리고 나는 감사하는 마음을 새롭게 배웠다. 이 모든 힘든 과정을 통하여 인생의 선배님들을 만나게 되었기 때문이다. 자신의 분야에서 최고가 되신 분들, 모두가 부러워하는 위치에 서 있지만 언제나 자신을 한없이 낮추시는 분들, 이곳에 모두 다 열거할 수는 없지만 그분들의 모습을 닮고 싶다. 공동 주최자로서 후원과 홍보에 많은 힘을 쏟아 주셨던 머니투데이 담당자 분들, 함께 열심히 발로 뛰어 준 시나크리에이션 기획사 분들, 공식 후원협찬 기업이 되어 주신 웅진 씽크빅, 삼성전자 · 증권, 효성그룹, 신한은행, 한진해운, 롯데호텔 등 여러 기업의 대표님과 관계자 분들께 정말 감사하다는 말씀을 드리고 싶다. 그리고 옆에서 나를 물심양면으로 도와준 나의 가족과 친척 여러분께 이 모든 공을 돌린다.

많은 분들의 성원에 힘입어 넘치지도, 모자라지도 않는 이억 오천만 원이 모아졌고 단원들의 참가비와 HRO 동문회의 삼만 달러가 더해져 총 삼억 원을 준비할 수 있었다. 더욱이 하버드에서도 문화 사업에 힘쓰는 한국 기업을 보며 대한민국을 '문화 1번지'로 재평가하는 뜻밖의 성과까지 얻었으니 어찌 기쁘지 않으리오.

HRO, 서울과 만나다

"손님 여러분, 저희 비행기는 방금 인천공항에 착륙하였습니다. 지금 바깥 기온은…"

기내 방송이 나오자 비행기의 1/3을 차지하고 있던 90명의 HRO 식구들은 환호성을 터뜨렸다. 장거리 비행에 익숙하지 않은 그들에게 20

시간이 넘는 보스턴-인천 비행은 가혹한 고문이었으리라. 방학 기간임에도 하버드는 HRO를 위해 특별히 기숙사를 내주었고, 우리는 일주일가량 합숙하며 특별 리허설을 했기 때문에 단원들의 사기는 그 어느 때보다도 높았다.

'인천 공항에 도착할 때마다 항상 집에 왔다는 안도감이 들었는데 오늘은 왜 이렇게 불안할까? 끝까지 잘 해낼 수 있을까?'

그 동안 학업과 HRO 투어 준비를 병행하면서 힘들었던 적이 많지만 그때마다 혼자서 툭툭 털어내고 다시 일어나면 되었다. 스스로와의 싸움이었다. 하지만 비행기 바퀴가 활주로에 닿는 순간 깨달았다.

'난 이제 90명의 귀와 입이 되어야 하고 그들의 실패와 성공을 책임지는 리더다. 모든 것을 실수 없이 진행시키는 완벽주의자의 냉철함과 함께 단원 개개인에게는 한국을 대표하는 미소가 되어 줄 수 있는 인간적인 부드러움을 동시에 지녀야 한다. 이제는 툭툭 털고 다시 일어나는 것이 용납되지 않는 실전이니까.'

세 차례의 HRO 한국 공연은 2008년 6월 8일, 9일, 10일에 걸쳐 여의도 KBS홀, 삼성동 코엑스 오디토리움, 그리고 성남시 성남 아트센터에서 개최되었다. 나는 오케스트라 대표로 매번 무대에 나와 인사를 했는데 내 입에서 한국말이 튀어나올 때마다 놀라시던 관객 분들만큼 나도 깜짝, 깜짝 놀라곤 했다. 1년 전 첫 HRO 임원회의를 마치고 기숙사로 돌아가면서 상상했던 장면인 'HRO와 한국 관객의 만남' 이 내 눈앞

▲ **한국 공연 마지막 날 성남 아트센터에서 리허설 중.**
서울과 성남에서 개최된 공연에는 빈자리가 없을 정도로 많은 분들이 찾아와 주셨다.

▼ **KBS홀 리셉션.**
첫날 KBS홀 공연 후에는 디너 파티를 개최하여 HRO의 성공적인 한국 순회공연을 위해 많은 도움을 주셨던 분들께 감사의 인사를 드렸다. 사진은 감사인사를 전하고 계신 지휘자 닥터 Y.

에서 실재로 재현되고 있었기 때문이다. 특히 한국 무대에서는 본의 아니게 관객 여러분과 눈이 많이 마주쳤는데 그럴 때마다 고국의 무대가 얼마나 따뜻한지 실감할 수 있었다. 언어와 문화의 장벽을 넘어 HRO와 관객이 음악을 통해 동일한 시공간을 소유하면서 함께 느끼고, 생각하고, 몰입하는 느낌이 너무나도 행복했다. 느린 2악장에서는 눈꺼풀이 절로 감기는 아픔을 공유하는 것도.

특히 첫날 KBS홀에서의 공연은 몇 주 후에 〈KBS 중계석〉을 통하여 방송으로 나갔는데 공연장에서 직접 만나 뵙지 못했던 많은 분들께 화면을 통해서나마 인사를 드릴 수 있어서 기뻤다. 다만 우리의 연주 장면이 방송으로 나갈 것이라는 사실을 잠시 망각하셨던 닥터 Y께서 공연 도중 살짝 실수를 했던 투바 연주자들을 향해 큰 목소리로 "젠장!"이라고 소리치시며 지휘봉을 내려치시는 바람에 우리 모두 당황하기도 했다.

그런데 그런 '부끄러운' 사건이 나에게도 일어났다. HRO는 베토벤의 '운명' 심포니를 연주하는 중이었는데 나는 맨 마지막 4악장에서 너무나도 음악에 몰입한 나머지 한 마디 먼저 연주를 해 버렸다. 금관악기들이 첫 음을 떼는 부분에서 바이올린인 내가 덩달아 연주를 해 버렸던 것이다. 내가 바이올린 섹션 맨 앞자리에 앉아 있다 보니 뒤에 앉은 몇몇 친구들도 엉겁결에 나와 함께 연주를 해 버렸고 그나마 '나 혼자' 틀린 것처럼 보이지 않아 다행이었다. 미국에서는 한 번도 하지 않았던 실수를 가장 중요한 한국 공연 첫날 해 버리다니, 정말 쥐구멍에라도 숨고 싶은 심정이었다. 그러나 '쑥스러운 듯 웃지만 않으면 아무도 모른다'는 나만의 개똥철학을 가지고 나는 절대로 쓴웃음을 짓지 않고 시종일관 당당했다.

서울 공연과 성남 공연에는 빈자리가 거의 없을 정도로 많은 분들이 찾아와 주셨다. 특히 첫날 KBS홀 공연 후에는 KBS 신관에서 디너 파티를 개최했는데, 그 자리에서 HRO의 한국 순회공연을 위해 도움을 주셨던 많은 분들께 감사의 인사를 드릴 수 있었다. 나는 사실 바쁜 일정 때문에 미처 준비도 못 한 채 무대에서 감사의 말씀을 드려야 하는 상황이었는데, 그저 한없이 고마운 마음에 "감사합니다"라는 말만 몇 번씩 되풀이했던 기억이 난다.

성남 아트센터에서의 마지막 날 공연이 순조롭게 끝나고 서울로 돌아오는 버스 안에서 나는 모처럼 편안한 마음으로 잠을 청할 수 있었다. 그 동안 가슴 깊이 묵혀 놨던 긴장과 불안의 응어리가 한꺼번에 풀어지는 느낌이었다. 그런데 이상하게도 그 응어리가 사라진 빈자리가 허전하고 섭섭한 것을 보니 지난 1년 동안의 도전이 힘들긴 해도 많이 행복했던가 보다. 무에서 유를 창조하기 위한 새로운 시도였으니까.

마법에 걸린 듯 행복했던 8일

HRO의 미국 친구들은 공연 이외에도 한국의 많은 것을 경험하고 돌아갔다. 경복궁, 창덕궁, 비원 등 서울의 고궁들과 DMZ를 둘러보며 한국의 문화와 역사를 배웠고, 한강 유람선과 인사동 골목길에서 서울의 정취를 느꼈다. 한옥의 한정식 식당에서 24코스의 음식을 통해 격식과 전통을 배웠고, 신발을 벗고 바닥에 앉아 불고기를 구워 먹으며 한국의 음식 문화를 즐겼다. 특히 DMZ에 갔을 때는 미국의 북한에 대한 높은 관심도를 반영하듯 모두들 DMZ에 와 있다는 사실만으로도 감격해 하는 눈치였다. 매스컴을 통해 '핵미사일', '김정일', '악의 축'과 같은 각종 북한 관련 뉴스를 들어 오다가 이렇게 실제로 북한 땅을 바라보게 되니 신기한 모양이었다. 군인들이 관광버스 위에 올라타서 여권 검사를 할 때는 다들 얼마나 긴장을 하던지…. 미국 국적을 가졌다는 이유로 자신들을 DMZ에 안 들여보내 주면 어떻게 하냐며 걱정하는 친구들의 모습이 귀엽기만 했다.

창덕궁에서는 영어 가이드 서비스가 제공된다고 해서 안심하고 갔는데 그만 시간을 놓쳐 버려 내가 졸지에 90명의 미국인들을 상대로 창덕궁 '비공식' 영어 가이드가 되기도 했다. 그런데 일상생활에서 쓰는 말이 아니라 '인정전 앞의 품계석', '임금의 용상과 곡병, 일월오악병' 등 대부분이 한자로 이루어진 용어들을 영어로 동시통역하려니 어찌나 당황스럽던지 식은땀만 흘렸다. 평소에 좀더 공부해 놓을 걸. 그러면서도 창덕궁의 아름다운 정취를 온몸으로 느끼며 한국의 미를 맛보는 친구들을 보니 뭐라 표현할 수 없을 정도로 기분이 좋았다. 그들은 한국의 고궁이 중국이나 러시아의 궁성들에 비하면 비록 규모가 크진 않지만 그만큼 절제미와 '여백의 미'가 느껴져서 훨씬 더 '스마트'하고 아름다워 보인다고 했다.

아울러 한국의 밤 문화를 이해하기 위한 노래방, 소주 바, 클럽 등을 견학하는 일정 또한 빼놓지 않았다. 호텔이 강남역 근처에 위치하고 있어 매일 밤 어른들을 제외한 80명 가량의 혈기 넘치는 하버드생들은 너무나도 편리하게 호텔에서 강남역까지 출퇴근할 수 있었다. 아직 시차 적응이 되지 않아 피곤할 텐데도 한국에 도착한 첫날밤부터 이들은 강남역을 휘젓고 다녔다. 특히 만 21세가 넘어야 공공장소에서 술을 마실 수 있고 주말에는 정해진 시간 이후 주류 구입이 되지 않는 미국의 일부 주州들과 달리 한국에서는 만 18세만 넘으면 언제 어디서든지 '소주'를 살 수 있다는 사실에 놀라워했다. 여권을 챙겨 오지 않아 호프집에서 '빠꾸'를 당할 때도, 편의점에서 미국 돈 1달러 정도면 살 수 있는 소주가 고급 선술집에선 '럭셔리 요구르트 소주'로 탈바꿈하여 열 배 이상의 가격을 물어야 할 때도, 이들은 모든 게 새롭고 즐겁기만 한 모양이었다. 며칠 후부터는 머리를 굴려 직접 요구르트와 소주를 편의점에서 구입한 다음 '셀프 서비스 요구르트 소주'를 만들어 먹기도 했다.

"소라, 이거 요구르트랑 소주를 몇 대 몇으로 섞어야 제대로 마시는 거지?"

"음… 그게 원래 한국식대로 하면 너희들이 감당하지 못할 거야. 그냥 1:1로 해."

나라고 요구르트 소주를 직접 만들어 본 적이 없으니, 그 '황금비율'을 알 리가 있겠는가. 그렇지만 자존심이 걸려 있는 문제라 나는 그렇게 이리저리 둘러댔다. 우리들의 호텔방은 매일 밤 '소주 바'로 변신했고, 우리는 그 동안 마음속에 쌓아 놨던 말들을 풀어내는 진실 게임을 해가며 'HRO 스타일 요구르트 소주'를 즐겼다. 나는 마치 한국 친구들과 MT를 간 기분으로 HRO 친구들을 그렇게 '한국화' 시키는 데 성공했다.

몇몇은 미국에서부터 '남대문과 동대문시장'에 대해 사전 조사를 해와서 친구들을 이끌고 새벽시장에 다녀오기도 했고, 뉴욕타임즈에 기사로 났던 한국의 외국어고등학교를 직접 찾아가 보고 싶다며 대원외고를 다녀오기도 했다. 대원외고에서 새로 사귄 친구들에게 HRO 공연을 보러 오라고 했다며 잔뜩 기대에 부풀어 있는 친구들의 모습을 보면서 공연장에서 음악을 통하여 교류하는 것뿐만 아니라 이런 것이 바로 진정한 동서양의 교류가 아닐까라는 생각을 해보았다.

서울에서의 마지막 날은 강남의 한 클럽에서 파티를 했다. 고등학교 친구가 몇 주에 걸쳐 협상을 해 준 덕분에 정말 상상을 초월하게 저렴한 가격으로 VIP실을 통째로 빌릴 수 있었다. 클럽 출구에서 아이디 검사를 받기 위해 몇 십 명의 HRO 멤버들이 일렬로 서 있는 모습은 가히 장관이었다. 지나가는 행인들이 '무슨 일 났나?' 하면서 기웃거렸을 정도로. 난 통역자로서 내내 클럽 관계자 옆에 서 있으면서 아이디 검사를 돕는 일생일대의 권력(?)을 누려 보았는데, 그런 내 모습을 보면서 친구들이 한마디씩 던지기 시작했다.

"소라, 완전 킹왕짱 강남역 클럽계의 권력자?"

"사실 너 한국에 있을 때는 맨날 클럽만 다니지?"

마침 수요일이라 사람들이 별로 없었기 때문에 온 클럽이 우리 세상이었다. 온몸이 땀으로 흠뻑 젖을 정도로 춤을 추고 노래에 맞춰 소리를 지르고 서로 술잔을 기울였다. HRO는 미국에서 공연을 할 때도 전통적으로 꼭 '공연 뒤풀이'를 하곤 하는데, 이렇게 클럽을 빌려 가면서까지 대규모로 파티를 연 적은 없었기 때문에 모두들 너무나도 놀라고 즐거워했다. 친구들은 "HRO 200년 역사상 최고의 파티"라며 나를 끌어안았고, "최고의 해외공연"이었다며 "아이 러브 코리아!"를 외쳐댔다.

서울에서의 공연과 관광 일정이 끝나고 우리는 제주도로 내려갔다. 처음부터 예산에 무리가 가더라도 꼭 한국의 자존심, 제주도를 보여 주고 싶은 욕심에 제주도에서의 3일 일정을 넣어 놨던 터이다. 미국에서부터 각종 블로그에 올라와 있는 제주도의 아름다운 풍경들을 보여 주며 친구들을 매혹시켜 놓았던 터라 한편으로는 불안하기도 했다. 나 역시 한 번도 제주도에 가 본 적이 없었기 때문에 실제로도 사진처럼 그렇게 아름다울지 걱정이 되었다. 워낙 요즘은 '뽀샵' 효과의 사진들이 판을 치니 말이다.

그러나 제주 공항에 비행기가 착륙하는 순간 난 깨달았다. 내 걱정이 쓸데없는 기우에 불과하다는 것을. 제주도는 내가 생각했던 것보다도, 사진에서 보아 오던 것보다도 훨씬 더 아름다웠다. 도착한 첫날은 1일 관광 가이드를 초빙하여 제주도 명물들을 탐방했는데 관광 가이드 언니가 어찌나 재미있던지 버스 안에서도 우리는 쉴새없이 웃어댔다. 몇몇 친구들은 가이드 언니의 주옥 같은 말들을 평생 고이고이 간직하겠다며 비디오로 찍어가기도 했다.

"여러분, 제주도는 마늘이 유명합니다. 마늘은 남성분들 스태미나에 좋습니다. 여기 버스 운전기사 아저씨를 보자면… 음, 마늘을 많이 안 드신 것 같습니다. 앗! 여러분 저기 들판에 있는 제주 말들을 좀 보십시오. 무언가를 먹고 있는데 육체가 튼튼해 보이는 것으로 보아 아마 지금 마늘을 뽑아 먹고 있나 봅니다."

여객선을 타고 제주도 앞바다를 돌 때는 친구들 모두가 그 수려한 풍경을 사진으로 기록하느라고 정신이 없었다. 좀 유치하긴 해도 우리는 〈타이타닉〉의 장면들을 연출해 보기도 했는데, 그때 갑판으로부터 들려오던 소리.

“아, 저기 저 머리 노란 분, 아마 자기가 레오나르도 디카프리오라고 착각하나 봅니다. 근데 그러기엔 좀 뚱뚱하죠.”

난 그대로 통역해 줄 수가 없어 그냥 알아서 생각하라며 슬그머니 도망갔다.

제주도에서의 사흘은 제주 롯데호텔의 협찬으로 단원들 모두 환상적인 시간을 보낼 수 있었다. 친구들은 평생에 이렇게 호화롭고 멋진 호텔에서 묵을 기회가 또 언제 있겠냐며 마냥 신나 했다. 나 또한 제주 바닷가가 한눈에 내다보이는 호텔방에서 책을 읽으며 모처럼의 여유를 즐겼고, 오케스트라 전원이 닥터 Y와 함께 바닷가에서 ‘선원놀이’를 하기도 했다. 친구들과 지도를 들고 찾아간 천지연 폭포의 에메랄드 빛깔에 취해 보았고, 한국 전통과자인 ‘약과’와 사랑에 빠진 친구 캐더린을 위해 무려 2시간 동안 ‘약과 사냥’에 나서기도 했다(우리는 제주도 사람들이 약과를 싫어하는 게 분명하다는 결론을 내렸다). 그리고 제주도에서도 친구들의 ‘소주 사랑’은 끝이 나질 않았다. 나중에는 얼마나 소주 전문가가 되었던지 ‘참이슬’과 ‘처음처럼’의 맛의 차이는 물론이고 ‘서울 소주’와 ‘제주도 소주’의 차이점까지 열거해 가며 분석하기도 했다. 역시 매사에 열정적인 하버드생들임에.

특히 제주도에서 마지막 날 열렸던 야외 디너 파티는 잊을 수 없는 내 생애 최고의 순간 중 하나가 될 것 같다. 디너 파티는 호텔 투숙객 모두에게 오픈 된 BBQ 뷔페에서 열렸는데 HRO 단원들은 말쑥한 정장에 칵테일 드레스 차림으로 나타나 자리를 빛내 주었다. 우리는 제주도 별밤 하늘 아래 디너 파티장의 멋진 야경을 감상하며 함께 노래를 부르고 웃고 울었다. 서로에 대한 우정을 다시 한 번 확인할 수 있는 순간들이었다.

"소라, 우리 잘해냈다, 그지?"

"응, 진짜 너무너무 행복해서 죽겠어."

"나도. 아, 정말 마지막이구나. 1년 동안의 달리기도, 한국에서의 8일간의 마법도."

우리 모두 투어의 마법이 풀리는 내일부턴 각자의 현실로 돌아가 또 열심히 살아가겠지. 이때까지 항상 그래 왔던 것처럼. 그때 누군가가 내 이름을 외쳤고, 90명의 HRO 가족들이 내 이름을 따라 외치며 박수를 치기 시작했다.

* 하버드 래드클리프 오케스트라의 한 시즌은 가을 학기가 시작되는 9월부터 이듬해 5월까지 이어진다. 따라서 '2007-2008 시즌'은 2007년 9월부터 2008년 6월까지다.

2. 지하실 쓰레기통 창고에서 왈츠를 추다

꼭 넘고 싶은 산

> 성소라 양, 하버드 대학 입학을 진심으로 축하합니다. 하버드에서 당신의 음악적 재량을 마음껏 뽐낼 수 있는 기회를 마련해 드리고자 오케스트라를 대표하여 편지를 보냅니다. 소라 양을 9월 초 '신입생 주간'에 열릴 HRO 오디션에서 만나 보게 되길 기대합니다. 즐거운 여름 보내세요.
>
> 2005-2006 시즌 HRO 회장,
> 제임스 F. 콜린스

입학을 앞두고 한가로운 여름 방학을 보내고 있던 나에게 하버드 래드클리프 오케스트라HRO 회장으로부터 날아온 편지는 미처 예상하지 못한 '서프라이즈'였다.

'내가 음악을 한다는 건 어떻게 알았지? 입학원서와 함께 보냈던 나의 바이올린 리코딩을 직접 들어 본 건가?'

나는 들뜬 마음을 가라앉히며 HRO 오디션 연습에 박차를 가했다. 음악을 하는 선배 언니들로부터 들어 오던 HRO의 위상은 언제부터인가 내겐 꼭 넘고 싶은 산이 되었다. 만약 오디션에서 떨어진다면 한때 바이올린을 전공했던 나의 과거를 부끄럽게 하는 일이라고 생각할 정도였다. 당시 나에게 있어 HRO는 '하버드에 진학해서도 음악활동을 계속하겠다'는 뜻을 달성하는 수단이 아니라 그 자체로 목적이 되어 있었던 것 같다. 특히 현악 파트는 워낙 경쟁이 심해 줄리어드 예비학교를 나온 하버드 학생들도 오디션에 떨어지곤 한다는 무시무시한 소문이 들려 왔다.

이처럼 하버드에는 대단한 음악 실력을 갖춘 학생들이 대거 포진해 있다. 고등학교 때까지 줄리어드 예비학교에서 바이올린과 지휘를 전공하다 온 물리학도부터 노래 부를 때만큼은 세상에서 가장 연약한 소년의 목소리를 내는 거구의 풋볼 선수까지 모두 지향점은 다르지만 음악이라는 공통분모를 가진 사람들이다. 이들은 전공과 상관없이 자신의 음악에 대한 열정과 끼를 발산하는 통로로 각종 음악단체에서 활동을 한다. 음악단체 가운데서 하버드를 대표하는 오케스트라로는 'HRO', '바흐 소사이어티BachSoc', 그리고 '모차르트 소사이어티 오케스트라MSO' 등이 있다.

그중에서 나와 인연이 닿았던 음악단체가 HRO다. HRO는 200년 전인 1808년에 6명의 하버드 남학생들에 의해 결성되었다고 한다. 처음엔 아름다운 세레나데를 연주하며 최대한 많은 여학생들을 유혹하기 위해 결성된 사교 그룹이었지만 시간이 지나면서 진지한 오케스트라로 발돋움하게 되었고 '보스턴 심포니' 결성에 영향을 주는 등 보스턴 지역사회의 예술적 발전에도 큰 도움을 주었다고 한다. 지난 백 년 간 멕시코, 캐나다, 소련, 중국, 비엔나, 프라하, 이탈리아 등 세계 곳곳을 누비며 순회공연을 했고, 1978년에는 본 카라얀이 독일 베를린에서 주최한 '국제

학생 오케스트라 축제' 에서 3위에 오르는 기염을 토하기도 했다.

사실 HRO는 어린 시절부터 나의 소망이자 꿈이었다. 하버드가 딴 세상 이야기로만 들리던—아니, 아직 대학 자체에 별 관심이 없었던—초등학교 시절에도 나는 『서울에서 하버드까지』라는 책을 유난히 좋아했다. 단지 이야기가 재미있다는 이유로 책장이 몇 장씩 떨어져 나갈 때까지 읽고 또 읽곤 했다. 그 책에 HRO 이야기가 나온다. 저자 박혜나는 HRO의 연주가 숨이 막힐 정도로 웅장했다고 감탄하며 떨리는 마음으로 지휘자 앞에서 오디션을 보게 되는데, 그 장면들이 얼마나 인상 깊었던지 나는 오랫동안 그것을 머리에서 지우지 않고 있었나 보다. 그로부터 9년이 지난 2005년 가을, 나도 박혜나와 같은 하버드 대학 신입생이 되어 HRO 오디션 장소에 들어섰고, 난생 처음 만나는 닥터 Y가 마치 오랜 은인처럼 느껴졌으니 말이다.

내가 닥터 Y 앞에서 선보인 곡은 차이코프스키의 '왈츠-스케르초 Valse-Scherzo Op. 34' 로 바이올린 솔로의 화려하면서도 애잔한 선율이 돋보이는 작품이다. 보통 오디션 장에서는 많이 떨리기 때문에 손에 짝 달라붙어 있는 곡을 평소 실력의 70~80% 정도로만 보여 줘도 다행이라는 말이 나오는데, 나는 왜 그때 하필 한 달밖에 연습하지 못한 '왈츠-스케르초' 를 택했는지 나도 잘 모르겠다. 음악과 처음으로 사랑에 빠졌던 초등학교 6학년 시절에 가족여행을 다닐 때마다 달리는 차 속에서 끝없이 듣곤 했던 이 곡을 통해 어쩌면 난 음악에 있어 새로운 시작을 꿈꾸었는지도 모르겠다. 한때 클래식 음악에 회의를 품고 바이올린은 쳐다보기조차 꺼려했던 내가 나의 오랜 연인 바이올린에게 내민 화해의 손길. 나는 손가락의 기교는 부족했지만 진심을 담아 연주를 했다.

신입생 주간, 4개의 오디션

매년 9월이 되면 하버드는 또 한 번 물갈이를 한다. 6월 졸업식과 함께 하버드를 떠나간 졸업생들의 빈자리를 파릇파릇한 신입생들이 채워주는 것이다. 학교에서는 갓 고등학교를 졸업한 이들의 '대학 문화 적응'을 돕기 위해 개학 전 1주일 동안 '신입생 주간'을 마련해 주는데 이때만큼은 신입생들이 캠퍼스의 왕이 되어 '신입생 기숙사 아이스크림 파티', '선배들과 함께하는 하우스 파티', '교수와의 만남과 토론' 등 다양한 행사를 즐기게 된다. 물론 학생의 전공에 따라 3~4개쯤 치러야 하는 배치고사도 신입생들을 기다리고 있는 환영 행사들 중의 하나다.

하지만 뭐니뭐니 해도 신입생 주간의 하이라이트는 신입생을 위한 '클럽 활동 박람회' 일 것이다. 이 박람회는 하버드 야드의 관광명소인 '메모리얼 교회' 와 '와이드너 도서관' 사이의 야외 마당에서 해마다 신입생들에게 하버드의 각종 학생단체를 소개한다는 취지로 개최된다. 각 학생단체에서는 홍보 전단과 눈요기 거리로 중무장한 홍보대사들이 파견을 나와 재능과 패기로 똘똘 뭉친 신입생들을 잡기 위해 안간힘을 쓴다. 곧 학기가 시작되면 "수업시간에 꼭 나서고 똑똑한 척하는 애들은 죄다 1학년이야"라며 신입생들의 열정 과포화 상태를 놀려댈 고학년 학생들도 이때만큼은 '아기 왕' 들을 지극히 모신다.

열정 과포화 상태의 신입생이었던 나 또한 설레는 마음으로 클럽 활동 박람회에서 HRO 부스를 찾아다녔다. 일주일 동안의 신입생 오리엔테이션이 끝난 지 얼마 되지 않았고 쉴새없이 이어지는 행사들로 인해 심신이 피곤한 상태였지만 나는 두 손 가득히 쌓여가는 전단지와 브로슈어를 보며 즐겁기만 했다. 또 그만큼 학교생활에 대한 기대도 점점 더 높아져 가기만 했다. 음악단체들이 모여 있는 섹션에 도착한 나는 BachSoc, MSO뿐만 아니라 '팝스 오케스트라'도 재미있게 보여 모두 다 오디션 신청서를 냈다. 당시 음악 활동에 목말라 있던 내 심정은 내가 잡을 수 있는 그 어떤 기회도 놓치고 싶지 않았다. 그런데 이상하게도 가장 애타게 원했던 HRO는 부스를 찾지 못했고 결국 기숙사 방에 돌아와 몇 달 전 나에게 편지를 보내 왔던 제임스 F. 콜린스에게 이메일을 보냈다. 혹시 오디션 신청이 마감된 건가? 조마조마한 마음으로 답장을 기다리는데 10분 만에 답장이 왔다.

소라 양, 오랜만에 이름을 듣게 되어 반갑습니다. 박람회에서 우릴 찾지 못했다니 미안하네요. MSO 바로 옆자리였는데 오늘 좀 일찍 부스를 정리하느라…. 신입생들을 위한 오디션 시간은 꽉 차 버렸는데, 혹시 수요일 오후 5시 괜찮나요? 원래 현재 멤버들의 오디션 날이지만(재학생들도 매년 다시 오디션을 봐야 한답니다!) 특별히 시간을 내줄게요.

으악! 수요일이면 내일 모레잖아? BachSoc, MSO, 팝스 오케스트라를 통해 실전 연습을 하고 마지막 날 준비된 자세로 HRO 오디션을 보려던 나의 계획에 차질이 생겨 버린 것이다. 무수히 많은 음악단체들이 모두 같은 시기에 오디션을 개최하기 때문에 빈 연습실을 찾기란 하늘의 별 따기였다. 아직 학기가 시작되지 않아 하버드 음대의 연습실을 사용할 수 없는 우리 불쌍한 신입생들은 사용 시간에 제한이 있는 신입생 기숙사 연습실들을 전전하며 거대한 철새 떼를 방불케 했다. 이동하는 길에 곳곳에서 화려한 바이올린의 선율이 내 귓가를 스칠 때는 '망했다'는 한숨이 절로 튀어나오기도 했지만 온 캠퍼스가 음악에 미쳐 들썩일 수 있는 그 아름다운 여름날의 열정이 나에게는 싱그럽게만 느껴졌다.

신입생 철새 떼에서 만난 친구들과 함께 하버드 '사이언스 센터' 의 빈 강의실에서 몰래 연습을 하고 있는데 알렉스라는 3학년 학생이 홀연히 나타났다. 자신을 HRO 멤버라고 밝힌 그는 우리가 측은해 보였던지 어느 기숙사 지하실에 위치한 HRO 사무실로 데려가 주었고, 그 곳에서 나는 오케스트라가 지난 198년 동안 걸어온 역사를 만날 수 있었다. 서재에 빼곡히 쌓여 있는 오케스트라 악보들, 빛바랜 연주 사진들, 70년 전의 HRO 콘서트 포스터와 초대장 앞에서 나는 쿵쾅쿵쾅 박동하는 작은 심장이 되었다. 알렉스는 한껏 고조된 목소리로 우리에게 스트라빈스키의 '봄의 제전' 악보를 보여 주며 다가오는 HRO 첫 번째 공연 때 무대에 올릴 곡이라고 했다. 그리고 우리도 함께 그 무대에 서게 되었으면 좋겠다는 격려의 말을 남기고, 나타날 때처럼 또 그렇게 홀연히 사라졌다. 연습실을 찾아 주겠다는 처음의 의도는 까맣게 잊어버린 모양이었다. 오갈 데 없는 우리는 할 수 없이 그 이름 모를 기숙사 지하실에서 연습실을 찾아 나섰고 결국 나는 쓰레기통이 모여 있는 창고를 발견했다. 냄새가 지독한 것만 빼면 넓기도 하거니와 음향효과 또한 꽤 괜찮은 연습실인 셈이었다. 지나가는 학생들의 어리둥절한 눈초리를 무시한 채, 난 그렇게 쓰레기 더미 가운데서 아름다운 차이코프스키의 왈츠를 추었다.

그리고 오디션을 본 지 4일 후인 '신입생 주간' 의 마지막 날, 밤늦게 기숙사로 돌아온 나를 맞이하는 쪽지가 있었다.

> HRO ♥ 소라! 오늘밤 새로운 멤버들을 위한 파티 @아담스 하우스! 꼭 와요~

HRO, 음악을 다시 만나다

오디션 합격 통보를 받은 지 며칠 지나지 않아 HRO의 첫 번째 리허설이 있었다. HRO의 내 첫 인연이자 미스터리의 인물이었던 알렉스가 1바이올린 섹션에 앉아 있다가 나를 보고는 반갑게 인사해 줬고, 일주일 전만 해도 감히 바라볼 수밖에 없었던 스트라빈스키의 '봄의 제전' 악보가 내 보면대에 올려져 있었다. 비록 제2바이올린 섹션의 중간 자리였지만 나는 감사했다. 오케스트라 경험이 적었던 나에게 오케스트라의 생리를 밑바닥부터 배울 수 있는 귀중한 기회를 제공해 주었기 때문이다. 그리고 나이는 어리지만 내 앞자리에 앉아 있는 친구들을 보며 음악에서 겸손해지는 법을 배웠다. 만약 내가 오디션 때 조금만 더 익숙한 곡을 연주했더라면, 또 스스로의 자존심에 못 이겨 악장이나 부악장 자리를 주겠다는 다른 오케스트라들의 달콤한 제안을 받아들였더라면, 결코 배울 수 없었을 값진 인생 수업이었다.

게다가 함께 옆자리에 앉게 된 '스탠드 파트너', 데이비드는 중국계 학생이었는데 나에게 항상 편안한 웃음을 주는 친구였다. HRO에서 바이올린을 한 지 2년 차가 되는 그는 "여름방학 동안 연습을 안 했더니 이번 재再오디션에서는 작년보다 뒷자리로 밀렸다"며 오히려 좋아하고 있었다. 앞자리로 갈수록 섹션을 이끌어야 하니까 항상 성실하게 잘해야 하는데 뒤에 앉으면 그만큼 부담감이 적어지기 때문에 연습을 덜해도 되고 마음 편해서 좋다는 것이다. 그런데 그와 함께 연주를 할 때마다 한 가지 이상한 점이 있었다. 옆자리에 앉아 있다 보면 서로 소리가 잘 들리게 마련인데 연주하기 어려운 부분만 나오면 이상하게 데이비드가 앉아 있는 쪽으로부터 연주하는 소리가 들려 오지 않았던 것이다.

"데이비드, 이상하게 이 부분에만 오면 너의 연주소리가 안 들려. 왜지?"

"어려운 부분에선 틀린 음을 연주할 확률이 100%니까 아예 아무 음도 내지 않는 것이 오케스트라를 위하는 길이야."

"그래도 너의 활은 긋고 있잖아. 어떻게 소리를 안 내?"

"그냥 소리 안 내고 긋는 척하는 거지. 이런 부분은 어차피 저 앞자리 사람들이 다 알아서 처리해 주니까 우린 신경 안 써도 땡이야."

정말 이렇게 편안한 여유를 가진 사람이 하버드에 있다는 사실을 데이비드를 통해 처음 알게 되었다. 생화학 전공자로 하루 10시간 이상을 실험실에서 보내고 72시간씩 밤새우기를 밥 먹듯 하던 그였지만 HRO 리허설 시간만큼은 그 누구보다도 여유를 가지고 즐겁게 연주를 하고 있었다. 리허설 시간마다 데이비드와 함께 닥터 Y의 눈을 피해 소곤거리며 장난을 치던 재미가 얼마나 쏠쏠하던지…. 덕분에 처음에는 다소 무겁게 느껴지던 HRO의 분위기가 조금씩 친근하게 다가왔던 것 같다.

"어, 재 어디서 많이 봤던 앤데… 누구더라? 아, 학교 웹사이트의 그 미소년!"

제2바이올린 섹션 수석의 얼굴이 너무나도 낯익어서 골똘히 생각해 보니 바로 하버드 대학 홈페이지 '재학생들의 소리' 라는 코너에 소개되어 있던 3학년 남학생이었다. 홈페이지 정보에 의하면 그는 고등학교 시절 학교 수석 졸업자이자 전미 스키 챔피언이었고 바이올린으로 줄리어드 대학에 입학했지만 다양한 공부를 하기 위해 하버드 대학에 진학하여 경제학과 응용수학을 전공하는 수재였다. 한국의 인기배우 다니엘 헤니를 쏙 빼 닮은 외모에, 전 오케스트라를 동원해 내 생일 축하 노래를 연주해 줬을 정도로 따뜻한 마음씨를 간직한 '완소남' 이었다. 우리는 비록 학년이 달랐지만 같은 섹션에서 활동을 하며 금세 친해질 수 있었고 마침 기숙사 방향까지 비슷하여 리허설을 마치고 함께 길을 걷곤 했다.

그러던 어느 날, 스무 살 소녀의 가슴에 불을 지른 사건이 일어났다. 바로 둥근 보름달이 하늘에 떠 있던 어느 날 밤의 일이다. 그날도 어김없이 완소남과 나는 HRO 리허설을 끝내고 기숙사로 돌아가는 중이었는데 내가 한국 친구와 우리말로 통화하는 것을 듣고 있던 그가 나에게 물어 왔다.

"소라, 'Hello' 를 한국어로 어떻게 말해?"

"간단해. 그냥 '안녕!' 하면 되거든."

"그럼 'My name is OOO' 는 어떻게 말해?"

"아 그건 '내 이름은 OOO이다' 또는 '나는 OOO이다' 라고 하면 되지."

한참 동안 '나는' 을 가지고 자신의 이름을 연습하던 완소남은 불현듯 나를 바라보며 말했다. 영어가 아닌 순도 100%의 한국말로.

"너는 너무 아름다워."

'샌더스 극장' 에서의 정기연주회.
눈부신 조명 밑에서 가슴을 울리는 선율로 관객들과
교감하는 그 아름다운 느낌이란.

오 마이 갓. 그의 앞에서는 애써 쿨cool한 척 내색하지 않으려고 무진장 노력했지만, 나의 마음속은 화끈화끈한 열기로 차올라오고 있었다. 미국 친구들은 남녀를 불문하고 너는 아름답다는 말을 종종 쓰지만, 같은 말이라도 완소남으로부터, 그것도 나의 모국어인 한국말로 들으니 느낌이 너무나도 색달랐다. 기숙사 방에 도착했을 때, 나는 자고 있던 룸메이트들을 깨우면서까지 이 기쁜 소식을 전했다. 나중에 알고 보니 예전에 한국 친구로부터 배웠던 말인데 이때까지 기억하고 있었다는 것이다. 이런 몹쓸 완소남 같으니라고. 나를 제2바이올린 섹션으로 보내준 닥터 Y에게 다시 한 번 고마움을 느꼈다.

HRO는 '메모리얼 홀' 안에 위치한 '샌더스 극장' 과 특별한 인연을 맺고 있다. 시험 기간을 제외한 매주 두 번씩 총 5~6시간에 걸친 리허설도, 1년에 4번 있는 정기연주회와 합창단이 함께하는 특별연주회도 모두 이곳에서 개최한다. 내가 입단했던 해의 HRO 정기연주회는 매번 매진이었다. 하버드 캠퍼스를 넘어 케임브리지, 보스턴, 심지어는 뉴욕 일대에서부터 찾아와 주는 고마운 관객들. 무대 위의 오케스트라와 1,300명의 관객이 함께 호흡할 때마다 마치 샌더스 극장을 폭발시킬 것만 같은 열기가 솟구친다. 기립박수에 인색하지 않은 미국 관객들의 열띤 반응은 매번 다음 공연을 기대하며 즐거운 마음으로 리허설을 할 수 있게 하는 인센티브가 되기도 한다.

지극히 차가운 머리의 소유자들인 하버드 학생들이 음악을 통해 자기 자신을 과감하게 '이성'의 족쇄에서 풀어 버리는 모습에서 진정한 프로의 모습을 배웠다. 주위의 편견과는 달리 알면 알수록 구수한 정情과 순수함이 배어 나오는 HRO 친구들과의 지난 3년은 정신없이 바빴던 하버드의 일상 속에서 나를 지탱해 주는 힘과 행복의 원천이 되어 주었다.

HRO에 들어가면서 클래식 음악과 화해했을 뿐만 아니라 다시 한 번 정열적인 사랑에 빠져 버린 나는 바이올린과 많은 시간을 함께했다. 음악을 통하여 많은 사람들을 만나고, 또 나 자신을 만날 수 있어서 행복했다. 특히 제2바이올린 수석주자로서 후배들을 이끌었던 2007-2008 시즌은 나에게 더욱 큰 의미가 있는 한 해였던 것 같다. 후배들과, 친구들과 함께 음악을 만들어 나갈 때의 그 순도 100%의 행복함이란. 그리고 2년 전 나의 '짝사랑 in 하버드'가 생일 축하 노래를 연주하며 뒤돌아서서 미소를 지어 주었던 그 자리에 내가 앉게 된 우연함이란.

소녀, 음악에 빠지다

1. 2% 엉뚱했던 꼬마아이

어머니, 소라가 그림을 안 그리려고 해요/ 혼자 자장가를 부르며 잠드는 아이

2. 처음 건너간 미국에서의 1년

12살, 아메리카를 만나다/ 영어와의 첫 만남, 나랑 친구할래?/ 바이올린에 취하다

3. 우리 중학교 한번 끊어 볼까?

모범생에서 중학교 자퇴생으로/ 한없이 자유로웠던 영혼/ 줄리어드 음대 교수님의 제자가 되다

1. 2% 엉뚱했던 꼬마아이

어머니, 소라가 그림을 안 그리려고 해요

"소라야, 오늘은 어떤 책을 읽어 줄 거야?"

밤마다 어머니의 말씀이 떨어지면 난 쏜살같이 쫓아가서 마음에 드는 그림동화책을 가지고 왔다. 보통 엄마가 아이에게 동화책을 읽어 주는데 우리 가족은 그 반대였다. 나는 한 장, 한 장 넘길 때마다 펼쳐지는 형형색색의 그림들에게서 매번 새로운 이야기가 떠올랐고, 그렇게 순전히 그림에 의지하여 어머니께 책을 '상상해' 드렸다.

아직 글을 모르는 나에게 글자는 심심한 흑백 무늬일 뿐 별 의미가 없었다. 같은 페이지라도 읽는 날에 따라 내 시선을 끄는 다른 그림들이 있었고, 그러다 보니 미키마우스나 미니마우스보다 데이지 덕을 더 좋아하게 되는 날도 있었다(아직 이종교배는 불가하다는 생물학적 지식이 없었던 어린 시절이다). 어머니께서는 직접 그림책을 읽어 주다 보면 아이가 엄마의 입 모양을 따라 '글자'만 익힐 뿐 '그림'은 부수적인 장식으로 넘기게 되니 상상력을 키워 줄 수가 없다고 생각하셨다. 그래서 절대로 내가 일찍 글을 깨우치지 못하도록 하셨다.

덕분에 나는 어려서부터 모든 것을 '나만의 시각' 으로 해석하고 상상해 보는 창의력 훈련을 할 수 있었다. 세상을 다르게 보는 법과 세상엔 한 개 이상의 정답이 있을 수도 있다는 것을 배웠다.

그림을 통하여 무한한 상상력을 키워 나가던 나에게 좌절(?)의 순간도 있었다. 내 머릿속의 상상의 세계를 스케치북에 옮기고 싶은데 훈련되지 않은 어린 아이의 고사리 손가락으로는 머리의 속도를 따라가지 못했던 것이다.

"어머니, 소라가 그림을 안 그리려고 해요."

당시 나의 유치원 선생님이 처음으로 면담을 요청하고 어머니께 하신 말이라고 한다. 내가 그림 시간만 되면 한 시간에도 몇 번이나 손을 씻으러 나가는 등 선생님을 요리조리 피해 다닌다는 것이었다. 그날 밤, 어린 소라와 엄마는 진지한 대화를 나누었다. 나의 자초지종은 이러했다. 눈썰매장에 다녀온 이야기를 그리고 싶었던 나는 아무리 해도 사람이 썰매 위에 앉아 있는 모습을 입체적으로 표현해 낼 수가 없었다. 원근법에 위배되는 캐릭터들의 모습도 마음에 들지 않았다. 그래서 난 스스로에게 화가 나 있었던 것이다.

그림 그리기를 완강히 거부하는 나의 마음을 풀어 줄 방법을 찾기 위하여 어머니는 꽤 고민을 하셨던 것 같다. 직접 한 번 보고 그려 보라며 눈썰매를 탄 자세로 포즈를 잡아 주셨고, 내가 마음껏 물건을 만들고 주무를 수 있도록 '회색 유토油土(유분이 포함되어 있어 마르지 않는 찰흙)' 를 가득 사 오시기도 했다. 나는 유토를 가지고 입체적인 사물들을 만들어 보며 미술을 이해하기 시작했다.

그 후로 초등학교에 진학을 해서도 미술은 내가 가장 좋아하는 과목이 되었다. 미술 시간만 되면 물 만난 펭귄이 되어 스케치북에 내 생각을 자유롭게 펼쳐 나갔다. 자유분방하고 틀에 박힌 생각을 싫어하는 지금과는 달리 유치원과 초등학교 저학년 시절의 나는 내성적이고 규칙을 따르기 좋아하는 성격을 가지고 있었다(물론 집에서는 왈가닥 꼬마로 돌아왔지만). 그런 성격이 선생님 말씀을 잘 듣는 모범생 생활을 하는 데는 도움이 되었지만 내 마음속 깊은 곳에 숨겨져 있던 엉뚱한 면들을 표현하는 데는 어려움으로 작용했다. 하지만 나는 스케치북에 그려 내는 상상의 세계에서만큼은 진정한 '나 자신'과 만날 수 있었고, 그렇게 조금씩 '그림 속'의 내 모습과 '세상 속'의 내 모습을 일치시켜 나갔다.

혼자 자장가를 부르며 잠드는 아이

나의 어린 시절에도 유치원 아이들은 여러 종류의 보습학원에서 선행 학습을 하기에 바빴고, 나는 가끔 그런 친구들을 보며 부러워하기도 했다.

"와, 저 친구들은 공부 대빵 잘해지겠다."

당시 나는 보습학원 대신 독학으로 푸는 학습지를 받아 보고 있었는데 하루에 한 번 배달되어 오는 이 '일일 공부'가 얼마나 소중하게 여겨지던지 학습지 아줌마가 오실 시간만 되면 아파트 앞에 나가서 기다리곤 했다. 그리고 남는 시간엔 공부 대신 피아노와 바이올린을 배웠다. '공부는 학교 가서 하는 것' 이라고 생각하셨던 어머니는 당시 6살이던 나에게 공부 대신 음악을 배울 수 있는 기회를 제공해 주셨다. 피아노는 아파트 단지 상가에 위치한 피아노 학원에서, 그리고 당시만 해도 흔치 않던 악기인 바이올린은 유치원 방과후 프로그램으로 배우기 시작했다.

상상하길 좋아했던 나에게 음악은 또 다른 차원의 감성과 상상력을 키워 주었고 나는 '피아노' 와 '바이올린' 이라는 매개체보다도 '음악' 그 자체가 좋았던 것 같다. 대개 초보자들을 위한 연습곡의 특징은 멜로디가 밋밋하다가도 꼭 마지막 두세 마디엔 현란한(그러나 사실은 치기 쉬운) 화음들이 대거 등장한다는 것인데, 어머니 말씀에 의하면 나는 항상 그 부분만 되면 양손을 피아노 건반에서 뗀 채로 몇 초 동안 멈추어 있었다고 한다.

"여긴 너무 아름다워서 치기가 아까워…"

나는 동생 경식이에게도 음악의 아름다움을 전해 주고자 정기적으로 '피아노 레슨' 을 해 주곤 했는데 그때마다 경식이의 눈물을 쏙 빼놓곤 했다. 나보다 이과적理科的인 성향이 강한 경식이는 피아노를 칠 때도 그런 성향대로 정확하게 자로 잰 듯이 '이과적으로' 연주를 했다. 한마디로 내가 보기엔 '음악성' 이 결핍된 연주였던 것이다. 지금 생각해 보면 나나 경식이나 어른들이 보기엔 도토리 키 재기였겠으나 난 당시 최고로 무서웠던 나의 피아노 학원 선생님의 카리스마를 남몰래 동경하고 있었고 선생님과 똑같이 경식이에게 무섭게 대했다. 다른 건 몰라도 음악을 즐기며, 거기에 푹 빠져들어 연주를 하지 않는 것은 용납할 수 없다고 생각했다. 어쩌면 나의 강압적인 태도 때문에 경식이는 음악을 더

어린 시절 가족과 함께한 생일잔치!

케이크 앞에서부터 오른쪽으로 외할아버지, 외할머니, 할머니, 경식이, 나, 그리고 엄마. 포토그래퍼: 아빠.

경식이를 만나러 예일 대학을 방문했을 때 찰칵.

경식이가 어느덧 의젓한 대학생이 되어 누나의 친절한 캠퍼스 가이드가 되어 주었다.

즐기지 못했을지도 모르는데 말이다. 애꿎은 경식이는 피아노 시간만 되면 무서운 선생님으로 돌변하는 나 때문에 울음을 터뜨리기 일쑤였지만, 그래도 누나를 믿고 묵묵히 따라 주며 연습도 열심히 했다. 물론 피아노 레슨 시간만 끝나면 우린 또다시 물총 놀이를 하고 침대에서 덤블링을 하며 철없이 뛰노는 남매로 돌아갔지만.

무려 49년 동안이나 교회에서 성가대 봉사를 하신 외할머니의 피를 받아서인지 나는 어릴 때부터 노래 부르는 것을 좋아했다. 물론 노래를 제대로 배우는 것도 좋았지만 나만의 작사 작곡에 의한 노래를 목청껏 불러대는 것을 좋아했다. 우리 집에서는 이런 나의 노래들을 '소라 노래'라고 불렀고 나는 가사도 멜로디도 생각나는 대로 즉흥적으로 갖다 붙이며 끝없이 노래를 부르곤 했다. 또한 이 '소라 노래'들이 나에게는 스스로를 위한 훌륭한 자장가가 되어 주었다. 나는 나의 노래소리에 취해 잠이 들곤 했는데 나의 우렁찼던 목소리가 점점 힘이 없어지면서 사그라지면 바로 내가 잠이 들었다는 신호였다고 한다. 어머니는 유명한 작곡가들의 자장가가 아름답기는 하지만 내가 잠에 빠져들 때의 호흡과는 맞지 않는 것 같아서 차라리 편안한 우리 전래 자장가를 불러 보시기도 했다고 한다.

'자장자장 우리 아기 앞집 개야 짖지 마라 우리 아기 잘도 잔다~'

그러나 곧 이것도 재미가 없어져서 '소라 노래'가 나를 재우는 최고의 방법으로 굳어졌다고 한다. 내가 스스로 '소라 노래'를 부를 때 가장 잠이 잘 들 수 있었다는 것이다. 이렇게 음악은 처음부터 나의 생활의 일부분이었고 지금도 내 삶에는 언제나 음악이 흐른다.

2. 처음 건너간 미국에서의 1년

우리 가족은 안방에 이불을 넓게 깔아 놓고 다 함께 자길 좋아했다. 이불에 누워 '깔깔' '호호' 거리다 보면 한 명, 두 명씩 꿈나라로 빠져 조용해지곤 했는데 내가 초등학교 3학년이었던 그날 밤도 난 그렇게 스르르 잠에 빠지고 있었다. 비몽사몽인 상태에서 어머니의 나지막한 목소리가 들려 왔다.

"여보, 2년 후에 경식이가 학교 입학하면 우리 다 같이 미국에 한번 가 볼까요?"

12살, 아메리카를 만나다

샌프란시스코 국제공항 활주로를 미끄러지는 비행기 안에서 나는 잔뜩 막혀 버린 귀를 뚫기 위해 있는 힘을 다해 양쪽 귀로 바람을 내보내고 있었다. 캘리포니아의 누런 민둥산들을 구경하느라 가족 모두가 비행기 창문에 코를 박고 있을 때 나의 정신은 온통 귀에 쏠려 있었던 것이다. 비행기를 처음 타 보는 12살 아이에게 찌릿찌릿한 전율을 보내 오는 귀의 아픔은 앞으로 펼쳐질 미국생활에 대한 막연한 긴장감보다도 더 크게 다가왔나 보다.

나에게 '미국'은 너무나도 먼 나라의 이야기였다. 지난 2년 간 꿈꾸어 온 미국행! 1년 간 미국 캘리포니아 대학 데이비스*UCD에 교환교수로 가시게 된 어머니, 아버지를 따라 나는 난생 처음 미국 땅을 밟아 보았다. 부모님의 오랜 친구인 일본인 마에다 부인의 미니 밴을 타고 샌프란시스코 공항에서 데이비스로 향하는 동안 나는 비로소 창문 밖을 내다볼 여유가 생겼다. 그 곳엔 멀리 금문교가 구름에 둘러싸인 채 하늘과 맞닿아 있었고 저물어가는 해의 속도에 맞추어 찬란한 불빛들이 마천루를 밝히고 있었다.

샌프란시스코에서 약 2시간 가량 떨어져 있는 데이비스에 가까워지자 이번에는 또 다른 풍경이 나타났다. 수평선 끝까지 펼쳐져 있는 농장과 목장, 호숫가를 둘러싼 전원주택들과 데이비스 다운타운의 아기자기한 상점들이 미국에 왔다는 사실을 실감나게 해 주었다. 비록 늦은 저녁식사를 위해 찾아간 중국집에서 내가 웨이터와 나눌 수 있었던 유일한 대화는 "I want this(전 이거 주세요)!"뿐이었지만, 난 이미 미래에 대한 꿈에 한껏 젖어 있었다. 하늘에선 황홀한 별들의 향연이, 땅에서는 잔디밭에 생명을 불어넣어 주는 스프링쿨러의 축제가 열리고 있었던 데이비스에서의 모습. 내겐 새롭기만 했던 그 모습들을 가슴 깊이 담았다.

영어와의 첫 만남, 나랑 친구할래?

미국에 온 나는 영어공부의 필요성을 절실히 느꼈다. 수영장에서 나의 스쿠버 다이빙용 물안경에 큰 관심을 보이던 멋진 금발 소년에게 "아이 돈 노우"라는 말밖에 연발할 수 없었던 아픈 기억을 뒤로하고 난 영어와 일단 친해지기로 다짐했다. 사실 난 무언가를 정복하겠다고 생각해 본 적이 별로 없다. 그만큼 욕심이 없었던 것일 수도 있고, 정복하겠다고 목표를 세워 버리면 그 과정에 있어 더 큰 상처를 받고 좌절할 가능성이 높아지기 때문에 즐기면서 할 수가 없다고 생각했다. 다만 나는 그 대상이 무엇이 되었든 먼저 익숙해지고 싶다는 목표를 세우곤 했다.

한국에서 초등학교 1학년 때부터 다녔던 영어학원에서 익힌 기본기를 바탕으로 우선 내 안에 꿈틀거리고 있던 영어를 끄집어내기 시작했다. UCD에서 개최하는 청소년 여름 캠프에 열심히 참가했고 동네에서 만나는 비슷한 나이 또래의 미국 친구들과 함께 어울리면서 영어를 배웠다. 또 전혀 알아들을 수도 없는 텔레비전 방송을 하루 종일 켜 놨다. 대부분의 채널들이 자막 방송을 지원하기 때문에 처음엔 꼭 영어 자막을 켜 놓고 시청했다. 나와 경식이는 파워레인저를 열심히 시청했는데 가끔씩 알아듣는 단어가 나오면 우리 둘이 환호성을 지르며 좋아하곤 했다. 엄마와 동생과 함께 매주 금요일 저녁이면 동네 비디오 가게에 들러 비디오를 빌려 오는 것이 데이비스 시절의 큰 낙이었는데 비디오를 빌려 오면 처음 한 번은 자막을 틀어 놓은 채로 눈과 귀를 동시에 사용했다. 나는 리스닝Listening 실력 향상을 위해 자막을 보지 말아야 한다는 주장에 동의하지 않는다. 원어민이거나 아주 어린 아이가 아닌 이상 말이다. 눈과 귀를 같이 사용하다 보면 반복되는 일정한 글자와 소리가 머릿속에서 자연스럽게 매치되기 시작하고 어느 순간부턴 그 소리가 하나의 '뜻'을 가진 '언어'로 기억된다.

처음에는 자막이 지원되지 않는 방송이나 비디오를 접하면 덜컥 두려움이 앞서곤 했는데 몇 개월이 지나자 자막이 없어도 어느 정도는 이해할 수 있겠다는 자신감이 들면서 불안감이 없어졌다. 설령 이해하지 못한들 어떠랴 하는 배짱까지 생기는 것 같았다. 점점 자막이 지원되는 방송이라도 일부러 자막을 틀어 놓지 않고 시청하는 횟수가 늘어났다. 정말 새로운 언어를 배우는 데 있어서 자신감만큼 중요한 것은 없는 듯하다.

우리 가족은 매주 주말마다 김밥과 컵라면, 때로는 샌드위치를 싸들고 미국 서부의 이곳저곳을 돌아다녔다. 한 번은 긴 연휴를 맞이하여 캘리포니아를 벗어나 사우스다코타 주에 위치한 마운트 러시모어에 여행을 간 적이 있다. 미국 대통령들의 모습이 거대한 바위에 새겨져 있는 바위산이 바로 마운트 러시모어이다. 그때는 우리 가족 모두가 아직 영어 실력이 많이 부족했던 미국 생활 초창기였던지라 우리는 연유도 모른 채 사람들을 따라 마운트 러시모어 앞 야외무대에서 열리는 행사를 기다리고 있었다. 시간이 되자 행사 진행자가 나와 미국 국가를 부르며 연설을 하기 시작했고 마운트 러시모어에는 온갖 찬란한 조명이 켜졌다. 곧 진행자가 무슨 재미있는 말을 했는지 모두들 큰 웃음을 터뜨리는데 우리 가족은 유머를 알아듣지 못해 웃음으로 난리가 난 사람들 속에서 멀뚱히 마운트 러시모어에 새겨진 대통령들의 얼굴만 바라보고 있었다. 외국어를 배울 때 가장 힘든 것이 '유머'라고 하지 않는가? 그 나라의 문화까지 섭렵하고 있어야 진정으로 웃을 수 있다니까. 우리나라 말을 잘하는 외국인들도 한국 시트콤이나 예능 방송을 보며 '왜' 웃기는지 이해하기 어려운 것과 마찬가지다. 그런데 그때 경식이가 갑자기 웃기 시작했다.

"와, 경식이가 드디어 귀가 뚫리기 시작했나 보다! 경식아, 저 사람이 대체 뭐래?"

"몰라. 그냥 다 웃으니까 나도 좀 웃어야 되지 않나 싶어서 웃었어."

당시 경식이와 나는 '어린 아이들은 미국에서 6개월만 살아도 귀와 입이 뚫린다' 는 말에 상당한 부담감을 가지고 있었다. 그렇지만 영어란 일순간에 느는 것도 아니기 때문에 가끔씩은 정체기가 찾아와도 기죽지 않고 자신감 있게 지내려고 노력했다. 사실 어느 언어나 마찬가지지만 영어도 하면 할수록 더 어려운 단계가 앞을 가로막고 기다리는 것 같다. 미국에서 대학생활을 하는 지금도 내가 원어민이 아닌 이상 한국어보다 영어가 편할 수는 없기 때문에 새로운 영어 표현을 접할 때마다 매순간 따로 외면서 그것을 온전히 내 것으로 만들기 위해 노력한다. 신문기사를 볼 때에도 그저 내용만 체크하고 지나가는 것이 아니라 시간은 더 들지 몰라도 꼭 좋은 표현들을 수첩에 적어 놓거나 머릿속에 외워 둔다.

데이비스 시절 나는 발음에 대한 강박관념을 가지고 있었다. 나이가 들수록 혀가 굳어서 원어민 발음을 할 수 없다는 사실이 걱정되었던 것이다. 나는 집에서도, 길을 가면서도, 밥을 먹으면서도 영어로 쓰인 글이 보이기만 하면 모두 다 한 번씩 내 혓바닥에서 굴려 보았다. 데이비스 시내의 모든 상점 이름들은 이때 다 외워 버렸을 성싶다.

"맥-더~날즈McDonalds, 블락-버스털Blockbuster, 미얼크milk…"

때론 '아직 혀가 굳지 않은' 8살의 경식이가 부러워서 경식이의 혀 모양을 관찰하며 발음을 따라 하기도 했다. 그렇게 조금씩, 조금씩 내 영어에서는 버터 냄새가 풍기게 되었다.

8월 개학과 동시에 나는 '웨스트 데이비스 인터미디어트WDI' 초등학교에 6학년으로 들어갔다. 웬만한 미식축구 경기장보다 더 큰 잔디밭과 운동장을 가지고 있는 WDI에는 4~6학년 학생들만 재학하고 있었다. 이유인즉, 학생들을 고학년과 저학년으로 나누어 두 개의 캠퍼스를 별도로 운영하고 있었던 것이다. 1~3학년 학생들을 위한 캠퍼스는 WDI에서 자동차로 약 10분 정도 떨어진 곳에 위치하고 있었는데, 경식이는 그 곳에 1학년으로 입학했다. 어렸을 때라 그런지 우리 둘 다 영어에 대한 공포감이 없었고 빨리 미국 친구들을 만나 보고 싶었다. 금발머리의 줄리와 주근깨 마이클이 노란 스쿨버스를 타고 학교에 가서 '메리에겐 작은 양이 있었네' 라는 노래를 배운다는, 전혀 피부에 와 닿지 않던 영어 교재 속의 이야기들을 하루빨리 내 일상 속으로 직접 초대해 보고 싶었다.

"하이 소라. 난 제르미야. 한국에서 왔다며? 쏘 쿨~!"
"와, 구구단 진짜 잘 외운다. 한국 학교에선 그걸 다 외우게 시켜?"

같은 반 친구들은 한국에서 날아온 나에게 많은 관심을 보였다. 전형적인 백인 마을이라 우리 학년에 동양인은 나까지 포함하여 다섯 명 정도밖에 되지 않았으니 우리의 노란 피부와 햇감 같은 둥근 얼굴이 얼마나 신선했겠는가. 게다가 내가 '메이드 인 코리아' 라는 사실에 나를 한국에서 온 귀족 정도로 생각하는 것 같았다(물론 나는 그에 대해 강한 부정도 긍정도 하지 않았다). 개학을 하고 주어진 첫 번째 과제는 2명씩 짝을 지어 자신의 파트너를 반 앞에서 소개하는 것이었는데 나는 옆에 앉아 있던 제시카라는 친구와 파트너가 되었다.

"제시카는 라자냐를 좋아하는데 엄… 그래서so, 제시카는 고양이를 기르고 제시카는 좋은 친구입니다."

문법, 발음, 내용 모두 엉망이었지만 나의 진심만큼은 통했는지 우리는 이것을 계기로 단짝 친구가 되었다. 지금 생각해 보면 한창 철없을 11~12살의 아이들인데 친구들은 나를 위해 매번 천천히 설명해 주고 기다려 줬다. 영어 보충수업 격인 'ESLEnglish as a Second Language' 수업을 듣고 반으로 돌아올 때면 친구들은 빨리 ESL에서 나와 자신들과 함께 영어수업을 듣자며 용기를 북돋워 주었다. 학기초엔 같은 동양인이지만 영어가 미숙한 나를 대놓고 무시했던 중국계 미국인 헤나도 나중엔 오히려 자신과 단짝 친구를 맺자는 귀여운 제안(?)을 해 왔다.

"소라, 제시카가 다음달에 이사를 가고 나면 그 자리는 내가 채워 줄게. 우리는 완벽한 단짝이 될 거야."

알고 보니 헤나는 미국 태생이지만 동양인이라는 콤플렉스 때문에 백인을 역차별하며 자기 자신을 더욱 고립시키고 있던 아이였다. 그로부터 10년이 넘게 흘러 사회학을 공부하는 대학생이 된 나는 지금도 미국 인종 문제를 다룰 때면 종종 생각나곤 한다. 점심시간에 홀로 구석에 앉아 집에서 싸온 볶음밥을 먹고 있던 헤나의 모습이. 왜 난 그때 헤나가 안쓰러워 보이면서도 내가 미국 아이들과 같이 앉아서 빵과 오렌지 주스를 먹는다는 사실이 자랑스러웠을까? 사회학 이론적으로는 어느 정도 풀이가 되는 현상이지만 당시에는 헤나를 마음속에 품어 주지 못한 나 자신이 참 못되게만 보였다.

학교에 들어간 지 2개월이 되었을 때 나는 ESL에서 나와 정규 영어 수업 반으로 들어가게 되었다. ESL에서 받았던 1, 2학년용 영어 동화책들을 반납할 때의 그 홀가분함이란! 정규 수업을 따라가기 위해서 난 매일 밤을 새워 가며 영어 단어를 찾고 문장을 만들어야 했지만 이젠 정말 미국 친구들과 동등하게 대결할 수 있게 되었다는 사실이 기뻤다. 미국 학교에서는 영어 시간에 교과서 대신 소설을 읽고 직접 작문을 할 기회가 많았는데 소설만큼 영어 실력을 빨리 늘게 하는 것도 없는 듯했다. 소설 속에는 일상생활에서 흔히 쓰이는 영어 표현들이 많이 나오는 데다 일단 내용 자체가 재미있기 때문에 몰입해서 읽다 보면 어느 순간 내 머릿속 생각들도 덩달아 영어로 진행되게 마련이다. 영어로 생각을 하다 보니 영어로 말하는 것도, 글을 쓰는 것도 좀더 자연스럽고 편하게 할 수 있었다. 나에게 영어와 친해질 수 있도록 '우정'의 물꼬를 터준 것이 바로 소설읽기였다.

바이올린에 취하다

"브라보, 브라보! 멋진 연주였어요. 소라 양, 내 앞치마에 사인 좀 해 줄래요?"

주방에서 열심히 디저트를 나르고 계시던 주인집 아주머니께서 내 생애 첫 사인의 주인공이 되어 주셨다. 아주머니는 나중에 내가 세계적인 연주자가 되면 내 어린 시절의 사인이 담긴 앞치마가 얼마나 비싼 가격에 팔리겠냐며 수줍은 11살 바이올리니스트를 연신 칭찬해 주셨다.

버클리 대학으로 유명한 버클리 시의 어느 고급저택에서 열렸던 하우스 리사이틀. 클래식 음악 애호가들이 자발적으로 모여 함께 음악을 나누고 친목을 다지는 그 자리에서 나는 가장 어린 참가자였다. UCD 음대 교수이자 나의 바이올린 선생님이셨던 로버트 브로크 교수님의 주선으로 난 영광스럽게도 쟁쟁한 음악가들 사이에서 연주할 기회를 가지게 되었다. 파노라마 창문 너머 저 멀리로 샌프란시스코의 금문교와 마천루의 불빛이 흐릿하게 내다보이던 그 아름다운 저택에서 나는 처음으로 바이올리니스트가 되고 싶다는 꿈을 품게 되었다.

"아주머니, 오늘 앞치마에 투자하신 거, 꼭 후회하지 않게 해 드릴게요."

데이비스에 처음 도착했을 때만 해도 난 바이올린이 싫었다. 우연의 장난인지 몰라도 나는 항상 매를 드는 호랑이 바이올린 선생님들을 만났던 것이다. 나에게 있어 바이올린은 무서운 레슨 시간, 그리고 하기 싫은 연습의 대상일 뿐이었다. 그러던 나에게 어느 날 음악의 천사가 나타났다. 데이비스에 도착한 지 얼마 되지 않아 시에서 운영하는 청소년 센터에 들렀다가 브로크 교수님을 소개받게 된 것이다. 교수님께선 당시 풀사이즈 바이올린이 없던 나에게 1년 간 사용하라며 선뜻 당신의 바이올린을 빌려 주셨고(결국 3년이 넘도록 쓰게 되었지만) 레슨비 또한 받지 않겠다고 하셨다. 그리고 청소년들을 위한 오디션, 연주회 기회가 있을 때마다 나를 데리고 다니시며 나에게 더 큰 세상을 보여 주셨다. 가장 난이도 높은 바이올린 협주곡을 연주하는 것이 최고의 목표라고 생각했던 나에게 교수님은 세상엔 얼마나 다양한 음악들이 있는지, 또 겉으로 보이는 기교가 없어도 사람들을 감동시키는 음악이 더 훌륭할 수 있다는 사실도 깨닫게 해 주셨다. 교수님을 닮은 뚱뚱한 고양이가 교수님 발밑에서 나의 연주를 함께 감상해 주던 그 나른한 오후의 레슨 시간들을 난 아직도 잊지 못한다. 피부색을 넘어, 나이를 넘어 음악에 대한 열정 하나만으로 교수님과 최고의 음악 파트너가 될 수 있었던 그 순간들을.

귀국을 몇 주 앞둔 1997년 7월, 난 UCD 대학 소강당에서 생애 처음으로 바이올린 개인 독주회를 열었다. '한국에서 온 11살의 바이올리니스트' 라는 제목으로 공연에 대해 데이비스 시 일간지에 기사가 났고, 200석 규모의 크지 않은 강당이긴 하지만 데이비스 시민들은 고맙게도 객석을 가득 메워 주었다. 브로크 교수님과 1년 동안 쌓아 온 레퍼토리로 2시간 넘게 진행되었던 리사이틀이 끝나고 관객들과 인사하는 시간, 관객들 중의 이름 모를 누군가가 나에게 말했다.

"소라 양, 꼭 돌아와요. 데이비스는 언제까지나 소라 양을 기다리고 있을게요."

나에게 음악을 사랑할 수 있는 마음을 심어 줘서 고마워요. 데이비스여, 안녕.

---

* 캘리포니아 대학교 데이비스(University of California, Davis 또는 UC Davis 또는 UCD)는 미국 캘리포니아 주 북부의 데이비스 시에 위치한 캘리포니아 대학교의 분교이다. 1959년 캘리포니아 대학교 시스템의 세 번째 공식 캠퍼스로 인준되었다. 캘리포니아의 주도인 새크라멘토Sacramento에서 서쪽으로 24km 떨어진 데이비스 시에 위치하고, 캘리포니아 대학교 중 가장 큰 5,300에이커의 캠퍼스를 가지고 있다.

3. 우리 중학교 한번 끝어 볼까?

1년 간의 미국생활을 마치고 서울로 돌아온 나는 금세 또 한국생활에 푹 빠져 버렸다. 다시 만나는 초등학교도, 친구들도, 심지어는 동네 슈퍼에서 마주치곤 하던 이웃 아주머니들까지도 반가웠다. 보통 미국생활을 조금이라도 맛보고 한국으로 돌아오면 적응을 못한다고 하는데 나는 미국생활이 새롭고 신기했던 만큼 편안한 한국생활 또한 너무나도 좋았다. 수영복을 사기 위해 차를 타고 40분을 달려야 했던 데이비스 생활과 비교했을 때 왁자지껄 다이내믹한 서울은 얼마나 살기 편하고 재미있는가! 6학년 2학기를 맞아 한창 초등학교 최고의 시절을 보냈고 있던 친구들은 내가 한국 문화와 너무 오랜 시간 단절되어 있었다며 당시 최고의 전성기를 구가하던 HOT와 젝스키스를 소개해 주었고 두 그룹의 멤버들 이름과 특징까지 외워 오라는 엄명을 내렸다. 그나마 지금처럼 10명 이상의 아이돌 그룹이 없어서 얼마나 다행인지.

나는 매일 저녁 당시 최고 인기 시트콤이었던 〈남자 셋 여자 셋〉의 열성 팬이었고 학교에서도 같은 반 친구들과 함께 '모여 봐!' 라는 〈남자 셋 여자 셋〉만의 유행어를 따라 하며 즐거운 학교 생활을 만끽했다. 사실 초등학교 레벨에서는 수학을 제외하고 대부분의 과목들은 암기만 잘하면 좋은 성적을 받을 수 있기 때문에 조금만 끈기 있게 앉아서 공부를 하면 다시 적응하는 데 별 무리가 없다고 본다. 한국에서 한 번도 학교를 다녀 보지 않은 학생이라면 초등학교 고학년 국어가 어렵게 느껴지겠으나 나처럼 1~2년 정도의 공백은 얼마든지 금방 따라잡을 수 있다고 생각한다. 국어라는 것이 물론 한글을 잘 읽고 쓸 수 있으면 유리하지만 결국 '생각' 과 '감정' 의 전달이기 때문에 '생각의 힘' 을 먼저 갖추고 있다면 '언어' 라는 장벽으로 인한 어려움은 반복되는 연습으로 이겨낼 수 있다. 난 미국에서 돌아오자마자 여름방학을 이용하여 집에서 수학과 국어 문제집을 많이 풀어 보았다. 특히 수학은 선행 학습보다는 튼튼한 계산력을 키우기 위해 구몬수학과 같은 학습지를 열심히 풀곤 했다.

다만 지금 돌이켜보았을 때 아쉬운 것은 미국에서 돌아와 영어공부를 따로 꾸준히 해 주지 않았다는 점이다. 특별히 영어학원을 다니거나 학습지를 풀지 않고 가끔 미국에서 사온 책이나 비디오를 보면서 영어와 '놀았다.' 막 영어의 궤도를 타고 있었던 터라 그때 좀더 공부를 해 주었으면 좋았을 텐데 난 영어와 친하게 지냈던 1년 간의 추억들을 마음 속에 행복하게 묻어 두고 친구들과의 우정, 6학년 장기자랑, 졸업 여행 등에 푹 빠져 있었다.

초등학교 때는 키 좀 크고 운동을 잘한다 하는 남학생들이 동네에서 '골목대장' 역할을 하곤 했는데 그 애들이 누굴 좋아하면 전교로 소문이 퍼져 나가곤 했다. 나는 남동생과 자라난 탓에 남자 친구들과 잘 어울려 놀았고 미국 데이비스에 가기 전 당시 골목대장 중 한 명이 좋아하는 여학생 3위에 올랐었다. 1, 2를 보니 정말 나와는 달리 예쁘고 여성스러운 친구들이었는데 난 아마도 '지덕체' 를 기준으로 뽑혔나 보다. 지금 생각하면 '쪼그만 것들이 뭘 안다고?' 라는 웃음밖에 안 나오지만 나름대로 그때는 한 편의 드라마 같은 서정 소설이었다. 내가 1년 간의 미국생활을 끝내고 돌아왔을 때, 몇몇 남자 아이들은 날 보러 일부러 반에 찾아오기도 했다. 아직도 그 3위라는 숫자를 기억하고 있던 소수의 학생들이었다. 그리곤 항상 의아하다는 듯이 고개를 젓다 가곤 했다.

"진짜 재 맞아? 완전 우람한데?"

난 강렬한 캘리포니아 태양 아래서 선 크림 하나 바르지 않고 자전거를 타고 다닌데다, 하루에 3시간 이상씩 야외 수영장에서 놀았던 탓에 피부가 검은 진주처럼 까무잡잡해져 있었다. 원래 엄마를 닮아 하얀 피부를 가진 것이 나의 외관상의 유일한 자랑거리였는데 썬탠하기 좋아하는 미국 친구들과 생활하다 보니 나도 흰 피부보다는 건강한 구릿빛 피부를 좋아하게 되었던 것이다. 또 난 맥도날드의 빅맥과 초콜릿 칩 쿠키를 너무 사랑한 나머지 1년 새 살이 15kg 이상 쪄 버려 푸짐한 몸매를 자랑하고 있었다. 내 평생에 몸무게가 가장 많이 나갔을 때는 고3 시절이 아닌 바로 그때 당시였는데, 초등학생이 무슨 몸매에 대한 걱정이 있었겠는가. 나는 매일매일이 즐거웠고 친구들과 함께 쏘다니는 학교생활이 재미있었다. 미국에서 돌아와 반 앞에서 자기소개를 할 때 친구들은 "성소라, 너 1년 살았다고 이제 한국말 할 때도 버터끼 돌아!"라고 할 정도로 한국 발음이 샜지만 그것 또한 한 달이 채 지나지 않아 없어졌다. 나는 그렇게 다시 영락없는 한국 초등학생이 되어 있었다.

모범생에서 중학교 자퇴생으로

한때 최고 학년으로서 천하를 호령했던 초등학교 6년생들은 어느새 중학교라는 새로운 사회조직의 말단이 되어 있었다. 중학교 입학식 날, 단발머리에 교복이라는 새로운 모습으로 나타난 우리들의 모습이 얼마나 우습던지. 모두들 교복은 차려 입었지만 아직 속 알맹이는 영락없는 어린 아이들이었으니 말이다. 난 '10718(1학년 7반 18번)' 이라는 나의 새로운 이름이 좋았다. 왠지 나도 이젠 본격적으로 대한민국의 수험생이 되었다는 생각에 스스로 어른이 된 기분이었다. 초등학교 때 줄반장 한 번 안 해본 사람이 어디 있겠냐만 초등학교 6년 내내 반장과 전교 회장단원을 도맡아 했던 나는 그만큼 승부욕이 강했다. 그리고 중학교에서도 '올 수' 를 놓치지 않게 될 것이라는 오만한 자신감을 가지고 있었다.

그러나 나는 곧 깨달았다. 초등학교 때와는 전혀 다른 차원으로 공부에 '올인' 하는 친구들이 많아진 중학교에서 나의 성적을 유지하기란 결코 만만한 일이 아니란 사실을. 미국에서 돌아온 이후로도 세계적인 바이올리니스트가 되겠다는 꿈을 잊지 않고 공부와 음악을 병행해 오던 나였지만 이젠 열 개 이상으로 늘어나 버린 과목 수에 맞추어 공부를 하다 보니 바이올린 연습할 시간이 절대적으로 모자랐다. 어차피 학업으로 나가지 않을 생각이라면 공부 시간을 줄이고 남는 시간에 바이올린을 더 하면 되지 않겠냐는 주위 분들의 이성적인 충고엔 동의를 했으나 나의 마음이 따라와 주질 않았다. 음악이 나의 정열적인 '새로운 사랑' 이라면 공부는 나에게 있어 어린 시절부터 함께 해 온 '친구' 같은 존재였고 난 아직 사랑을 우정보다 우선시할 준비가 되어 있지 않았던 것 같다. 아니, 적어도 학교를 다니는 이상 선생님과 친구들에게 나의 공부에 대한 우정을 빛내고 싶었다.

학생들이 학원을 통한 선행학습이 되어 있을 것이라 생각하셨던 선생님들께선 수업시간에도 종종 아직 배우지 않은 내용들에 대한 질문을 던지시곤 했는데 성적이 좋았던 나는 언제나 선생님들의 표적이 되었다.

"18번, 일어나서 이 '화강암' 문제 답 한번 말해 봐요."

"저… 아직 안 배운 내용이라 모르겠는데요."

설상가상으로 나에겐 무시무시한 '수학 부장' 이라는 직책이 맡겨졌다. 어쩌다 그런 부담스러운 과목의 부장 역할을 맡게 되었는지는 잘 생각이 나질 않지만 그로 인해 평소에 좋아했던 수학 시간이 '지옥의 시간' 으로 변했던 기억이 있다. 수학 시간이 되면 선생님을 대신하여 그전 시간에 받았던 수학 프린트물의 답을 불러 주는 것이 나의 임무였는데 만약 내가 틀린 답을 부를 경우엔 반을 대표하여 틀린 수만큼 매를 맞아야 했다. 선생님께서는 각종 (시중에서 구하기 힘든) 수학 문제집에서 고난이도의 문제들만 골라 프린트물을 만드셨고 난 매를 피하기 위해, 그리고 나의 마지막 자존심을 지키기 위해 밤을 새워 가며 문제를 풀어 갔다.

비로소 여름방학이 되자 난 다시 바이올린 연습할 시간을 예전만큼 확보할 수 있었다. 내신 대비 학원을 다니지 않았던 나는 오랜만에 시간에 대한 부담 없이 마음껏 음악에 몰두했다. 사실 어린 나이부터 소위 말하는 '큰 선생님' 들을 찾아 다니며 전공을 준비해 오고 있던 또래의 바이올리니스트 지망생들과 비교했을 때 난 테크닉에서 뒤처져 있었다. 음악 세계에서는 다소 늦었다고 보는 6학년이라는 나이에 바이올린 전공을 생각하게 된지라 아직 부족한 점들이 많았던 것 같다. 당시 모 음대에 강사로 나가고 계셨던 어떤 선생님은 나에게 하루에 적어도 8시간 이상씩 연습한 후에 다시 찾아오라고 말씀하셨으니 말이다. 수학 선생님의 '사랑의 매' 못지않게, 아니 그보다 더 눈물 찔끔 나게 매웠던 '음악 전공의 세계' 를 처음으로 맛본 나는 더욱더 오기를 가지고 연습에 총력을 다했다.

그리고 개학이 얼마 남지 않았던 어느 날, 『아큐정전』 독후감을 쓰고 있던 나에게 어머니는 파격적인 제안을 해 오셨다.

"소라야, 우리 학교 한번 끊어 볼까?"

학교는 의문의 여지없이 꼭 다녀야 하는 의무사항이라 여겼던 나에게 중학교를 끊는다는 것은 한 번도 생각해 보지 못했던 파격적인 제안이었다. 지금처럼 중학교가 의무교육이 아니었던 시절이라 자퇴 절차가 행정상으로는 무척 간단했지만 특별히 무슨 '문제' 가 있지 않고서는 선뜻 중학교를 '때려치우는' 학생은 아무도 없었다.

나는 학교에 적응을 못하는 문제아도, 그렇다고 학교 교육이 시시한 천재도 아니었다. 다만, 음악을 하겠다는 마음이 너무나도 커져 버렸다는 '문제' 를 안고 있었다. 여름방학 동안 여러 연주가들의 음악회를 돌아보고 바이올린 연습을 마음껏 하면서 실력이 일취월장하는 나를 지켜보셨던 어머니는 나에게 방해받지 않는 '절대적인 시간' 을 확보해 주시기 위해서 여러 방안을 궁리하셨고 결국 '자퇴' 라는 최후의 수단을 떠올리시게 되었던 것이다. 워낙 새로운 길에 대한 모험심이 많았던 나는 '학교 자퇴' 라는 말을 듣는 순간 '이거다' 라는 생각이 들었고 채 하루도 지나지 않아 마음의 결정을 내리게 되었다.

"엄마, 그럼 이제 학교에 찾아가 봐야 하나? 담임샘이 들으면 진짜 놀라시겠다!"

아니나다를까, 당시 체육 선생님으로서 1학기 선도부였던 나를 각별히 아끼시던 담임 선생님은 어머니의 입에서 '자퇴' 라는 말이 떨어지자 놀란 입을 다물지 못하셨다. 아무리 바이올린이 좋다고 해도 학교를 그만두는 것은 너무 위험한 모험이라며 우리의 결정에 극구 반대하셨다. 연습을 위한 시간이 필요해서라면 출석일수만 맞추는 선에서 학교를 다니며 바이올린 공부를 계속해 나가라고 설득하셨다. 하지만 선생님도 알고 계셨으리라. 학생 명부에 내 이름 석 자가 걸려 있는 한 내가 공부에 대한 자존심을 포기할 수 없는 아이라는 것을. 결국 선생님은 두 손을 드셨고 나중에 내가 세계적인 음악가가 되었을 때 꼭 〈TV는 사랑을 싣고〉에서 선생님을 찾아 달라며 행운을 빌어 주셨다. '10718' 모범생 성소라는 그렇게 하루 만에 중학교 자퇴생이 되었다.

한없이 자유로웠던 영혼

> "'내 앞에 펼쳐진 텅 빈 24시간의 총 지배자.'
> 나는 나의 타이틀을 사랑했다. 비어 있는 시간이란 결코 무미건조한 공허함이 아닌, 노자의 말에 따라 많은 가능성들로 채워진 '살아 있는 빔(비움)' 이었기 때문이다. 나는 14살이었고 새로운 세상을 만끽할 준비가 되어 있었다."
>
> –「구부러진 길 위에서의 여정」(2003) 中

나의 하버드 입학 에세이,「구부러진 길 위에서의 여정」에서 가져온 위의 글은 1998년 8월 당시 중학교를 자퇴하고 하루 24시간을 완벽하게 소유하게 되었던 나의 기대에 찬 심정을 잘 나타내 주고 있다. 갑자기 시간이 많이 주어지면 오히려 방황하게 되지 않을까 하는 주위의 염려는 기우에 불과했다. 노자가 그러지 않았던가.

'찰흙을 빚어 그릇을 만드니 그릇의 빔에 그릇으로의 쓰임이 있다.'

난 나의 빈 시간들이 나를 진정 쓰임받기 위한 가치 있는 사람으로 만들어 줄 것이라 굳게 믿었다.

나는 그때까지 경험해 보지 못했던 일들을 하나씩 해보기로 했다. 독서, 영화, 여행 등을 통해 좀더 넓은 세상을 바라볼 수 있는 안목을 키우고, 봉사활동을 통해 다양한 사회상에 관심 가질 수 있는 마음을 지니게 되었다. 비록 학교 친구들과는 예전만큼 자주 만나지 못해서 아쉬웠지만 자퇴생 성소라에겐 '우리 동네', '우리 학교' 를 넘어선 '세상 속' 의 친구들이 새로 생긴 셈이었고 난 세상에 대한 애인愛人이 되어갔다. 학교를 자퇴한 지 얼마 되지 않아서 함께 교회를 다니던 친구가 물었다.

"성소라, 넌 그럼 이제 공부는 안 하냐? 커서 뭐가 되려고… 근데, 좋겠다."

"그러게 말이다. 도대체 뭐가 되려고 이러고 있냐, 그지? 하하."

사실 그땐 난 학교 공부를 대신하여 이듬해 4월에 있을 '고입 검정고시'를 준비하고 있었다. 시중에서 구입한 검정고시 대비 자습서로 나만의 '독학 커리큘럼'을 만들었고, 자습서가 채워 주지 못하는 부분들은 부모님의 지도, 백과사전, 인터넷 등을 이용하여 공부했다. 물론 고입 검정고시는 학교의 중간고사나 기말고사와 비교했을 때 훨씬 난이도가 낮고 꾸준히만 공부한다면 누구나 어렵지 않게 패스할 수 있다고 생각한다. 중학교 전과정의 광범위한 학습 내용을 평가하는 시험이기 때문에 문제가 어렵게 출제될 수가 없는 데다 평균 60점만 넘으면 합격을 시켜 주기 때문이다. 그렇다 보니 아쉽게 배움의 기회를 놓쳤던 어르신들이나 불가피한 이유로 학교를 다닐 수 없었던 분들이 아니라면 종이 한 장에 불과한 합격 통보서는 별 의미가 없는 것 같다. 어차피 나 자신의 지식 자양분을 쌓기 위한 공부이니까 말이다. 난 나만의 '독학 스타일—홈 스쿨링'을 하면서 내가 정말 관심 있고 더 배우고 싶었던 분야인 철학, 국사, 세계사를 각종 책, 논문집 등을 통하여 집중적으로 파고들 수 있었고 그때 배웠던 것들이 아직까지도 가장 많이 기억에 남아 있다.

하지만 나의 '빈' 시간들을 가장 가치 있게 해 주었던 것은 뭐니뭐니 해도 음악이었다. 난 때론 크라이슬러*의 옆집 아저씨와 같은 인간미가 느껴지는 음악에, 때론 하이페츠**의 피 한 방울 날 것 같지 않은 비인간적인 테크닉에 매료되어 그들의 연주 리코딩을 들으며 수많은 날을 뜬눈으로 지새웠다. 그리고 나도 그들과 같이 세계인의 영혼을 울릴 수 있는 음악가가 되겠다는 일념 하나로 매일 8시간씩의 연습을 꾸준히 해 나갔다. 바이올린 몸체에서 뿜어 나오는 공명의 울림과 내 심장의 박동이 일치되는 그 순간을 꿈꾸며.

데이비스에서 돌아온 직후인 6학년 때부터 난 프랑스 파리음악원에서 공부를 하신 선생님께 바이올린 레슨을 받고 있었다. 선생님께선 내가 중학교를 자퇴한다고 했을 때, "우리 한 번 너의 꿈을 위해 잘해 보자!"라고 응원해 주셨을 정도로 나의 정신적인 멘토***Mentor가 되어 주셨다. 난 나의 최대 약점이었던 테크닉의 부족을 넘어서기 위하여 화려한 작품들보다는 연습곡을 위주로 차근차근 기본기를 쌓아 갔고 선생님은 인내심을 가지고 나를 끌어 주셨다.

선생님 댁에서의 오전 레슨이 끝나고 집으로 돌아오는 텅 빈 버스 안에선 참 많은 생각이 들곤 했다. '나처럼 하고 싶은 일을 아무런 제약 없이 할 수 있는 복 받은 사람이 또 있을까' 라는 생각에 행복하면서도 참 미안했다. 세상에 조금씩 눈을 떠 가면서 그런 죄책감이 더 많이 들었던 것 같다. 또한 그때 당시 나의 '짜여 있지 않은' 미래에 대한 불안감이 전혀 없었다고 한다면 거짓말일 것이다. 선생님께 크게 혼이라도 난 날이면 난 미래에 대한 막연함과 서러움에 눈물이 펑펑 쏟아지는 것을 막을 수가 없었다. 가족들에게 약한 모습을 보이기 싫었던 어린 소녀는 눈물로 뒤덮인 못생긴 얼굴을 애꿎은 버스 기사 아저씨들에게만 보여 드렸다.

'하나님, 저는 지금 과연 어디로 달려가고 있는 걸까요?'

나의 자유롭지만 또 그만큼 연약했던 영혼은 하나님의 역사하심을 간구했다.

줄리어드 음대 교수님의 제자가 되다

"소라야! 서울대 음대 학장님이 너를 한 번 보시겠대!"

어머니의 학교 동료 교수님께서는 내가 바이올린에 빠져 무작정 학교까지 끊고 홀로 고군분투하고 있다는 사실이 못내 마음에 걸리셨는지 당시 서울대 음대 학장님께 나의 이야기를 전하셨고, 학장님께선 나의 어린 열정과 무모함이 기특하셨는지 나에게 큰 관심을 보이셨다고 했다. 서울대 음대 학장님께서 직접 나를 보러 오신다니! 정말 있을 수도 없는 일이었다. 왠지 커다란 장막에 가려 있던 나의 미래가 조금씩 그 정체를 드러낼 것만 같은 느낌이 들었다. 결전의 날, 난 학장님 앞에서 비탈리의 샤콘느****를 연주했고 한참 말이 없으시던 학장님께서는 드디어 입을 여셨다.

"빨리 미국에 보내야겠습니다."

학장님께선 내가 어린 시절부터 유명 교수님들 밑에서 '줄'을 서지 않고 나만의 음악을 만들어 와서인지 획일화되지 않은 독특한 감성을 가지고 있다고 하셨다. 당시 나의 최고의 목표이자 꿈의 대상이었던 장영주처럼 되고 싶다는 쑥스러운 소망을 말씀드렸을 때에는 나에게 그녀를 뛰어넘을 수 있는 소양이 충분히 있다고 극찬을 해 주셨다. 나의 기대를 뛰어넘는 학장님의 반응에 난 너무나도 감사했고, 음악 전공을 시작한 이래 가슴 저 깊은 곳에 숨겨 놔야 했던 많은 상처와 설움들이 싹 씻기어 내려가는 느낌이었다. 중학교를 나온 지 한 학기가 지났던 1999년 초봄의 일이었다.

데이비스의 브로크 교수님께서 아무런 대가를 바라지 않고 내가 진정 음악을 사랑할 수 있도록 이끌어 주셨던 것처럼 학장님께서는 내가 음악에 있어 다음 단계로 도약할 수 있도록 힘써 주셨다. 훗날 미국에서 활동하려면 미국 대가들의 정통 연주법을 익히는 것이 중요하다며 나에게 줄리어드에서 공부하신 선생님들을 소개시켜 주셨다. 특히 내가 평소부터 존경해 오던 한국 음악계의 대가 교수님, 지휘자님들께 나의 실력을 선보이는 자리를 많이 주선해 주셨는데 그분들의 평가가 어떻든 간에 학장님께서는 항상 나의 편이셨다.

"학생은 보니까 공부 잘하게 생겼는데, 그냥 바이올린은 때려치우고 공부나 하지?"

한 노교수님에게 이런 혹평을 들었을 때엔 학장님께서 오히려 내가 주저앉지 않도록 용기를 북돋아 주셨다. 내가 '현재' 어디에 서 있는지보다 '미래'에 어떤 모습으로 서 있게 될 것인지를 바라보시고 당신의 절대적인 믿음을 보여 주셨다.

4월 달이 되어 검정고시를 끝내고 홀가분한 마음으로 바이올린 연습에 정진하고 있던 나에게 학장님은 너무나도 특별한 마지막 선물을 선사해 주셨다. 나에겐 흔치 않은 음악성이 있어 하루라도 빨리 더 큰 물로 나가야 한다고 늘 주장하시던 학장님께서 드디어 나에게 기회를 열어 주신 것이다.

난 공연을 위해 잠시 한국을 방문하셨던 줄리어드 음악대학의 강효 교수님앞에서 개인 오디션을 보았다. 그리고 곧 미국행을 준비하게 되었다.

---

* 크라이슬러는 20세기의 가장 위대한 바이올리니스트의 한 명으로서 1875년 2월 2일 오스트리아의 빈에서 태어나서 1962년 1월 29일 뉴욕에서 사망하였다.

** 하이페츠는 1901년 2월 2일 제정 러시아의 빌나에서 태어났다. 그의 연주는 너무나도 완벽한 기교와 정확한 음정을 자랑하였으며, 이것만으로도 그는 다른 바이올리니스트들의 경외의 대상이 되기에 충분하였다.

*** 현명하고 성실한 조언자; 훌륭한 지도자[교사], 스승, 사부.

**** 이탈리아의 작곡가 비탈리가 작곡한 세계적으로 유명한 바이올린곡.

제3장

하버드를 향한 긴 여정

1. 14살의 승부사
   링컨센터에서 기립박수를 받는 그날을 꿈꾸며/ 철갑 속의 내 마음/ 미국 중학교 이겨내기
2. 새로운 꿈을 향한 큰 U턴
   8학년의 끝에 서서/ 고별사의 주인공/ 진로에 대한 고민
3. 한국에서 되찾은 고등학교 학창시절
   '맨땅에 헤딩' 식 외고 입시준비/ 짧지만 아름다웠던 대원외고 추억/ 경기여고 학생으로 다시 변신하다
4. 일반고에서 아이비리그 준비하기
   나에겐 세상이 교실이었다/ 미국 대학 에세이 작성 어드벤처/ 하버드 수시입학 지원

1. 14살의 승부사

지금까지 24년이라는 결코 길지도 짧지도 않은 세월을 살아오면서 가장 행복했던 순간들을 고르라고 한다면 난 주저 없이 어린 시절의 평범했던 일상을 선택할 것이다. 의도적으로 노력하지 않아도 매순간 '존재함' 자체에서 무한 행복을 느낄 수 있었던 철부지 어린 시절이 그립다. 어쩌면 그땐 '흘러간 시간은 돌아오지 않는다'는 삶의 진리를 알지 못했기에 흘러가는 1분 1초에 충실할 수 있었는지도 모르겠다. 지금의 우리는 가장 행복한 순간에 서 있을 때에도, '예전에도 이렇게 행복했던 적이 있었는데 곧 과거가 되어 버리더군' 하고 생각하며 행복한 순간이 끝나 있을 미래를 먼저 걱정하니까.

반대로 나에게 다시 돌아가고 싶지 않은 순간을 골라 보라면 난 아마 14살의 승부사로 살았던 미국 뉴저지에서의 1년을 선택할 것이다. 뒤돌아보면 내 인생에 있어서 가장 중요한 전환점이 되어 준 고마운 한 해였고 기쁜 일도 많이 있었던 것 같다. 미국 중학교 1등 졸업, 빌 클린턴 미 대통령상 수상, 고등학교 장학생 등… 결과적으로 보았을 땐 참 '화려한' 경력을 갖게 해 준 한 해였으니 말이다. 하지만 그때 당시의 난 '현재'에서 행복을 찾기보다는 미래에 희망을 거는 편이 더 효율적이라고 판단했고 과거의 열정과 미래의 영광을 위해 악착같이 달려 나가고 있었다. 현재의 행복을 찾아 나서는 것은 사치이자 나 자신을 약하게 만드는 길이라고 생각했다.

링컨센터에서 기립박수 받는 그날을 꿈꾸며

"동양인으로서 미국 사회에서 기립박수 받을 수 있는 사람은 음악가뿐입니다."

내가 강효 교수님의 제자가 되어 미국으로 갔을 때 나의 후원자가 되어 주셨던 고마운 분께서 하신 말씀이다. 당신께서도 성공하신 사업가로서 뉴저지의 최고 부촌인 프랭클린 레이크스의 대저택에서 살고 계셨고 (당시 유명한 한국 여자 골프선수의 개인 후원자이시기도 했다) '아메리칸 드림'을 이룬 한국인으로서 존경을 받고 있었지만 기립박수는 아무나 받을 수 있는 게 아니라고 하셨다. 세상에서 음악만큼 힘든 것이 없다고 하시면서 음악을 하다가 정 힘들면 공부로 돌아가라면서 웃으시곤 했다. 그리고 내가 세계 최정상의 바이올리니스트로서 링컨센터에 서는 날, 가장 먼저 일어나서 기립박수를 보내 주시겠노라고 약속하셨다.

강효 교수님은 1985년도에 줄리어드 대학 최초의 한국인, 최연소 정교수로 발탁되신 이래 장영주, 길 샤함, 김지연, 안 트리오 등 세계적인 연주가들을 길러 내신 분이다. 음악가를 길러 내는 '마법의 손'이라고도 불리시는 교수님께서는 당시 줄리어드 음대나 예비학교 제자들과는 별도로 2~3명의 학생들을 개인적으로 지도해 주시고 있었는데 부족한 내가 그중의 한 명으로 발탁되었다는 사실이 너무나도 기쁘고 감사했다. 지금 생각해 보면 바이올리니스트가 되겠다는 오기 하나로 고된 연습을 견뎌 내고 뉴욕 입성의 꿈을 이루어 낸 나 자신이 자랑스러웠을 법도 한데, 그땐 그런 생각을 할 여유조차 없었던 것 같다. 줄리어드에는 어린 나이에도 불구하고 국내외 유수의 콩쿠르에서 우승을 하고 세계적인 필하모닉과 협연을 한, 소위 '잘 나가는' 학생들이 넘쳐났고, 그들의 화려한 모습과 나 자신을 자꾸만 비교하게 되었다. 내가 '현재' 서 있는 위치에 만족하고 스스로를 칭찬해 주기엔 빨리 도달해야 할 '최정상'의 자리가 너무 높게만 느껴졌다.

난 매주 월요일마다 강효 교수님께 레슨을 받기 위해 뉴욕 맨해튼으로 '출퇴근'을 했다. 학교가 끝나면 하숙집 아주머니께서 나를 뉴저지의 한 버스 정거장까지 차로 데려다 주셨고, 난 그 곳에서 뉴욕행 버스를 잡아타고 약 한 시간을 달려 맨해튼 42번가에 위치한 '포트 오소리티Port Authority 버스 정류장'에 도착했다. 그 곳에서 다시 지하철을 타고 10분 정도 가다 보면 '링컨센터 역'이 나오는데 링컨센터 바로 옆에 줄리어드 음악 학교가 있다. 지하철의 거대한 인파와 하늘을 덮어 버리는 듯한 고층 빌딩 속에 파묻혀 있다가도 뉴욕 센트럴 파크가 가까이에 있고 음악이 흐르는 줄리어드 음대에만 도착하면 숨통이 트였다. 난 특히 줄리어드 음대의 복도가 좋았다. 복도를 걷다 보면 학생들의 연습 소리가 들려 오는데 아직은 완벽하게 가공되지 않은 그 인간적인 소리들이 너무나도 아름답게 느껴졌기 때문이다. 세계 최정상에 서겠다는 일념 하나로 이곳에 모여든 젊은 음악도들의 패기 넘치는 모습은 나에겐 큰 영감이자 인센티브였다.

"교수님, 죄송한데요. 오는 길에 소매치기를 당해서 지하철 표 살 돈이 없는데 1달러만 좀 빌려 줄 수 있으세요? 버스 왕복표는 사 놓은 게 있어서…."

한국에 있는 가족들에게 보낼 크리스마스 카드와 선물을 사기 위해 모처럼 지갑을 두툼히 채우고 나왔더니만 마치 그 사실을 알아채기라도 한 듯 지하철에서 소매치기들이 지갑을 훔쳐가 버렸다. 14살의 어린 뉴요커는 미국에 간 지 5개월째가 되던 그날 위험하기로 악명 높은 뉴욕 지하철에 호되게 당한 것이었다. 어떻게 14살짜리 여자아이를 뉴저지에서 뉴욕까지, 그것도 악기를 들고 혼자 통근하게 하냐며 고개를 내젓던 분들 앞에서 난 다 큰 성인이라는 뿌듯함으로 어깨에 힘을 주곤 했는데 그날만큼은 나도 다른 친구들처럼 부모님이 미국에 계셨으면 좋겠다는 생각을 하게 되었다. 레슨을 받으러 줄리어드에 갈 때마다 자녀들의 레슨이 끝나기를 기다리고 있는 한국 어머니들을 많이 볼 수 있었는데 사실 조금 부러운 마음이 들기도 했다. 레슨이 끝나고 가족이 기다리고 있는 따뜻한 집이 아니라 하숙집으로 돌아가야 하는 현실은 나를 강하게 만들어 주었지만 때론 감당하기 힘든 외로움으로 다가오기도 했다. 난 강효 교수님께서 주신 5달러를 가방 속 깊이 숨기고 바이올린 케이스를 꼭 껴안은 채 발걸음을 재촉했다.

사실 뉴욕의 지하철은 위험하고 더럽기로 유명하다. 물론 시 당국의 노력으로 80~90년대보다 상황이 많이 나아지고는 있지만 한국의 깨끗한 지하철 시설물들과 비교했을 때 뉴욕의 지하철은 '시궁창' 이라는 단어가 딱 알맞을 정도이다. 난 '관광객' 처럼 보이면 지하철의 부랑자들이나 소매치기에게 더 크게 당할 수 있다는 항간의 소문에 따라 항상 발걸음을 빨리 옮겨 다니곤 했다. 내가 비록 어려 보여도 이곳 지리를 잘 아는 뉴요커처럼 행세를 해야 아무도 함부로 건들지 못할 것이란 생각에서였다. 성격이 급하고 항상 시간에 쫓기는 뉴요커들은 퇴근길에 지하철 밑 통로를 걸을 때에도 엄청난 속도로 걸었는데(퇴근길엔 여자들도 아예 하이힐을 벗고 운동화로 갈아 신는다) 난 일부러 그들보다 더 빨리 걷기도 했다. 거미줄처럼 복잡하게 꼬여 있는 뉴욕 지하철에서 간혹 길을 잃었을 때에도 일부러 지도를 보지 않고 무작정 맞는 길이 나올 때까지 '평상시 얼굴'을 유지하며 걷곤 했다. 한국에 있을 땐 지하철, 버스와 같은 공공 시설물들을 이용하는 데 있어서 안전 불감증에 걸려 있었는데도 '무사하다'는 것이 얼마나 감사한지 다시 한 번 깨닫게 되었다.

그렇게 난 뉴저지와 뉴욕을 오가며 강효 교수님께 레슨을 받았다. 마침 예전에 한국에 있을 때 몇 달 동안 레슨을 받았던 바이올린 선생님이 결혼과 함께 음악 공부를 계속하러 뉴욕으로 오셨기 때문에 그분께도 일주일에 한 번씩 레슨을 받을 수 있었다. 어쨌거나 나는 음악계의 별들이 모여 있는 뉴욕에서 큰 꿈을 꾸게 되었다. 언젠가는 정경화나 요요마처럼 세계인들의 마음을 울리는 거대한 '심장의 박동소리'가 되리라. 부족한 나를 거두어 주신 강효 교수님을 실망시켜 드리지 않도록, 그리고 나의 야망이 스스로의 실력의 한계에 부딪혀 무너지지 않도록 나는 최선을 다해 연습을 했다.

철갑 속의 내 마음

난 당시 뉴저지 '새들 리버' 에 위치한 하숙집에서 살고 있었다. 바이올린에 대한 열정 하나만 가지고 혈혈단신으로 미국에 도착했을 때 나는 뜻하지 않게 새로운 하숙집을 구해야 하는 상황에 처했다. 그런데 하나님의 치밀하신 예비하심이었을까? 2~3년 전 온 가족이 데이비스에서 1년 간 생활했을 때 만났던 '데이비스 한인교회' 목사님의 친동생 내외가 얼마 전에 뉴저지 주로 이사를 했다는 소식을 접하게 되었다. 난 목사님의 특별 부탁에 힘입어 한 번도 외부인에게 방을 내준 적이 없다는 목사님의 동생 집에서 하숙생활을 시작하게 되었다.

물론 타지 생활은 쉽지만은 않았다. 아무래도 정식 하숙집이 아닌 일반 가정집에 얹혀사는 생활이다 보니 나는 눈치를 많이 볼 수밖에 없었고 점점 말수가 줄어들었다.

하숙집 주인 가족은 종종 가족여행을 떠나곤 했는데 난 그럴 때마다 집에 혼자 남아 모처럼의 자유를 만끽했다. 마치 강아지 마냥 하루 종일 온 집안을 뛰어다녔고 마음껏 소리도 질러 보았다. 한국에 전화를 걸어 아주 큰소리로 웃고 떠들며 그 동안 마음에 쌓아 왔던 이야기들을 풀어냈다. 이런 너무나도 사소한 일상의 자유로움이 얼마나 소중한 것인지를 난 하숙생활을 통하여 깨닫게 되었다. 주인집 가족들이 남기고 간 냉동음식과 시리얼로 일주일을 지내면서 미안한 마음을 뒤로하고 몰래 주인집 딸들의 과자를 빼먹기도 했다. 어느 날은 너무나도 밥이 먹고 싶어서 밥통에 남아 있던 식은 밥을 전자레인지에 데운 후 우유에 말아 먹어 보았는데 나는 그때 생애 최악의 순간을 맛보게 되었다.

아직은 부모님께 투정도, 애교도 원 없이 부려 보고 싶은 중학교 2학년. 겨울 방학을 맞아 한국에서 가족과 함께 달콤한 2주일을 보내고 뉴저지로 돌아왔을 때 난 또 오랜 시간을 가족과 함께 하지 못한다는 사실에 너무나도 서글펐다. '세계 최정상'을 향한 꿈의 무게가 내 어깨를 짓누르는데 이젠 또 나 혼자서 그 무게를 감당해야 하니까. 가족이 없는 이곳에선 아무에게도 힘든 얼굴 보여 주면 안 되니까.

"소라, 넌 워낙 밝아서 가족들 없이도 잘 지내잖아, 그지?"

공항에 나를 마중 나와 주신 주인 아주머니의 따뜻한 목소리에 오히려 내 신세가 더 처량하게만 느껴졌다.

'우리 엄마도 아까 공항에서 나한테 했던 말인데… 보고 싶다, 우리 엄마.'

방에 도착해서 컴퓨터를 켜 보니 나의 도착시간에 맞추어 어머니로부터 '사랑하는 딸 소라에게'라는 제목으로 이메일이 와 있었다. 평소에 눈물이 많지 않던 나였지만 그날만큼은 한없이 약해지는 나의 모습을 다잡고 싶지가 않았다.

다음날 아침, 난 밤새 젖어 버린 베개와 퉁퉁 부어 버린 내 눈을 어루만지며 다짐했다. 남몰래 약해지는 건 이제 끝이라고. 난 나의 큰 꿈을 이루기 위해 더 강해져야 했다. 주위 사람들에게만 나의 밝고 강한 모습을 보여 주기 위해 노력할 것이 아니라 아예 내 마음속에 존재하는 '사사로운 감정들'을 모두 다 없애 버려 언제나 객관적일 수 있는, 그런 강하고 효율적인 사람으로 재탄생하고 싶었다. 그래야 '현재'의 불행에 연연해 하지 않고 '미래'의 목표만을 향해 달려나갈 수 있겠다고 생각했다.

난 내 연약한 마음에 '철갑'鐵甲을 씌웠다. 누군가를 그리워하는 감정도, 누군가에게 상처받는 감정도, 그리고 고된 일상 속에서 힘들어 하는 감정도 나에겐 더 이상 아무런 의미가 없었다. 힘든 일이 있을 때마다 난 스스로에게 말했다. 지금 난 힘든 것이 아니라 복에 겨운 소리를 하고 있는 것이라고.

마음에 철갑을 채우고 난 후부터는 사사로운 감정에 얽매이지 않아 편리하긴 했으나 몸은 정신력을 따라 주지 못했다. 스트레스성 여드름이 얼굴에 하나둘씩 생기기 시작했고 이내 걷잡을 수 없이 퍼져 나갔다. 하숙집 아주머니께서도 이대로 놓아두었다간 안 되겠다고 생각하셨는지 각종 피부 트러블 처방 화장품을 사 주셨을 정도이다. 여드름과 함께 살도 쭉쭉 빠지기 시작했고 몇 달 동안은 생리가 멈춰 속앓이를 하기도 했다. 여성에게 있어 생리가 멈춘다는 것이 정말 큰 중병이라고 생각했던 나는 너무나도 두려웠던 나머지 어머니께도 그 사실을 말씀드리지 못했고, 매일 밤 나의 병을 낫게 해 달라고 하나님께만 기도를 드렸다.

나는 스스로의 모습을 매일 보다 보니 그렇게까지 심각하다는 생각을 못했는데 겨울 방학을 맞아 한국에 나갔을 때 부모님께선 나의 몰골을 보시고 너무나도 가슴 아파하셨다. 한국을 떠나기 전인 불과 5개월 전과는 비교할 수도 없을 정도로 나는 여위어 있었고 피부 상태도 말이 아니었다. 그리고 결국 어머니께서는 이대로는 안 되겠다고 생각하셨는지 설을 쇠고 얼마 지나지 않아 학교를 휴직하시고 미국으로 건너오셨다. 단순히 영어를 배우거나 공부를 하러 미국에 온 것이 아니라 음악이라는 큰 꿈을 가지고 고생을 하는데 부모가 옆에 있으면서 뒷바라지를 해야지 그대로 두면 안 되겠다고 생각하셨던 것이다. 난 이제 어머니랑 함께 살 수 있다는 생각에 말로 표현할 수 없을 정도로 기쁘면서도 또 한편으로는 온 가족의 나를 향한 끝없는 사랑과 헌신에 다시 한 번 고개가 숙여졌다. 세계적인 바이올리니스트가 된다는 것이 대체 무엇이기에 가족들에게 이산가족의 아픔을 주면서까지 내 꿈을 이루어야 하는 것인가. 당시 초등학교 5학년에 재학 중이던 경식이에게도 미안한 마음뿐이었다. 어린 나이에 부모님과 떨어져 산다는 것이 얼마나 힘든지 미리 체험해 보았던 누나로서 무척 가슴 아팠다.

나는 요즘도 조기유학을 떠나는 어린 학생들을 보면 나의 미국 중학교 시절이 생각나서 가슴이 뭉클할 때가 있다. 사립 기숙사 학교로 유학을 떠나는 학생들은 그래도 하루 종일 선생님의 보호 아래서 친구들과 함께 생활하니 상황이 나은 편이지만 먼 친척집이나 하숙집에 얹혀살며 공부를 하는 학생들이 유학생 커뮤니티 게시판에 올린 글들을 보면 남의 일 같지가 않아 마음이 아플 때가 많다. 외국에서의 유학생활 현실과, 유학생이라면 색안경을 끼고 보는 경향이 있는 한국 풍토의 사각 지대에서 말 못할 마음고생을 하고 있는 어린 유학생들에게 꼭 굳세게 이겨내자는 응원을 보내고 싶다. 그 동안 미국의 인종문제를 지켜보며 느낀 것인데 당장의 유학생활이 힘들긴 해도 우리에겐 '대한민국'이라는 돌아갈 조국이 있다는 사실이 얼마나 행복한 것인지 잊지 않았으면 좋겠다.

어머니와 나는 하숙집과도 그리 멀리 떨어져 있지 않은 와이코프라는 동네에서 미국생활을 해 나가기 시작했다. 집세를 줄이기 위해 우리는 와이코프의 주택 지구가 아니라 가게와 병원들이 모여 있는 상업 지구에 방을 얻었다. 프랑스계의 치과 의사가 자신의 치과 건물 바로 맞은편에 내놓은 집이었는데 한동안 세 들어 산 사람들이 없어서 그런지 집안은 온통 먼지로 가득 차 있었고 오래된 나무 바닥은 곳곳이 움푹 패여 있었다. 집에는 절대 열리지 않는 방문이 하나 있었는데 집 주인은 창고에 불과하다며 신경 쓰지 말라고 얼버무렸지만 우린 무슨 시체라도 들어 있는 비밀 방이 아닐까 하는 오싹함을 마음 한 켠에 숨겨 두고 지냈다. 오랜 목조 건물이다 보니 난방이 제대로 작동되질 않아 나는 집안에서도 두꺼운 오리털 잠바를 입고 생활을 했고, 한국에서 사 온 전기담요에 의지하여 잠이 들곤 했다. 또 모두가 퇴근하는 저녁 5시 이후만 되면 동네 전체가 유령 마을이 되었는데 우린 그 스산함이 싫어 저녁엔 집 밖으로 나가질 않았다. 한 번은 US 센서스 인구조사에 동참해 달라며 저녁 늦게 어떤 할아버지가 찾아왔는데 우린 범죄자일지도 모른다는 생각에 몇 십 분 가량 문을 굳게 닫아 놓은 채 창문을 통해 이야기를 나누기도 했다.

하지만 이젠 하숙집 식구들을 깨울 걱정 없이 밤 늦게까지 언제라도 마음껏 바이올린 연습을 할 수 있어서 행복했다. 이젠 뉴욕에서 레슨을 마치고 버스를 타고 뉴저지로 돌아오면 버스 정류장에 어머니의 자동차가 나를 기다리고 있으니 마음이 든든했다. 어머니와 함께 한국 음식을 해먹고 어머니가 한국에서 녹화해 오신 〈개그콘서트〉나 드라마 비디오를 틀어 보며 한국에 대한 그리움을 달래기도 했다. 음악과 공부를 병행하는 생활은 여전히 고달팠지만 적어도 나는 나의 몸과 마음이 다시 건강해지고 있음을 느낄 수 있었다.

미국 중학교 이겨내기

한국에서 검정고시에 합격을 하고 왔지만 음악과 더불어 학업도 이어 가고 싶었던 나는 하숙집에서 가까운 중학교 'ECMSEastern Christian Middle School'에 입학했다. 당시 새로 바뀐 미국 이민법에서 외국 학생의 공립학교 재학을 금지해 버렸기 때문에 미국 시민권이 없는 나로서는 사립학교를 찾아 나서야 했고, 나는 부모님과 오랫동안 연구하고 토의한 끝에 뉴저지에 위치한 ECMS를 선택했다. 등록비가 웬만한 대학들보다도 비싼 동부의 다른 명문 사립학교들과 비교했을 때 ECMS는 교육환경이 좋으면서도 훨씬 저렴했다. 사립 기숙학교들을 제외하곤 뉴욕 부근에서 가장 오래되고 규모가 큰 기독교 학교라는 점에 믿음이 갔다. 마침 하숙집 주인 부부의 딸이 같은 학교 재단의 초등학교 학생이었고, 대학에서 교육학을 전공하신 주인 아주머니도 학교에서 상담교사로 일하고 계셨다. ECMS 교장선생님과 친분이 두터웠던 아주머니는 나의 입학 절차를 많이 도와주셨고 난 백인 학생들로 가득 찬 ECMS 8학년의 첫 번째 '외국인 유학생'이 되었다.

데이비스 시절의 미국 초등학교 생활 경험이 있었던 터라 새로운 미국학교 생활에 대한 걱정은 별로 없었다. 지난 2년 간 한국에서 중학교를 자퇴하고 바이올린 연습에 열중하느라 별달리 영어 실력 향상에 신경을 못 썼지만 미국에 건너오기 전에 6주 동안 영어학원에서 유학 준비생들을 위한 단기 속성 프로그램을 들으며 나름대로 영작문과 읽기에 대비했기 때문에 어느 정도 자신감도 붙어 있는 상태였다.

ECMS는 기독교 학교답게 '성경 수업'이 커리큘럼의 20% 정도를 차지하고 있었는데, 개인적인 편견인지는 몰라도 그때까지 미국의 어린 학생들이 그렇게까지 열심히 하나님을 믿고 복음을 배우려 하는 모습을 본 적이 없었던 터라 신기하기도 했다. 아무래도 성경의 내용을 이론적으로 다루는 성경 수업이다 보니 주일학교에서처럼 무조건 믿음, 소망, 사랑을 근거로 성경을 읽고 믿도록 하는 것이 아니라 성경 구절들에 대해 이성적이고 과학적으로 접근하고 해석하여 논문을 써내야 했다.

방과후에 바이올린 연습을 10시까지 하고 그때부터 학교 숙제를 시작해야 했던 나는 시간이 모자랐다. 하지만 1년 간의 자퇴생활 경험으로 24시간의 자유를 가장 효과적으로 쓰는 방법을 터득했던 나는 이제 시간을 효율적으로 쓰는 것에 익숙해져 있었고 오히려 한국에서 학교를 자퇴하기로 결정했을 때보다 강도 높아진 바이올린 연습과 학교 공부였지만 두 마리의 토끼를 다 잡고 싶었다. 한국과 같이 13개 이상의 과목을 한꺼번에 배우는 것이 아니라 수학, 물리, 영문학, 역사, 컴퓨터, 음악 등 8~9가지의 과목을 집중적으로 공부했기 때문에 좀더 흥미를 가지고 공부할 수 있었다. 흥미가 있다 보니 그만큼 집중력도 높아졌고 과제를 해 가는 데 드는 시간도 줄어들었다.

학기초에는 아무래도 영어가 부족하다 보니 공부 말고 창의력을 보여 줄 수 있는 기회를 이용하여 선생님들의 관심을 붙잡았다. 선생님께 내가 열심히 노력하는 학생이라는 사실을 각인시켜 앞으로 학교생활을 해 가면서 좀더 친밀한 사제지간의 관계 속에서 모르는 것도 자유롭게 여쭈어 보고 상담도 받고 싶었다. 예를 들어 미국사史 시간 과제로 '미국 지도에 각 주 이름 기입하고 외워 오기'가 나왔을 때 난 주 이름을 모두 완벽하게 외우는 것은 물론 지도에 입체적인 색깔을 칠해 넣었고 바다에는 고래와 배를 띄워 놓는 등 장식을 했다. 그리고 오른편에 조그맣게 우리나라 지도를 그려 놓고 'KOREA' 라는 깃발을 그려 넣었다. 나의 아름다운 미술작품(?)은 선생님을 감동시켰고 몇 달 동안이나 학교 게시판에 전시되어 있었다.

미국사는 그 이후로도 내가 가장 좋아했던 수업 중 하나가 되었다. 광범위한 시대와 중요 사건들을 한꺼번에 배우는 한국 학교에서의 역사 시간과는 달리 미국 학교에서는 학기마다 특정한 테마를 가지고 깊이 파고드는 것이 인상적이었다. 당시 우리는 미국 남북전쟁 테마를 가지고 한 학기를 공부하고 있었는데 깊게 들어가면 들어갈수록 교과서에서는 볼 수 없었던 역사 속의 인물들 개개인과 만나게 되어 내가 마치 남북전쟁 시대로 돌아간 듯한 느낌이 들었다. 나는 한동안 남북전쟁에 푹 빠져 버렸는데 나중에 가족들과 필라델피아에 여행을 갔을 때에도 가장 먼저 찾았던 곳이 바로 남북전쟁의 게티스버그 전투가 치러졌던 황량한 벌판일 정도였다.

수학 시간은 내가 '한국에서 온 슈퍼 스타' 가 되는 시간이었다. ECMS에서 다루는 수학은 한국 학교와 비교했을 때 너무나도 쉬웠다. 고등학교라면 수학 영재반이나 대학 1학년 수준의 교과 과정을 미리 이수하고 학점을 얻는 AP* Advanced Placement 과정이 제공되었겠지만 아직 중학교 레벨이었던 우리는 그런 특별한 수업 과정이 없었다. 3개의 반으로 분반을 하긴 했지만 한국에서 수학의 기초를 다지고 온 나에게는 가장 높은 반에서 다루고 있던 수학조차 간단한 산수로 느껴졌다. 당시 교사 자격증을 따자마자 ECMS로 발령을 받으셨던 젊디 젊은 캐나다 출신의 수학 선생님은 나의 토종 한국 수학 실력에 당황하셨고 나를 위해 교실 코너에 따로 자리를 마련해 주셨다. 선생님은 고등학교에서 배우는 대수학 교과서를 건네시며 한 번 풀어 보라고 하셨는데 솔직히 대수학이 쉽지는 않았다. 한국에서도 선행 학습을 해본 적이 없는 중학교 자퇴생이 뭐 특별히 수학을 잘할 리가 있겠는가. 그러나 평소부터 '한국인들은 모두 수학 천재다' 를 자랑스럽게 외치고 다녔던 터라 난 선생님과 친구들에게 약한 모습을 보이기 싫었고 한국인의 자존심을 지키기 위해 악착같이 수학 문제들을 풀어댔다. 그리고 선생님의 탄성 속에 결국 한 학기 안에 두꺼운 교과서를 끝낼 수 있었다. 내 인생에 때아닌 '수학 바람' 이 불었던 것이다.

그러나 뭐니뭐니 해도 나의 학교생활을 가장 고되지만 풍성하게 해 주었던 수업시간은 영문학 시간이었다. ECMS는 학생들의 읽기와 쓰기 실력을 집중적으로 키우기 위해 영문학 시간에 많은 투자를 하고 있었는데 그에 따라 우린 학기초에 정확한 '독서 실력 평가' 를 위한 시험을 쳤고 시험 점수에 따라 분기당 개별적으로 따내야 할 '목표 포인트' 를 받게 되었다. 나는 미국 친구들과 비교해서 현저히 낮은 독해 실력을 가졌던 학기초에 평가 시험을 치는 바람에 1년 간 매분기에 따내야 할 '목표 포인트' 가 낮게 설정되어 버렸다. 사실 그로 인해 편하기도 했지만 (늘어가는 독해 실력으로 나중에는 손쉽게 '목표 포인트' 를 채울 수 있었기 때문에) 자존심이 많이 상했던 것도 사실이다. 한국에서 학교를 다닐 땐 '문학' 이 가장 자신 있는 과목 중의 하나였는데. 빨리 영어라는 골칫덩어리 마스터하여 영어로 된 문학 작품들을 내 것으로 만들어 버리고 싶었다. 그래서 '목표 포인트' 에 도달한 이후에도 항상 책을 가까이 했고 도서실은 나의 최고의 놀이터가 되어 주었다. 독해 능력이 향상되면서 난 영문학 토론 시간에도 조금씩 나의 의견을 논리 정연하게 피력할 수 있는 화술을 갖추게 되었다.

영문학 시간을 통하여 독서뿐만 아니라 여러 종류의 글을 써 볼 수 있는 기회도 가져 보았다. 처음엔 작가의 창의력을 요하는 자유로운 형식의 산문이 숙제로 많이 나왔는데, 어릴 때부터 상상하기 좋아했던 나는 신나게 글을 써내곤 했다. 하지만 '에드거 앨런 포**의 시상에 대한 답시' 와 같은 운문 형식 과제가 나왔을 때에는 영어로 시를 써 본 경험이 없어서 애를 먹기도 했다. 한글로 된 시도 완전히 이해하고 창작하기가 얼마나 힘든데 하물며 영어로 말이다. 하지만 언어는 어디까지나 아이디어를 전달해 주는 도구일 뿐! 머릿속에 주관이 뚜렷한 아이디어나 기발한 상상의 세계를 가지고 있다면 아무리 영어 작문 실력이 취약하다 해도 그 뜻을 얼마든지 전달할 수가 있다고 생각한다. 아니, 적어도 그렇게 생각을 하고 글을 써야 영작문에 대한 자신감이 생기는 것 같다.

시간을 아무리 쪼개 써도 절대적인 시간이 부족했던 나는 '자투리 시간' 을 공략했다. 어쩌면 하버드를 꿈꾸며 공부했던 고등학교 시절보다도 이때 난 더 부지런한 생활을 했던지도 모르겠다. 그때 나에게 있어선 '바이올린 레슨과 연습' 이 최우선이었고 남는 시간에 공부를 하자는 식이었다. 하지만 워낙 공부에 있어서 자존심이 강했던 나는 공부할 시간이 없어서 시험 대비를 충분히 못했거나 과제를 제대로 못해 갔을 때, 스스로에게 구차한 변명을 대기가 싫었다. 오히려 더욱 오기가 생겼다. 난 깨어 있는 시간에는 물론 때론 꿈속에서도 공부를 했다. 새벽 5시에 일어나 아침을 먹고 학교에 가는 8시까지 작문 숙제를 했다. 쉽게 졸음이 오는 새벽과 이른 아침엔 글쓰기와 같은 '능동적인' 일을 하면서 졸음을 퇴치하고 정신도 맑게 할 수 있었다. 그리고 뉴욕에서 레슨을 받고 돌아오는 버스 안에서는 『월 스트리트 저널』을 읽거나 노트북으로 작업을 하는 '어른' 뉴요커들의 틈에서 나도 학교 과제 책을 읽거나 작문을 했다. 비록 어린 나이였지만 마치 나도 멋진 뉴요커가 된 양 당당하게 어깨를 펴고 일을 했다. 개인차가 있겠지만 난 다양한 사람들 사이에 껴서 그들과 함께 시공간을 공유한다고 느낄 수 있을 때 가장 많은 영감과 아이디어가 떠올랐다. 그래서 저마다 다른 목적지를 가진 다양한 사람들이 같은 공간에 오래 앉아 있는 버스는 나의 최고의 창작 스튜디오가 되어 줄 수 있었다.

---

* 미국 고등학생 중 우수한 인재들이 미국 대학 1학년 과정의 교육내용을 미리 이수해 학점을 이수할 수 있게 한 제도이다. College board에서 실시하며 과목은 30여 개로, 그중에 대부분의 학생들은 4~5과목을 이수한다.

** 미국의 천재적 작가이며 위대한 문학 이론가.

2. 새로운 꿈을 향한 큰 U턴

음악을 전공하는 학생으로서 일반 중학교에 다니며 가장 힘들었던 점은 미국의 대다수 10대 친구들이 클래식 음악에 아예 관심이 없거나 아니면 아예 듣기조차 거부한다는 것이었다. 주위 사람들의 시선에 상관없이 나만의 길을 묵묵히 가는 것이 '프로'라는 것은 알지만 당시 한창 사춘기의 소녀였던 나는 '튀고' 싶지가 않았다. 실제로 나중에 하버드에서 만난 대다수의 학생들도 이런 문제를 놓고 중학교 시절부터 많은 고민을 했다고 한다. 우리나라만큼 대학입시에 대한 부담감이 없는 미국의 일반 공립학교 교사와 학부모들은 학업에서 학생들의 자유분방함을 별문제 삼지 않는다. 물론 미국도 명문 사립학교와 공립학교들은 학생들의 끝없는 경쟁과 더불어 어머니들의 폭풍우 같은 '치맛바람'을 자랑한다. 명문 대학에 진학하거나 자신이 선택한 분야에서 최고가 될 수 있는 기회를 잡기 위해 그들도 피 터지는 노력을 한다. 하지만 많은 사람들이 미국 공교육은 죽었다고 말할 정도로 일반 학생들의 공부에 대한 욕심은 한국 학생들보다 덜하다. 공부를 못해도 원하는 일을 얼마든지 행복하게 하면서 살 수 있다는 논리이다. 가끔은 그런 여유로운 생각과 삶을 가능케 하는 미국 사회의 구조가 부럽기도 하지만 어쨌든 그런 자유로운 분위기에서 혼자 억척스럽게 공부를 하고 남과는 조금 다른 '세계 최고' 라는 꿈을 지켜 나가는 것은 참으로 어려운 일이다. 홀로 길을 걸어가는 것만큼 힘든 일도 없으니까.

그런 이유로 일부러 친구들에게 나의 바이올린 전공 사실을 이야기하지 않고 지내던 나에게 어느 날 뜻밖의 기회가 찾아왔다. 미국에 간 이듬해 봄이었던가? 학교에서는 곧 음악회가 열릴 예정이었고 난 선생님들의 추천에 못 이겨 피아노를 연주하게 된 것이다. 어린 마음의 치기였을까, 아니면 나름 '자칭' 음악가로서의 마지막 자존심이었을까? 바이올린만큼은 나중에 세계를 제패한 음악가가 되었을 때 더 많은 사람들 앞에서 보여 주고 싶었다. 학교 강당이 아닌 나의 꿈인 링컨센터에 서서 말이다.

15분에 걸친 나의 쇼팽 발라드 연주가 끝났을 때 강당에는 정적이 흘렀다.

'내가 그렇게 못했나. 불쌍해서라도 박수 좀 쳐 주지.'

서운한 생각에 피아노 의자에서 일어서는데 저 멀리 영문학 선생님이 일어서는 모습이 보였다. 그리고 그에 이어 우리 반 선생님과 친구들이 일어났다. 강당에 모여 있던 전교생이 자리에서 일어났고 모두가 나를 바라보고 있었다. 그리고 곧 강당에는 박수 소리와 함께 나의 이름을 환호하는 학생들의 목소리가 울려 퍼지기 시작했다.

음악에는 순위가 없다는 것을, 그리고 무대와 관객에 상관없이 진심이 담긴 연주는 가장 값질 수 있다는 것을, 그날 나는 학교에서 배웠다. 클래식 음악을 싫어하는 아이들 사이에서 스스로의 꿈을 고립시키고 홀로 고뇌하던 나의 모습은 사춘기의 우스꽝스러운 자기 연민에 불과했다는 것도.

8학년의 끝에 서서

그렇게 뉴저지에서 1년이라는 세월이 흘러 ECMS 졸업반인 8학년을 마칠 때가 다가왔다. 1년 간 힘이 들어 여러 번 넘어지기도 했고 숨이 턱까지 차올라 숨을 돌리려 멈춰서기도 했다. 한 번 마음을 먹으면 독하리만큼 지키는 성격이라 마음에 철갑을 채운 후부터는 신기롭게도 '외롭다', '그립다' 라는 사사로운 감정을 느끼지 못하게 되었고 그런 나의 모습을 보면서 스스로가 많이 강해졌다고 생각했다. 하지만 난 알고 있었다. 강해진 것이 아니라 철갑 속에 숨겨진 나의 진심들을 꺼내 보기가 무서웠다는 사실을. 1년 간 음악과 학업을 병행해 오면서 난 많은 고민을 하고 있었는데 그 고민의 원천을 툭 까놓고 분석해 보기가 두려웠다. 음악 전공에 대한 나의 마음에 뭔가 변화가 생기고 있다는 사실을 감지했지만 그것을 인정하기가 싫었다. 이제 비로소 뉴욕의 음악세계 분위기에도 익숙해졌고 강효 선생님께도 인정을 받고 있는데 이 모든 것을 뒤엎어 버릴지도 모르는 나의 심경 변화를 인정하고 싶지가 않았다. 미래의 꿈을 위한 고통은 얼마든지 참을 수 있었지만, '현재' 의 내 마음을 인정할 수 있는 용기를 잃어버렸던 것 같다.

2000년 5월이었다.

졸업을 3주 정도 앞두고 ECMS의 8학년생들은 필라델피아로 에드거 앨런 포의 삶을 쫓아 보는 졸업여행을 다녀오기도 하고 학교에서 마련해 주는 다채로운 행사에도 참가하며 졸업생만의 특권인 '낭만적인 졸업 시즌' 을 보내고 있었다. 나 또한 마음속에 꿈틀거리는 진로에 대한 고민들을 철갑 속에 가두어 버리고 1년 동안 수고한 자신에게 모처럼의 '여유' 를 선물해 주고 싶은 생각에 들떴다. 그땐 바이올린도 공부도 손에 잡히질 않았던 것 같다. 난 친구들과의 댄스 파티, 축제 퍼레이드, 영화와 쇼핑 등으로 매일매일 바빴던 영락없는 14살 소녀였고, 한국에서부터 좋아했던 컴퓨터 게임들도 원 없이 해보았다.

그리고… 얼마 후 나에겐 상상도 못했던 일이 벌어졌다.

학교 강당에서 열렸던 마지막 전교생 예배 때 교장선생님께선 6월 졸업식 때 특별상을 받게 될 15명의 성적 우수 학생을 발표하신다고 했다. 15명 중 가장 성적이 우수한 두 학생은 각각 '수석' 과 '차석' 졸업생으로 졸업식에서 고별 연설을 하는 영예를 안게 된다는 것이었다. 순간 마음이 쿵쾅거리기 시작했다.

'혹시 나도 저 15명 안에 들 수 있을까? 아니야, 괜히 들뜨지 말자.'

난 내가 설령 15명에 들지 않더라도 상처받지 않으리라고 다짐했다. 1년 간 나의 모든 것을 바치는 심정으로 학교생활을 했지만 나는 내가 '최선' 을 다했을 뿐 한 번도 '최상' 의 결과를 낸 적이 없다고 생각했다. 한 명씩 학생들의 이름이 호명되기 시작했고 주위에선 즐거운 고함 소리와 함께 박수가 터져 나왔다. 강당 곳곳에서 평소에 착실하고 열심이었던 학생들의 기쁜 얼굴들이 보였다. 그들의 노력이 보상받는 것 같아 나도 덩달아 기분이 좋아졌다.

어느덧 강당 강단에는 교장선생님 옆으로 줄을 선 '선택된 자들' 의 수가 10명을 넘어섰다. 11명, 12명…

'역시 나는 아니구나. 그래도 나 참 열심히 살았는데… 수고했다, 성소라!'

이제 '수석'과 '차석'만 남겨 놓고 있었다. 몇몇 예상 우승자들의 이름이 머릿속에 떠올랐다. 스티브, 존, 마이클…? 차석의 이름이 불려졌다. 아니나다를까, 우리 반의 통통한 귀염둥이 존이었다. 존 특유의 쑥스러운 듯한 미소가 멀리서도 빛이 났다. 축하한다, 친구야!

"마지막으로 영예의 수석 졸업생이자 '대통령 교육상'을 수상하게 된 학생입니다. 지난 1년 간 우리와 함께 해 주어서 고맙습니다, 성소라 양."

고별사의 주인공

꿈이다. 정말 꿈에서만 가능한 일이 나한테 일어나 버렸다. 1년밖에 다니지 않은 학교에서 수석졸업을 하게 되었다니. 내가 ECMS에 오기 전 초등학교 때부터 매년 1, 2등을 했다는 스티브와 존에게 많이 미안했고 어떻게 보면 '밖에서 굴러 들어온 돌' 격인 나에게 이런 영광의 자리를 내어준 학교에 감사했다. 1년 간 지나갔던 일들이 머릿속에 파노라마가 되어 지나갔다. 미국 중학교의 '이동 수업'에 익숙지 않아 늘 수업에 늦곤 했던 한국 유학생… '관광객'처럼 보이면 유괴당할 가능성이 높다는 친구의 말에 맨해튼에서 길을 잃었을 때도 몇 시간이고 '당당하게' 뉴욕의 밤거리를 헤매고 다녔던 어린 소녀… 뉴저지 버스 정류장에서 밤늦은 시간까지 홀로 추위에 떨며 앉아 있던 나… 이 모든 순간들을 견뎌 낸 '나' 들이 모여 14살의 승부사를 성공적으로 치러 냈던 것이다.

그 동안 단단한 철갑으로 꽁꽁 묶어 놓았던 마음속의 '사사로운 감정' 들이 기지개를 펴며 뛰쳐나왔다.

'행복하다. 기쁘다. 보고 싶다. 울고 싶다.'

뼈 속 깊은 곳부터 느껴지던 나의 '현재' 감정들에 이젠 충실하고 싶었다.

> 제가 바이올리니스트라는 큰 꿈을 가지고 미국으로 떠나왔을 때 아버지께서 저에게 주셨던 성경 말씀이 있습니다. '네 시작은 미약하였으나, 네 나중은 심히 창대하리라.' (욥기8:7) 보잘것없는 모습으로 시작했던 미국 생활이었지만 매순간 하나님께 저를 주관해 달라고 기도했습니다. 그리고 여러분 앞에 서 있는 이 순간, 저는 세상에서 가장 행복한 사람입니다. […] 여러분을 통해 하나님께 받은 사랑을 세상에 나눠 줄 수 있는 사람이 되겠습니다. 우린 모두 같은 하나님을 믿고 있으니까요. 사랑합니다, Class of 2000!
>
> ECMS 졸업 고별사 中(2000)

졸업 고별연설이 끝나자 나를 향해 기립박수를 보내 주는 고마운 관중들을 보며 참 오랜만에 눈물을 흘렸다. 비록 1년 전 한국을 떠나 오며 꿈꾸었던 링컨센터가 아닌 ECMS 졸업식의 고별연설 무대였지만 나에겐 더 큰 깨달음의 자리였다. 지금 내 앞에서 나를 응원하며 박수 보내 주는 관중들은 나의 '상품가치' 를 재기에 바쁜 세계의 음악시장이 아니라 내가 지금까지 걸어온 길을 있는 그대로 인정해 주고, 내가 앞으로 나아갈 미래를 진정 격려해 주는 '세상 속'의 사람들이었기 때문이다. 무대에서 내려오는 길에 관중 속의 담임선생님과 눈이 마주쳤다. 선생님의 눈가에도 빛나는 무엇이 맺혀 있었다.

진로에 대한 고민

그렇게 졸업식이 끝나고 나는 여름방학을 맞이했다. 녹음이 짙어 가던 뉴저지의 여름, 난 책상 위에 한동안 놓여 있던 ECMS 졸업장과 꽃다발을 치웠다. 주위 사람들은 내가 이제 학업과 음악에 있어서 탄탄대로에 올라탔으니 걱정할 것이 없겠다며 축하해 주었지만 나에겐 사실 가장 어려운 '결정의 시간들'이 기다리고 있었다. 더 이상 마음에 철갑을 채우지 않기로 했던 나는 그 동안 내 마음속을 복잡하게 했던 고민과 직접 대면해 보기로 했던 것이다.

'바이올린 전공을 계속해야 하는 것일까?'

당시 나는 여전히 음악을 좋아하지만 세계적인 바이올리니스트가 되겠다는 나의 꿈이 과연 내가 진정 원하는 것인지에 대해 회의하고 있었다. 내가 처음으로 음악과 사랑에 빠졌던 데이비스 시절과 지금을 비교했을 때 내 손에 들려 있는 바이올린은 똑같은데 그 바이올린을 바라보는 내 시선이 많이 바뀌어 있다는 사실을 깨달은 것이다. 그땐 아무런 이유 없이 음악이 좋았고 바이올린을 통해 내가 평소에 만나 보지 못했던 사람들과 교감을 하는 것이 좋았다. 브로크 교수님의 화려하지는 않지만 음악과 함께 살아가는 소박한 음악가로서의 삶이 그 무엇보다도 값져 보였고 나도 그런 삶을 꿈꾸게 되었다. 그래서 학교를 자퇴하고 홀로 고된 연습을 이겨내야 했을 때에도 미래가 막연하기는 했지만 행복했던 것 같다. 아직 나의 마음속엔 11살짜리의 사인이 담긴 앞치마를 보며 한없이 좋아해 주시던 아주머니의 환한 미소가, 그리고 내가 성공적으로 첫 번째 독주회를 끝냈을 때 말없이 나를 꼭 끌어안아 주시던 브로크 교수님의 따뜻한 가슴이 살아 숨쉬고 있었기 때문이다.

하지만 음악을 계속해 나가면서 나는 음악이 순수한 열정만 가지고 할 수 있는 것이 아니란 사실을 알게 되었다. 나이가 어리고 천재성이 있는 연주자일수록 더 비싼 몸값과 대중의 스포트라이트가 쏟아졌고, 더 비싸고 훌륭한 악기를 손에 넣기 위해 경쟁하는 현실을 보며 음악시장도 철저히 경제의 논리에 의해 굴러가는 하나의 큰 산업이라는 사실을 보게 되었다. 무엇보다도 점점 무한 경쟁의 세계로 빠져들고 있는 나 자신의 모습이 마음에 들지 않았다. 내 손가락은 사람들에게 행복과 위로를 주기 위해서가 아니라 '나 자신의 성공과 출세'를 위한 바이올린을 켜고 있었다.

'그럼 나도 브로크 교수님처럼 거대한 음악 산업에서 빠져 나와 음악을 향한 순수한 열정 하나만 가지고 살아가면 되는 것이 아닌가? 바로 그게 내가 처음부터 원했던 삶이 아니었나?'

이 질문 앞에선 고개를 들 수가 없었다. 나는 내 인생의 많은 부분들을 포기할 만큼 내가 음악을 사랑하고 있지 않다는 사실을 알게 되었기 때문이다. 그 동안 내 마음속 깊은 곳에 숨겨 놓았던 솔직한 고백이었다.

'하지만, 지금 음악에서 돌아서기엔 너무 멀리 와 있는 게 아닐까?'

클래식 음악을 하면서 만났던 대부분의 관객들은 소위 말하는 '잘사는' 분들이었다. 물론 일반화시킬 수는 없겠지만 적어도 내가 만났던 많은 분들은 가끔씩 공연장에 와서 클래식 음악을 통해 마음의 위로를 받고 갈 수 있을 정도로 삶에 여유가 있는 분들이었다. 나는 좀더 다양한 분들과의 만남을 원하고 있었다. 우리 사회의 관심의 사각지대에서 마음의 위로를 받지 못하고 살아가는 많은 분들께 실질적인 힘이 될 수 있는 일을 하고 싶었다. 아직 세상을 다 알지 못하는 어린 아이였지만 난 감히 그런 새로운 소망이자 소명을 품게 되었다.

난 나의 소명을 위해 우리 모두가 함께 살아가고 있는 이 세상에 대해 먼저 공부하고 싶었다. 세상을 알아야 사람을 알고 세상과 사람들 사이에서 일어나고 있는 사회의 부조리와 불평등을 이해할 수 있을 것 같았다. 훗날 하버드에서 주 전공으로 사회학을 택했던 것도 이 시절에 품었던 나의 작은 꿈 때문이었다. 그리고 난 미국을 공부하기 전에 먼저 나를 낳아 준 조국, 한국을 알아야겠다고 느꼈다. 소위 말하는 '죽음의 고3' 시절을 직접 겪어 봐야 훗날 어른이 되어서도 한국 교육을 논할 자격이 있지 않겠는가. 한국의 역사와 사회를 알아야 세계 속의 한국을 객관적으로 바라볼 수 있지 않겠는가. 21세기의 한국을 살아가고 있는 현대인들과 함께 한국의 정서를 나눠 보고 싶었다. 세계인임을 표방하며 막상 조국에 대한 애착이 없다면 그건 바로 국제 사회의 미아가 되어 버리는 길이라고 생각했다.

난 오랜 기도 끝에 용기를 가지고 부모님께 말씀을 드렸다. 언제나 나의 편이 되어 주시는 부모님이었지만 이번엔 선뜻 말을 꺼내기가 망설여졌다. 나를 위해 미국에 와 계시는 어머니와 내가 세계적인 음악가가 되어 주길 기대하셨던 한국의 아버지께서 얼마나 실망하실까 하는 생각에서였다. 당시 난 캘리포니아 대학교 데이비스의 음대 교수님이신 브로크 교수님의 바이올린을 몇 년째 빌려 쓰고 있었는데 줄리어드의 다른 전공자 학생들이 사용하는 악기에 비교하면 그 가격이 1/100도 채 되지 않는 저가였다. 그만큼 소리가 풍성하질 못했고 내가 아무리 연습을 해도 악기 자체의 한계에 부딪혀 내가 원하는 소리를 내지 못할 때가 많았다. 아버지는 그런 내가 안쓰러우셨던지 무리를 해서 악기를 하나 새로 장만해 주셨다. 물론 억대의 악기들을 쓰는 다른 친구들과 비교해서는 여전히 명함도 내밀지 못할 악기였지만 이 악기를 사 주시기 위해 아버지는 당신의 월급에서 앞으로 10년이 넘도록 매달 일정한 금액이 차감되는 데에 동의하셨다. 게다가 만만치 않은 레슨 비용까지 더해져 나의 바이올린 공부를 위해 가족들은 수년 간 경제적으로 많은 희생을 치러야 했다. 가끔 한국에 있는 경식이와 통화를 하면 경식이는 '돈을 아끼기 위해 요즘 우린 고기는 꿈도 못 꾸고 두부만 사먹는다' 라는 말을 했는데 농담 속에 뼈가 있다고 우리 모두 정말 허리띠를 졸라맨 생활을 하고 있었다. 나를 위해 고생을 하는 가족들에게 난 항상 미안한 마음뿐이었고, 바이올린을 접겠다는 나의 새로운 결심이 단순히 배부른 어린 아이의 투정이 아닌 오랜 시간을 내 마음속에 숨겨 왔던 힘겨운 결정이었다는 것을 가족들이 알아주길 바랬다. 그리고 역시 나의 사랑하는 가족들은 나의 결정을 전폭적으로 믿고 지지해 주었다. 중학교를 자퇴했을 때도 그랬지만 인생의 큰 결정을 내리는 데 있어서는 그 누구보다도 대담하고 빠른 나와 어머니는 당장 한국으로 돌아갈 준비를 했다. 6개월 간 살았던 집을 비웠고 난 예전에 혹시나 해서 사 두었던 한국 수학 문제집들을 풀어대기 시작했다. 한국 학교로 돌아갈 준비를 하기 시작했던 것이다. 내가 선택한 길이다 보니 수학 문제집을 푸는 것이 어찌나 재미있던지, 그때만큼 수학 공부가 달콤했던 적도 없었던 것 같다.

한국으로 돌아가기 전에 우리는 여름방학을 맞아 2주일 가량 미국을 방문하신 아버지, 경식이와 함께 미국에서의 마지막 가족여행을 했다. 3년 전 데이비스 시절에 김밥과 샌드위치를 들고 서부를 돌았던 것처럼 이번에는 뉴저지를 중심으로 동부의 곳곳을 탐방했다. 이번에도 역시 아버지가 운전기사, 어머니는 길을 안내하는 관광 가이드, 나와 경식이는 뒤에서 떠들고 웃고 노는 '아이들' 역할을 맡았다. 뉴저지에서 시작하여 미국의 최남단 도시인 플로리다의 키 웨스트까지 운전을 하여 내려갔다. 북으로는 캐나다 국경을 넘어 토론토와 나이아가라 폭포를 구경하고 왔다. 정말 오랜만에 그렇게 온 가족이 함께 모여 아무 걱정 없이 '깔깔' '호호' 즐거운 시간을 보내는 것이 처음엔 어색할 정도로 새로웠고 그만큼 행복했다. 우리는 여행 도중에 미국 최고의 사립고등학교 중 하나인 필립스 아카데미 앤도버와 하버드 대학, MIT, 예일 대학을 방문하기도 했다. 고등학교인데도 불구하고 어마어마한 캠퍼스 규모와 최첨단 교육시설을 자랑하는 필립스 아카데미 앤도버를 보면서 막연한 부러움에 빠지기도 했다. 이런 데서 어린 나이부터 공부를 하면 '졸업 후 어느 대학에 합격하나' 라는 대학입시의 문제를 넘어서서 '머리를 각종 지식으로 가득 채우는 진정한 공부를 할 수 있겠구나' 라는 생각이 들었다. 그리고 무엇보다도 하버드와 예일대를 구경할 수 있었던 것은 나에게 있어 큰 축복이었다. 왜냐하면 그때 난 두 대학의 너무나도 인간적인 사람들의 모습을 보았기 때문이다.

먼저 하버드에 갔을 때 난 학교 앞 아이스크림 가게에서 아이스크림을 사먹었는데(나중에 알고 보니 나의 하버드 기숙사인 '아담스 하우스' 바로 옆에 위치하고 있는 베스킨라빈스였다), 여름이라 '수박맛' 아이스크림이 새로 나와 있었다. 한국의 '수박바' 생각이 나서 난 '수박맛'을 시켜 보았는데 빨강, 초록, 검정 색깔이 정말 그야말로 요란 찬란한 아이스크림이었다. 그때 상점 뒤편에 서 있던 한 무리의 남학생들이 떠드는 목소리가 들려 왔다. 옷을 보니 하버드라는 로고가 크게 새겨진 티셔츠들을 입고 있었는데 아마 우리 가족이 영어를 전혀 알아듣지 못하는 한국 관광객이라고 생각하고 큰소리로 말을 했던 것 같다.

"야, 야, 재 좀 봐. 완전 크리스마스 트리 같은 아이스크림 먹고 있어! 나도 저거 먹어 보고 싶긴 한데, 꼭 따라 시켜 먹는 것처럼 보이려나?"

예일대에서 우리 가족은 캠퍼스를 거닐고 있었는데 동양인 여학생 몇 명이 우리 옆을 지나갔다. 모두들 여름방학인데도 불구하고 책을 잔뜩 들고는 바쁜 걸음을 하고 있었다. 그들은 우리를 보면서 자신들끼리 웃으며 말했다.

"저 가족도 아마 한국에서 온 관광객 같아. 나도 한때 엄마 아빠 손을 잡고 저렇게 캠퍼스를 돌아보던 어린 시절이 있었지. 그땐 내가 예일에 오게 될지 상상이라도 했겠어?"

사소한 사건이긴 했지만 하버드와 예일이라는, 어쩌면 그때까지만 해도 세계 최고의 천재들만 다닐 수 있는 곳이라고 막연하게 생각했던 두 학교를 내가 좀더 가까이 느낄 수 있는 계기가 되어 주었다. 그리고 어쩌면 그로 인해 몇 년 후 나 또한 일반고에서 하버드대에 감히 입시원서를 내보는 '도전' 을 할 수 있었던 것 같다. 물론 나도 그땐 내가 하버드에 오게 될지 상상도 못했지만….

가족여행을 마지막으로 미국생활을 접고 나는 그렇게 '입시지옥' 을 찾아 한국으로 돌아갔다. 1년 간 앞만 보고 달리며 쌓아 놓았던 많은 것들을 버려야 했다. 학업으로나 음악으로 어느 정도 이미 보장된 미래까지 포기해야 했다. 나의 이런 마음을 모르는 주위에 많은 분들께서는 나를 음악 전공의 '실패자' 로 여기시는 것 같았다.

"아무리 그래도 지금 한국에 들어가서 뭘 어쩌려고? 믿는 구석이라도 있나?"

나에겐 더 이상 '믿을 구석' 이란 없었다. 예전 같으면 신경이 쓰였을 주위의 시선도 더 이상 나에겐 중요하지 않았다. 오히려 나의 꿈을 '세계 최정상의 음악가' 로 단단히 묶어 놓고 내 마음속에 자라나고 있던 진로에 대한 고민과 새로운 꿈을 철갑 속에 숨겨 버렸던 지난날보다 나는 훨씬 더 행복한 사람으로 변해 있었다. 자퇴서를 제출하고 중학교 문을 나서던 2년 전의 '원점' 으로 난 그렇게 행복하게 돌아왔다.

3. 한국에서 되찾은 고등학교 학창시절

한국에 돌아왔다. 아무도 나의 귀국 길을 금의환향이라고 반겨 주지 않았지만 나는 내 일생 최고의 결정을 내린 것이라고 확신했다. 사실 어머니께서는 나의 음악공부 뒷바라지를 위해 학교를 사직하실 생각까지 하고 계셨는데 난 하마터면 '기러기 아빠' 가 되실 뻔한 아버지를 다시 만나게 되어 기뻤고 가족이 모두 다 함께 모여 살 수 있다는 사실에 마냥 행복했다. 어쩌면 너무나도 당연하게 여겨질지 모르는 이런 사소한 일상들이 얼마나 감사한 것인지를 알게 되었으니까.

'맨땅에 헤딩'식 외고 입시준비

고등학교는 꼭 한국에서 다니고 싶었지만 대학은 미국으로 지원하겠다는 계획을 세운 나는 당시 대원외국어고등학교(이하 대원외고)에서 '유학반' 을 운영한다는 사실을 알게 되었다. 불과 8년 전인 2000년도의 일이지만, 당시만 해도 아직 한국에는 '미국 대학 열풍' 이 거세지 않았고 따라서 유학반을 운영하는 학교는 손에 꼽힐 정도였다. 반드시 대원외고의 유학반에서 공부를 해야겠다는 오기로 난 외고 입시를 준비하기 시작했다. 한국에서 중학교도 검정고시로 넘겼던 아이가 과연 치열한 외고 입시 경쟁을 뚫을 수 있을까 하는 걱정 어린 시선 앞에서도 난 자신이 있었다. 미국 중학교를 1등으로 졸업했기 때문이 아니었다. 또래의 다른 친구들보다 더 넓은 세상을 경험해 보았다는 알량한 오만함도 아니었다. 난 단지 처음 한국행을 결심했을 때의 나의 굳은 신념을 믿고 있었을 뿐이다.

난 대원외고의 특별전형을 공략했다. 특별전형에는 '토익TOEIC 또는 토플TOEFL 점수 우수자,' '교장 추천 학생' 등 다양한 옵션이 있었는데 나는 '토익'을 통해 그간 쌓아 온 나의 영어실력을 십분 발휘할 수 있겠다는 생각이 들었다. 한 번도 토익이나 토플을 쳐본 적이 없었던 나는 실전감각을 익히기 위해 실전문제와 연습문제를 많이 풀어 보았고 단어와 숙어는 필히 외워 주었다. 실생활에서 많이 쓰이지 않는 숙어들이 예상치 못하게 나오기 때문에 무조건 따로 외우는 수밖에 없었다. 두문불출杜門不出하고 이틀에 한 권 꼴로 문제집을 해치웠던 듯하다. 그렇게 공부한 지 한 달 만에 나는 990만점에 970점이라는 점수를 받게 되었고 대원외고 특별전형 모집에 나의 점수를 제출했다.

토익 점수를 내고 나니 이번에는 영어 특별전형 지원자들을 상대로 하는 국어시험이 날 기다리고 있었다. 영어만 보고 뽑아 놓으니 학교생활에 적응을 못하는 학생들이 많다면서 학교측에서 새로 고안해낸 방법이었다. 사실 국어는 내가 좋아하는 과목이긴 했지만 아무래도 중3년 과정을 정식으로 배우지 않았기 때문에 걱정이 되었다. 특히 사자성어는 나의 최고 취약점이었다. 국어시험까지 약 2주라는 시간 안에 난 3년 치의 국어학습을 해내야 했고 책방에서 여섯 학기분의 국어 자습서와 문제집을 20권 정도 사와서 공부를 하기 시작했다. 사자성어는 인터넷에서 쉽게 구할 수 있는 가나다순으로 정리된 리스트를 출력하여 외웠다. 국어 문법 문제가 나온다고 하여 정통 문법집을 사서 책을 통째로 외웠는데 우리에게 익숙한 국어를 문법적으로 분석하는 것이 얼마나 어려운지 알게 되었다. 흔히들 영어를 공부할 때 영문법을 공부하지 말고 무조건 책을 많이 읽고 '프리 토킹' 을 연습하라는 말을 하는데 언어를 습득하는데 있어서 문법은 별 도움이 되지 않고 오히려 언어와 친해지는 것을 방해할 뿐이라는 사실을 난 국어 문법을 공부하면서 다시 한 번 절감했다.

나에게 어쩌면 그렇게 무식하고 원시적인 방법으로 준비를 하냐며 의아해 하는 사람들이 많았다. '족집게 학원' 이나 '고액 과외' 를 받으면 예상문제 위주로 포인트를 콕콕 찝어 준다는 유혹의 손길도 있었다. 하지만 나는 시험에서의 고득점만이 유일한 목표가 아니었기 때문에 끝내 무식하고 원시적인 방법을 고집했다. 나에게 있어선 고득점 비결을 터득하는 것보다 '한국 공부' 를 제대로 해보는 시간을 가지는 것이 더 소중했다. '바이올린' 과 '미국 학교 정복하기' 라는 두 가지 목표물로 가득 차 있던 지난 3년 간의 공백과 나는 그렇게 화해를 하고 있었다.

특별전형 국어시험이 있던 그날, 대원외고는 학생들을 응원 나온 부모님들과 학원 선생님들로 인산인해를 이루고 있었다. 복도마다 학원 선생님들이 응원가를 외치며 서 있었고 마치 고3 대학입시라도 되는 것처럼 아이의 손에 큰 도끼 엿을 쥐어 주는 부모님도 계셨다. 예전에 한 학기 다녔었던 봉은 중학교 출신의 학생들을 보았을 땐 기분이 묘했다.

'그 동안 참 다른 길을 걸어왔는데 이곳에서 다시 만났구나.'

필기도구 하나 달랑 들고 홀로 학교를 찾았던 나는 그 엄청난 광경과 열기 속에서 한국의 교육열을 다시 한 번 절실히 느낄 수 있었다. 유치원 때부터 특목고 대비 학원을 다닐 정도로 많은 학생들이 특목고에 가길 원한다는 사실을 중학교 자퇴생이자 뉴저지 촌사람이었던 나는 아직 모르고 있었던 것이다.

국어시험은 워낙 자습서와 문제집을 맨땅에 헤딩하듯 풀어대서인지 몰라도 생각보다 풀기 수월했다. 무엇보다도 사자성어 문제로 '남부여대男負女戴' 와 관련된 문제가 나와서 너무나도 기뻤다. 그 많은 사자성어 중에서도 왠지 '남부여대' 는 그 애절한 뜻이 마음에 와 닿아서 특별히 기억을 잘 하고 있었는데 말이다. 역시 하늘은 스스로를 돕는 사람을 돕는다!

얼마 후, 난 학교 입학 담당 선생님들과 면접을 보기 위해 대원외고를 다시 찾았다. 차례를 기다리며 복도에 앉아 있었는데 이상하게도 면접을 앞둔 나의 심경은 평안 그 자체였다. 면접은 그 자리에서 주어지게 될 시사 문제에 대한 답을 논리 정연하게 말하는 것이 주안점이었는데 이때까지 대원입시를 위해 뚫고 온 과정에 비하면 면접은 아무것도 아니라는 생각과, 만약 면접에서 떨어진다 해도 입시 준비 과정에서 많은 것을 배웠기 때문에 후회가 없다는 생각이 나의 마음을 편안하게 했던 것 같다. 게다가 면접 대기실에서 재학생 언니 오빠들이 어찌나 친절하게 안내를 해 주던지 난 가벼운 마음으로 면접 순서를 기다릴 수 있었다.

"성소라 학생, 학력이 특이하군요. 근데 대체 왜 지금 한국에 들어온 거요?"

아니나다를까, 면접관이 나의 다소 특이한 이력에 대해 물어 왔다. 나는 진심을 담아 이야기했다.

"한국에서, 꼭 한국에서 고등학교를 다니고 싶었습니다. 그리고 지금 이 자리에 있을 수 있어서 너무 기쁩니다. 꼭 대원외고에 들어와 공부하고 싶습니다."

2000년 11월 4일, 난 대원외고 중국어과로부터 특별전형 합격통보를 받았다. 온 가족이 얼마나 기뻐했던지 합격 발표시간 당시 치과에 있던 나에게 아버지가 장미꽃 한 다발을 들고 찾아오셨을 정도다. 난 그렇게 11:1이라는 경쟁률을 뚫고 대원외고 중국어과 학생이 되었다. 미국에서 음악을 접고 한국으로 돌아온 지 두 달 반여가 지나가고 있었다.

짧지만 아름다웠던 대원외고 추억

대원외고 합격 소식과 함께 'DAT' 라 불리던 '반 배치고사' 를 준비하라는 통보를 받았다. 1월과 2월에 모두 두 차례 치러졌던 'DAT' 는 입학 시 학생들의 반 배정과 장학금 산정 용도로 쓰인다고 했다. 국어, 수학, 영어, 과학, 이렇게 네 과목을 시험 봤고 각 과목마다 대비해야 할 범위를 학교에서 정해 주었다. 매년 시험 과목이나 출제 범위가 바뀌곤 하는데 내가 신입생으로 들어갔던 2001년 당시에는 국어가 '시' 와 '소설' 을 위주로, 영어는 '문법' 과 '독해' 를 중점으로 하여 문제가 나온다고 했다. 내가 가장 걱정했던 과목인 수학과 같은 경우는 중3 교과서와 고1 과정 중 일부를 발췌하여 문제를 내고, 과학은 중3 교과서 내용 중 일부가 출제될 것이라고 통보해 주었다. 특별전형 입시를 위해 미국에서 돌아오자마자 방에 틀어박혀서 토익과 국어를 공부하고 면접을 준비했던 것이 엊그제 같은데 또 하나의 난관이 나를 기다리고 있었던 것이다. 나는 'DAT는 자율 학습으로 충분히 해결할 수 있는 문제를 출제할 예정이므로 학원 수강이나 과외 학습을 하지 않아도 됩니다' 라고 쓰여 있던 학교 공문을 믿어 보기로 했다. 그리고 이번에도 역시 대원 입시를 준비했을 때와 마찬가지로 책방으로 달려가 해당 과목의 교과서와 문제집을 한 아름 사왔다.

사실 'DAT' 점수는 내신에 들어가는 것도 아니고 장학금을 받겠다는 욕심이 없다면 굳이 '잘' 보지 않아도 되는 시험이었다. 대부분의 신입생들이 오랜 시간에 걸쳐 싸워 온 특목고 입시전쟁 후 찾아온 모처럼의 휴식인 중3 겨울방학을 즐기고 싶어했고, 또 실로 대원외고에 입학할 정도의 공부실력을 가진 학생들에겐 'DAT' 가 아무것도 아니었을지도 모른다.

하지만 나는 상황이 달랐다. 미국과 한국은 교과 과정이 완전히 다르기 때문에 'DAT' 에서 요구하는 범위 중에 다시 공부를 해야 하는 부분들이 많았다. '공통 수학' 을 위해 난생 처음 그 유명한 '수학 정석' 을 풀어 보았고 중1, 2 과학부터 다시 복습했다. 그때 만들었던 '시험 준비 체크 리스트' 를 보면 난 한 과목을 위해 5개 이상의 문제집을 풀었다. 2년 전 고입 검정고시 준비를 하면서 한 번 훑었던 중3 학습 내용들이었지만 'DAT' 를 위해선 공부해야 하는 깊이가 달랐기 때문이다. 잃어버렸던 한국에서의 중학교 시절과 나는 그렇게 다시 만나고 있었다.

'DAT' 를 힘들게 준비한 만큼 보상도 있었다. 물론 장학금을 받을 정도까지는 아니었지만 난 'DAT' 시험 성적이 좋아 1학년 1학기가 시작되었을 때 반장 선거에 나갈 수 있는 자격이 주어졌다. 선거가 다가오자 친구들 사이에선 보이지 않는 신경전이 생겨났다.

"OO아, 넌 반장 나가면 진짜 될 것 같아. 워낙 우리 반에 아는 사람들도 많고 넌 뭔가 포스가 있잖아."

"글쎄 잘 모르겠어. 사실 말은 안 하지만 반장엔 OO이가 나갈 것 같아서 난 처음부터 그냥 부반장 자리를 노려 볼까 하고…."

그 와중에 나에게 반장에 나가겠냐고 물어 오는 친구는 없었다. 아니, 예의상 물어 봐 주는 친구들은 몇몇 있었지만 내가 정말로 선출될 가능성이 있다고 생각하는 친구들은 아무도 없었던 것 같다. 대부분의 친구들이 이미 중학교나 그 이전부터 같은 학교나 외고 입시학원을 다니면서 서로에 대해 잘 알고 있었는데 '굴러 들어온 돌' 격인 내가 무슨 배짱으로 선거에 나가겠는가?

하지만 난 나의 배짱을 믿어 보았다. 설령 떨어진다고 해도 어떠리. 어차피 다른 선거 후보자들에 비해 인지도도 높지 않던 시절인데 선거에서 진다 해도 잠시 마음 아플 뿐 잃을 것이 없다고 생각했다. 그리고 무엇보다도 나에게 있어 한국에서의 고등학교 생활은 미국생활을 포기하고 한국으로 돌아오게 한 가장 큰 요인이었기 때문에 그간 내가 꿈꾸어 왔던 고등학교 생활의 첫 인연들인 우리 반 친구들을 위해 한 번 열심히 일해 보고 싶었다. 사실 반장이라는 자리가 반의 '잡일'을 도맡아 하는 '섬김의 자리'가 아닌가. 난 잡일을 할 준비가 되어 있었다.

"누군가가 그랬습니다. 21세기는 '닷컴' 시대라고. 세상에 펼쳐져 있는 수많은 '닷' 들을 연결하는 것이 21세기를 살아가는 우리들이 해야 할 일이라고 생각합니다. 제가 반장으로 뽑힌다면 우리 1-10반의 빛나는 '닷' 들인 여러분들 사이에서 연결고리가 되어 열심히 일하겠습니다."

모두의 예상을 뒤엎고 난 여자 반장으로 선출이 되었다. 정말 나를 믿고 반장으로 뽑아 준 같은 반 친구들이 얼마나 고마웠는지 모른다. 난 다른 것은 몰라도 나의 선거 공약이었던 반의 '연결고리' 가 되기 위해 노력을 많이 했던 것 같다. 우리는 하루 종일 학교에서 함께 시간을 보내는 만큼 돈독한 우정을 키울 수 있었지만 또 한편으로는 보이지 않는 경쟁의식과 신경전으로 항상 민감한 상태의 생활을 하고 있었기 때문에 학우들간에 최대한 편안한 분위기를 조성하는 것이 반장으로서 할 수 있는 최대의 섬김이라고 생각했다.

내가 대원외고에서 만난 친구들은 공부 잘하기로 치자면 전국 최고라고 해도 아깝지 않을 '럭셔리 브레인' 을 갖춘 학생들이었다. 내가 수학문제를 풀며 머리를 쥐어뜯고 있으면 친구가 옆에 다가와 눈짐작으로 계산을 하고는 답을 말해 준다.

"지금 이 페이지에 있는 문제들 답 다 가르쳐 줄까? 음… 1번 답 4, 2번 답 5, 3번 답 1이야. 못 믿겠으면 뒤에 답안지 한 번 확인해 봐."

중학교 때부터 학원에서 하도 많은 수학문제들을 풀어 봐서 이젠 문제만 봐도 유형이 보이고 머릿속에서 답까지 계산해 낼 수 있다는 귀신 같은 친구들 앞에선 저절로 탄성이 터져 나왔다. 수능 모의고사 날엔 수

리영역을 쏜살같이 풀어 버리고는 잠을 청하는 친구들 사이에서 나도 마치 다 풀은 양 엎드려서 몰래 문제를 풀곤 했다. 중간고사 당시 우리 반에서 가장 낮은 평균점수가 90점을 훨씬 웃돌았는데 나중에 일반고로 전학을 가 보고서야 나는 그것이 일반적인 학교의 모습이 아니라는 것을 알게 되었다.

외고를 다니면서 좋았던 점은 아무래도 제2외국어인 중국어 과목의 비중이 높았다는 것인데 한 번도 중국어를 배워 본 적이 없었던 나는 새로운 언어를 배운다는 것이 즐거웠고 그만큼 열의를 가지고 공부를 했다. 중국어에는 독해 · 문법 · 작문뿐만 아니라 미디어 랩에서 열리던 리스닝 · 발음시간과 원어민 선생님과 함께하는 회화 시간이 있었다. 나는 특히 가족 같은 분위기로 진행되던 회화 시간을 가장 좋아했는데 우리는 주로 돌아가면서 중국어로 이야기를 하고, 중국어 영화를 보고, 중국어 노래를 배웠다. 선생님은 한창 감수성이 풍부할 나이인 우리를 위해 특별히 각종 중국어 사랑 노래를 가르쳐 주시며 중국어와 친해질 수 있도록 이끌어 주셨는데, 무작위로 짝지어진 남녀 학생들이 반 앞에서 서로 마주보고 서서 중국어로 사랑 노래를 하던 기억이 아직도 생생하다. 중국어 회화 실기평가였기 때문에 무엇보다도 가사를 잊어 먹지 않고 잘 불러야 했는데 실기평가라는 사실을 떠나 일단 어찌나 쑥스럽던지. 평소에 친하게 지내던 남학생이었는데도 얼굴을 뚫어지게 바라보며 사랑 노래를 부르려니 터져 나오는 쑥스러운 웃음을 참을 수가 없었다.

대원외고의 럭셔리 브레인들은, 그러나, '외고생' 이라는 편견을 무색하게 할 만큼 소탈하고 재미있고 마음씨 따뜻한 친구들이었다. 아침 자습시간부터 통학 버스를 타고 집으로 돌아가는 늦은 밤까지 하루 대부분의 시간을 학교에서 함께 보냈던 우리는 그만큼 더 빨리 친해질 수 있었고 남녀 할 것 없이 모두 가족 같은 분위기로 즐겁게 학교생활을 했다. 급식 음식이 마음에 들지 않았던 어느 날 맛있는 '밥' 을 찾아 분식집으로 떠나자며 조직되었던 '밥 클럽', 쉬는 시간마다 친구들과 매점에 내려가 사먹었던 빵과 딸기우유, 살인적인 학교 앞 언덕을 오르내리며 만들어진 '알다리' 들을 기린다는 의미의 'ADL(알다리) 클럽' 등등, 대원외고에서의 일상은 나에게 너무나도 특별한 추억들을 만들어 주었다.

난 당시 'SAP' 라고 불리던 대원외고 유학반에 들어갔다. 유학반에 들어가기 위해서는 따로 단체 영어 면접을 봐야 했는데 면접관 선생님은 우리에게 미국 학교를 다니면서 가장 힘들었던 점이 무엇이었는지를 짧게 대답해 보라고 하셨다. 나와 같이 면접실에 들어갔던 친구들 대부분이 미국 학교에 다녔던 경험이 있었고 곧 친구들의 입에서 '언어 장벽', '문화가 다른 미국 친구들과의 마찰' 등의 대답들이 쏟아져 나오기 시작했다. 하지만 난 대답을 할 수가 없었다. 아무리 생각해도 미국에서 다녔던 ECMS 중학교와 관련된 힘들었던 기억이 떠오르질 않았다. 뉴저지 시절의 나는 '힘들다' 라는 감정을 철갑으로 꽁꽁 싸 버리고 항상 미래만을 바라보았던 미련한 아이였기 때문이다.

"야, 유학반 들어가기 한 번 되게 힘드네. 외고 입시도 아닌데 웬 영어 면접이야~ 근데 이거 떨어지면 진짜 창피할 텐데, 우리 어쩌냐? 하하하."

면접을 마치고 계단을 걸어 내려오며 나는 친구들과 신세한탄을 하고 있었다. 그리고 그때 난 다시 한 번 깨달았다. 내가 다시 '현재' 의 사소한 감정에 웃고 울 수 있는 '인간적인' 사람으로 돌아왔다는 사실을. 당시 나는 앞으로 3년 동안 고등학교 생활을 하면서 어떻게 공부를 하고, 어떤 활동을 하고, 어떤 대학에 지원할 것인지에 대해 전혀 정해져 있지 않은 상태였다. 설령 유학반에 들어간다 해도 미국 명문대 진학이 보장되어 있는 것은 아니었다. 세계적인 바이올리니스트를 꿈꾸며 뉴욕을 헤집고 다녔던 14살의 당찬 아이는 그렇게 불투명한 '미래'를 가진 17살의 소녀로 변해 있었지만 난 이제 내가 '현재'에 충실할 수 있는 사람이 되었다는 사실이 기쁘기만 했다.

유학반에 들어간 나는 미국의 수학능력시험 격인 SAT*에 대비하여 SAT 단어를 외우기 시작했고 원어민 선생님께 영작문, 문법 등을 배웠다. 지금에 비하면 전국적으로 미국 대학을 준비하는 학생 수가 절대적으로 적고 그만큼 입시정보를 구하기가 어려웠던 시절이다. 하지만 나와 친구들은 미국에서 이미 공부하고 있는 유학반 선배들을 보며 우리도 언젠간 저렇게 세상을 향해 훨훨 날아오르게 될 것이란 꿈을 꾸었다.

난 그렇게 3년 간의 길고도 짧은 고등학교 생활의 여정을 시작했다.

경기여고 학생으로 다시 변신하다

대원외고에서 한 학기를 보내고 달콤한 여름방학을 맞이했다. SAT에 대비하여 '전략적인 문제풀이 비법'을 가르쳐 준다는 학원의 여름방학 프로그램에 등록을 했지만 결국 SAT는 '비법'이 통하지 않는 시험이라는 것을 알게 되어 얼마 되지 않아 그만두었다. SAT 언어영역은 풍부한 어휘량과 빠르고 정확한 독해력을 가지기 위하여 끊임없이 단어를 외우고 독서를 생활화해야 하는 자기 자신과의 싸움이기 때문이다. 나는 나의 첫 고등학교 여름방학을 '내신 보강 및 대학 입시 준비' 가 아닌 학기 중엔 시간이 없어 할 수 없었던 다양한 과외활동으로 채워 보기로 했다. 이제 더 이상 전공은 아니지만 평생 취미로 지켜 나가고 싶었던 바이올린을 실컷 켜 보았고 청소년 오케스트라에 들어가기 위한 오디션 준비를 했다. 『무량수전 배흘림 기둥에 기대 서서』라는 책을 보며 한국 미술의 매력에 푹 빠지게 된 나는 동양화를 배우기 시작했다. 어릴 때부터 음악만큼이나 미술을 좋아했지만 데이비스 시절 음악을 택한 이후로 한동안 미술을 접하지 못했는데 동양화를 통하여 예술적인 면 이외에도 화선지에 먹선을 그을 때의 침착함, 덧칠을 할 때 아교가 마르기를 한없이 기다려야 하는 인내심을 배울 수 있었다. 또한 학기초부터 해 오고 있던 복지회관에서의 봉사활동에 더욱더 '온 마음을 담아' 힘을 쏟을 수 있었고 일본군 위안부와 탈북자 인권 문제 등 평소부터 관심이 많았던 사회 문제들과 관련된 기관에서 일을 했다.

여러 활동을 하며 나름대로 알찬 방학을 보내고 있던 나의 생활에는 많은 변화가 일고 있었다. 오랜만에 학교 가는 버스 안에서가 아니라 침실 창문 밖으로 새벽 동이 터 오는 것을 볼 수 있었고, 교실이 아닌 한낮의 뜨거운 햇살 아래에서 서울의 거리를 활보할 수 있었다. 오랜만에 느껴 보는 외고 밖 세상에는 내가 그 동안 한참 잊고 지냈던 '세상 속 사람' 들의 삶이 진행되고 있었다. 그 곳엔 내가 진짜 알고픈 '한국' 이 있었다. 미국에서 음악 전공을 접고 공부를 하기로 했을 때 가장 큰 이유가 바로 '세상' 을 공부하고 '세상 속' 에 살고 있는 다양한 사람들을 위해 일하고 싶다는 것이었는데 한 학기 동안 우리나라 최고의 엘리트 학생 집단에서 사회의 일부분만 바라보며 살아온 내 자신의 삶에 대한 의문이 생기기 시작했다.

변화된 생활과 더불어 나의 심경 또한 조금씩 변화하고 있었다. 난 대원외고 유학반에서 미국 대학 준비를 하면서도 소위 아이비리그 대학들을 목표로 잡았던 적이 없는데 어릴 때부터 진로만큼은 항상 '최고' 만을 꿈꾸던 나로서는 참 신기한 일이었다. 세계 최고가 되지 못해도 현재를 즐기며 행복하게 살 수 있다는 개인적인 경험에 의한 깨달음 때문이었을까? 나는 더 이상 '미래' 만을 바라보며 달리기가 싫었고 미국 명문대학 입학이라는 '미래의 목표' 를 중심으로 학생들을 준비시키는 외고의 교육목표 및 학제 커리큘럼이 나와는 맞지 않는다는 생각이 들었다. 한국의 최고 사립학교 중 하나라 불리는 대원외고에서 대한민국 '평균 이상' 의 특별한 교육을 받게 된 것은 나에게 있어 과분한 행운이고 영광이었지만 그런 '특별한 생활' 을 3년 간 하고 미국 대학으로 진학을 하게 된다면 구태여 뉴저지를 떠나 한국으로 돌아올 필요가 없었을 것이란 생각이 들었다. 새벽부터 밤늦게까지 이어지는 학교생활이 시작되면 다시 음악을 비롯한 나의 과외활동 중 많은 부분을 포기해야 한다는 안타까움도 컸다.

'아무리 그래도 어떻게 들어간 대원외고인데… 이 치열한 경쟁과 그 속에서 더 끈끈하게 굳어 가는 친구들과의 우정이 나에겐 얼마나 소중한데….'

고민이 되었다. 드디어 가족들간에는 외고를 떠나 일반고로 가는 방법이 거론되기 시작했다. 솔직히 일반고를 다니면 홀로 미국 대학입시를 준비하는 과정이 쉽지만은 않겠지만 내가 처음부터 원했던 전통적이고 일반적인 한국 교육을 받을 수 있을 것이라 생각되었다. 대부분의 조기유학생들이 (물론 세계 공용어가 되어 버린 영어를 정복하겠다는 뜻도 있지만) 공부 하나에만 미쳐야 좋은 대학을 갈 수 있는 한국의 교육 현실에서 탈피하여 다양한 활동을 즐길 수 있는 외국으로 나가는 것인데, 난 한국에서 학교를 다니면서도 마치 조기유학을 온 듯한 생활을 하면 되지 않을까 하고 생각했다. 방과후에 남는 시간들을 효율적으로 잘 쓴다면 한국에서라고 다양한 활동들을 못할 이유가 없었다. 특히 일반고와 같은 경우는 오후 3~4시만 넘으면 학교가 끝나니까 학교 공부 외에도 봉사활동, 음악, 미술 등을 할 수 있는 나만의 시간을 더 많이 가질 수 있을 것이란 기대가 되었다. 학교에서는 평범한 고등학교 생활을 통하여 가장 먼저 한국의 역사, 문화, 사회를 배우고, 방과후의 다양한 활동들을 통하여 전인적인 인간으로 크기 위한 토대를 쌓아 간다면 한국과 미국 교육의 좋은 점들만은 골라 듣는 셈이라고 생각되었다.

좀더 평범한 '학창시절'과 좀더 많은 '자유 시간'을 갈구하던 나는 부모님과의 오랜 상담 끝에 일반고로 전학을 가기로 결정했다. 그리고 2001년 9월, 나는 한 학기 동안 정이 깊게 들어 버린 친구들과의 헤어짐의 눈물을 뒤로한 채 대원외고가 아닌 경기여고에서 1학년 2학기 개학을 맞게 되었다.

---

* 미국의 대학입학 자격시험으로 'SAT 논리력 시험'과 'SAT 과목시험'으로 구성된다. 대개 SAT하면 'SAT 논리력 시험'을 말하며 이는 우리나라의 대학 수학능력시험과 같은 표준화된 시험이다. 시험은 비평적 독해, 대수학, 에세이의 3개 영역으로 나누어진다.

4. 일반고에서 아이비리그 준비하기

"우리 1학기 때 다 완성하지 못했던 꽃바지 있죠? 다들 꺼내서 오늘 완성시키도록 해요. 어, 거기 새 학생은 전학 간 선영이가 만들던 바지 있으니까 이거 갖다 완성해요."

경기여고에서의 수업 첫날, 나는 대원외고와는 너무나도 다른 수업 내용과 분위기에 놀라움을 금치 못했다. '가정' 시간이었는데 바느질 실기학습으로 반 친구들 모두가 고무줄 바지를 만들고 있었던 것이다. 마치 교과서에 종종 등장하는 60~70년대 우리나라 학교 모습이 빛 바랜 사진에서 튀어나와 내 눈앞에 생생하게 재현된 느낌이었다. 각종 색상의 필기용 펜과 종이 대신 바늘, 실, 꽃무늬 천을 손에 든 나의 모습이 어찌나 어색하던지. 바지인지 목구멍 두 개 뚫린 망토인지 알 수 없게 완성되어 버린 나의 첫 가정 실습 작품을 직접 자랑스럽게 입어 보기도 했다.

몇 교시 후 체육시간에는 경기여고 체육관에서 무용 선생님에게 한국 전통무용을 배웠는데 각 조에서 직접 안무를 짠 탈춤을 몇 주 동안 열심히 연습하여 실기시험을 보았다. 탈춤이라면 고등학교 '국어' 교과서에 나오는 '봉산탈춤' 작품을 읽고 문제풀이 했던 게 전부이던 나에게 직접 탈춤을 몸으로 표현하는 것은 참 색다른 경험이었다. 서로의 바늘에 실을 꿰 주고 '깔깔' '호호' 거리며 바느질을 하고 있는 친구들에게서 우리나라 전통의 어머니상을, 탈춤 가면을 쓰고 '얼쑤~ 절쑤~' 춤사위판을 벌리는 친구들에게서 지덕체를 갖춘 여성을 키우겠다는 경기여고의 전인교육법을 엿볼 수 있었다.

물론 대학 입시에서 자유로울 수 없는 경기여고 역시 국 · 영 · 수를 비롯한 대표 과목들 위주로 커리큘럼이 구성되어 있지만 수업시간에는 수능대비 문제집을 풀거나 자습을 하는 일이 거의 없었고 대신 소설을 직접 읽어 보며 교과서에 나오는 내용에 대한 심화 학습을 한다거나 직접 과학 실험실에서 실험을 해보는 등의 살아 있는 공부를 했다.

학교 시간 대부분을 교실에서 보내는 외고와 비교했을 때 학생들의 내신 점수나 수능 모의고사 점수는 현저히 낮았지만 나는 내가 꿈꾸어 왔던 평범하고도 특별한 한국 학교의 생활을 하게 되어 만족스러웠다.

나에겐 세상이 교실이었다

유학반이 따로 없는 일반 고등학교에서 미국 대학교를 준비할 때의 가장 큰 어려움은 아무래도 주위의 도움 없이 모든 것을 혼자 준비해야 한다는 점일 것이다. 특히 경기여고와 같은 경우는 학교 자체가 워낙 전통을 중시하는 보수적인 성향이 짙은 데다가 700명에 육박했던 같은 학년 학생들 중에 미국 아이비리그 진학을 목표로 공부하던 학생이 나 혼자였기 때문에 '단 한 명' 을 위한 학교측의 특별한 배려나 도움이 존재할 수 없는 상황이었다. 심지어는 학교 내부 수칙상 재학생에게 영문 성적표를 발급해 줄 수가 없다고 하여 내가 직접 성적표를 영문으로 번역하고 변호사의 공증 사인을 받은 후 교장선생님께 확인 사인을 받아야 했던 적도 있다. 특히 SATI, SATII 과목 시험, AP(미국 대학 학점 사전 취득 시험) 등 각종 미국 대학 입학을 위한 시험들과 학교 내신, 수능 모의고사를 함께 병행해 나가야 한다는 사실이 다소 버거움으로 다가올 때가 많았다.

SAT를 치러 공인 SAT 테스트 센터인 대원외고에 갈 기회가 몇 번 있었는데 시험이 끝나고 언덕을 내려올 때마다 유학반 학생들이 서로 답을 비교해 가며 응원을 해 주는 모습에 홀로 부러움을 삼킨 적도 있다. 난 내가 미국 대학을 준비하고 있다는 사실이 한창 수능 준비로 민감해져 있는 친구들에게 방해가 될지도 모른다는 생각에 담임선생님과 친한 친구들 극소수를 제외하곤 알리지 않았고 따라서 힘들 때에도, 다시 일어서야 할 때에도 언제나 혼자서 그 모든 것을 감당해 내야 했다. 그래서 유학반 친구들의 서로 함께하는 모습이 더 부러웠는지도 모르겠다. 대원외고 시절 친하게 지냈던 유학반 선생님은 일반고로 전학을 가서도 여전히 SAT를 치러 오는 나를 보고 놀라시곤 했다.

"소라, 이렇게 다시 보게 될 줄 몰랐는데. 아직도 미국 갈 생각이 있는 게냐?"

학교 담임선생님들 중에서는 내가 왜 한국 명문대가 아닌 미국 대학을 목표로 하는지 모르겠다며 원망 섞인 꾸중을 하셨던 분들도 있다. 난 고3여름방학이 지날 때까지만 해도 하버드라는 뚜렷한 목표를 가지고 있지는 않았다. 게다가 미국 일류대학들의 이름을 듣기 원하셨을 선생님께 단순히 '미국 대학' 을 준비한다고만 말씀을 드리니 선생님의 입장에선 영문을 알 수 없는 '도피 유학' 으로 여겨지셨을지도 모르겠다. 하지만 난 이 모든 과정이 나를 더 강하고 철저하게 단련시켜 주고 있다는 것을 알고 있었기에 무너지지 않고 매순간 최선을 다할 수 있었다.

학교에서는 절대 미국 대학 입시와 관련된 공부를 하지 않았던 나는 그만큼 방과후의 시간들을 더 알차게 보낼 수 있도록 노력했다. 시험 공부는 물론이고 바이올린과 피아노, 동양화를 계속해 나갔고 사회 봉사 활동에 많은 시간을 투자했다. 공부 이외에도 다양한 관심사, 취미와 특기, 그리고 리더십을 가진 학생들을 선호하는 미국 대학의 '학생 선발조건' 에 나 자신을 억지로 끼워 맞추려는 것이 아니라 내가 정말 관심이 있는 분야를 찾아 나서다 보니 빡빡한 학업 일정 중에서도 시간을 내어 '특별활동' 을 병행할 수 있었다. 사실 요즘도 보면 자신의 관심사와는 상관없이 미국 대학 입학 원서에 그럴듯하게 써 낼 수 있는 활동들을 하는 후배들이 많은데 그건 결코 스스로의 발전을 위하는 길이 아니라는 것을 말해 주고 싶다. 결국 입학 에세이를 통해 특별활동에서 느끼고 배운 점을 써내야 하는데 그럴 때 자기 자신의 진심이 녹아 있는 글을 쓸 수가 없게 되고 1년에도 수만 개의 입학 에세이를 읽는 각 대학의 '귀신' 같은 입학 사정관들은 그런 '가짜 에세이' 들을 쉽게 골라내기 때문이다. 만약 특별활동보다 공부가 좋다면 공부에 할애할 시간을 모두 포기하면서까지 책상을 떠나 있으라고 권하고 싶진 않다. 단지 자신이 열정을 바칠 수 있는 분야의 공부를 집중적으로 파고들어 그 분야에서만큼은 '최고' 라는 소리를 들을 수 있어야 한다. 훗날 하버드에서 얼굴만 봐도 뭔가 비상하다는 느낌이 오는 친구들을 만나게 되었는데 알고 보니 '전미 수학 분야 1등 장학생', '일리노이 주 사회학 토론 챔피언' 등 자신이 선택한 분야에 있어 공부에 미쳐 있는 사람들이었다.

매년 수없이 많은 고등학교 수석 졸업생들과 SAT 만점자들이 명문 대학 불합격의 고배를 마시는 것도 어떻게 보면 비합리적으로 보이고 '대체 합격 기준이 뭐야?' 라는 질문을 하게끔 만들지만 그만큼 대학에서는 다양한 학생들을 뽑고자 하는 것이다. 미국의 공교육이 죽었다고들 하지만 그 곳에도 얼마든지 공부 잘하고 엄청난 특별활동 경력을 자랑하는 학생들이 많다. 앞에서도 말했듯이 미국 학생들의 경쟁심도, 부모님들의 치맛바람도 한국에 비하여 절대 뒤처지지 않는다. 대학마다 인터내셔널 학생들에게 적용되는 쿼터제가 있어 매년 일정수의 비미국 국적 학생들을 선발하지만 자국 내만 해도 무수히 많은 '우수한 학생' 들이 입학 허가를 기다리고 있는 미국 대학 입장에서는 비슷비슷한 조건을 가진 동양인, 그리고 한국인 지원자들은 한마디로 성에 차지 않을 것이다.

그만큼 우리는 더 '튀어야 한다' 는 부담감이 있는 것도 부인할 수 없는 사실이다. 하지만 그런 '부담감' 은 오히려 자기 자신을 '튀는 지원자' 로 만들 수 있는 전화위복의 기회가 될 수 있다. 스스로의 열정과 관심에 충실하여 대학입시를 준비하다 보면 자기도 모르는 사이에 남과 나를 차별화시킬 수 있는 자기만의 '색깔' 을 가지게 되어 '다색多色 신입생 커뮤니티' 를 형성하고자 하는 미국 대학이 원하는 그 '특별한 지원자' 가 되어 있을 테니까.

또한 대학 입학이라는 목적을 달성하는 것뿐만 아니라 그 목적을 이루기 위한 과정에서 더 '값진 삶' 을 배우게 된다는 것도 중요한 사실이다. 절대 대학에 들어간 사람으로서 하는 '배부른 소리' 가 아니다. 만약 나에게 '하버드 합격' 과 그것을 위한 준비 과정에서 보고 경험할 수 있었던 '교실 밖의 세상' 중 하나를 선택하라고 한다면 나는 망설임 없이 후자를 택할 것이다. 그 곳에서 난 '세상을 위한 삶' 이라는 다소 막연했던 꿈을 좀더 구체적인 모습을 한 '커리어 계획' 으로 발전시킬 수 있었고 동시에 나는 자신에 대해서도 더 알아 갈 수 있었다.

YWCA를 통해 조직했던 청소년 봉사단체 '따마(따뜻한 마음)' 를 이끌고 발달장애 아이들과 함께 소풍을 갔다 온 날엔 아이들과 함께했던 시간은 물론이고 소풍 갔다 온 아이들을 마중 나오셨던 부모님들의 모습이 자꾸만 떠올라 공부가 손에 잡히질 않았다. 부모님을 보고도 아무런 표정의 변화 없이 차에 올라타던 아이들과 누가 뭐래도 세상에 단 하나뿐인 자식이니까 함께할 수 있다는 사실만으로도 감사해 하시던 어머니들의 얼굴이 머릿속에 맴돌았다. 잠시 스쳐 지나가는 인연일 뿐인 나도 세상과 담을 쌓고 살아가는 아이들의 모습에 이렇게 마음이 아픈데 부모님들께선 얼마나 힘드실까.

정신대의 상처를 마음에 묻고 살아가시던 할머니를 뵙고 온 날엔 많은 생각들로 머리가 복잡했다. 역사를 왜곡하고 있는 현재의 일본 정권에 대하여 우리는 원망의 눈초리만 보일 것이 아니라 이제 얼마 남아 계시지 않은 정신대 할머니들의 남은 인생을 조금이나마 덜 불행하게 해드리기 위해 노력하는 것이 당장 오늘내일을 힘겹게 살아가고 계신 그분들을 위하는 길이 아닐까 하는 생각이 들었다. 국가 대 국가의 차원에서 정치 · 경제적인 보상을 받는 것도 중요하지만 결국 그 모든 것의 중심에는 오래 전에 무참히 짓밟혔던 '한 사람의 소중한 삶' 이 지속되고 있으니 말이다. 아주 기본적인 컨셉이지만 그만큼 더 지키기 힘든 '인권' 을 가장 우선시할 수 있는 사회를 이끌어 나가는 것이 얼마나 중요한지 알게 된 그때의 그 작은 깨달음은 대학 졸업반을 맞이하여 진로를 고민하고 있는 나에게 아직까지도 가장 큰 영향을 주고 있다. 나에겐 학교 밖의 세상이 최고의 교실이 되어 준 셈이다.

오늘 할 일

- 바이올린 연습
- SAT와 학교 내신에 대비하여 공부
- 동이 터오기 직전까지 정신대 연구소의 영어 논문들을 번역
- 달콤한 새우잠
- 다시 일어나 그날 1교시에 있을 '교련' 수행평가 '30초 안에 붕대 매기'를 연습
- 아침 일찍 학교 체육관 앞에서 친구와 만나 아침 자습이 시작되기 전까지 체육 수행평가 '배구공 토스하기'를 연습
- 방과후 교내 영어 말하기 대회 연습시간을 정하고 교실로 들어가기

나의 일상생활은 언제나 이런 모습이었다. 난 항상 시간이 모자랐고 잠이 모자랐다. 하지만 한국에 돌아온 것을 후회하지 않느냐는 질문에 대해서 내 답은 언제나 변함없이 'No!' 였다. 매순간 최선을 다하다 보면 하루에 주어진 '24시간 + α' 의 효과를 낼 수 있다는 믿음이 있었기 때문이다. '입시지옥' 으로 불리는 대한민국이지만 막상 그 안에 있으면 주위 친구들 모두가 다 함께 대학이라는 큰 난관을 넘기 위해 뛰고 있기 때문에 '혼자' 라는 느낌의 가장 큰 외로움은 없는 것 같다. 얼마 전에는 『뉴욕 타임즈』에도 기사가 실렸을 정도로 대단한 한국의 입시 경쟁이 밖에서 보기에는 인간다운 삶을 포기한 비정상적인 교육열 과포화의 상태이겠지만 '죽음의 고3 시절' 을 한 번 겪어 본 사람이라면 그것이 결코 지옥 같은 생활의 연속이 아니었다는 것을, 그리고 그 안에서도 끈끈한 우정과 행복한 일상이 존재하고 있었다는 것을 기억할 것이다.

한국에서의 학창시절은 평생 소중한 추억으로 간직될 내 생애 최고의 선물이었다. 기말고사가 끝나고 친구들의 응원에 힘입어 머리를 퍼머하고 귀를 뚫어 본 적이 있다. 학교 안에서는 긴 머리를 풀고 다니는 것조차 '학생부' 에 끌려갈 만한 일이었는데 퍼머와 귀걸이라니! 곱실거리는 퍼머머리를 감추기 위해 학생부 선생님들이 지키고 있는 교문을 통과할 때마다 머리를 땋는 수고도 마다하지 않았고 매점에서 빵을 사 먹다가도 "학주(학생 주임 선생님)다!" 라는 말에 발에 모터가 달린 듯 도망가곤 했다. 뒤돌아보면 웃음이 날 뿐이지만 그 당시에는 우리 어머니 시대의 학창시절을 떠오르게 하는 경기여고의 교복 치마 안에서 조금이라도 더 어른스럽고 예뻐 보이고 싶던 어린 여고생의 소리 없는 반항이었다. 귀걸이는 귀를 뚫은 지 이틀도 채 되지 않아 교문에서 뺏겨 버렸는데 우연찮게도 바로 그날, 친구가 내 생일선물로 귀걸이를 사와 결국 나의 귀는 막힐 새도 없이 잘 보전되었다. "성골뱅과 깜씨보형, 그만 좀 붙어 다녀"라며 나와 단짝 친구에게 호통을 치시곤 하던 '학주샘'과는 끝없이 이어지는 추격전을 통해 오히려 절친한 사이가 될 수 있었다. 훗날 내가 하버드에 합격하고 나서 감사의 인사를 드리러 학교에 갔을 때 학주샘께서는 '절대 믿을 수 없다'는 표정으로 날 한참 동안 바라보셨다.

여고의 묘미, '축제기간' 동안에는 동아리 친구들과 함께 만사를 제쳐 두고 며칠 밤낮을 축제 준비에 매달렸고 축제 당일엔 다른 학교에서 놀러 온 학생들을 잡기 위해 '일일 홍보맨'이 되어 보기도 했다. 제법 큰 규모로 진행이 되었던 반 대항 장기자랑을 위해 난 무용과 대학생 언니를 섭외해 왔고 반 친구들과 함께 여름 방학 내내 '살사 댄스'를 연습하여 무대에 올렸다. 비록 1등은 못했지만 친구들과 함께 직접 안무를 짜고 댄스복 장식품이 필요해 체육시간에 겨우겨우 허락을 받아 고속터미널로 '긴급 쇼핑'을 갔던 일 등은 무엇보다도 값진 추억이다.

특히 경기여고 간부 수련회를 통하여 금강산을 방문했을 때의 그 묘한 기분은 아직도 생생하다. 북한으로 향하는 배 안에서 텔레비전을 시청하고 있었는데 "이제 곧 북한 해역이라 공중파 방송이 끊기게 되니 양해해 주시기 바랍니다"라는 안내 방송이 나왔을 때 우리의 분단 현실이 그 어느 때보다도 와 닿았다. 바닷물은 남에서 북으로, 북에서 남으로 저렇게 자유롭게 흐르고 있는데 말이다. 금강산에서는 친구들과 함께 호기심에 호텔 개인 사우나장을 이용해 볼 기회가 있었는데 '남한 말'을 어색하지 않게 구사하던 매니저 아저씨가 "수령님께서도 이곳을 자주

애용하시곤 합네다"라고 했을 때의 그 이상야릇한 느낌이란. 항구에서 내려 금강산으로 가는 길에 보았던 일반 북한 주민들의 집들은 저녁인데도 불구하고 불빛 하나 없이 무너져 가고 있었는데 한 나라의 지도자가 이런 '관광객용' 시설을 이용하며 호화스러운 생활을 누린다는 것에 대해 화가 났다. 또 한편으로는 '그러는 나는 무슨 권리로 관광객이라는 미명하에 호화생활을 떳떳하게 즐길 수 있다는 것인가' 라는 자책감에 빠져 모처럼 경험해 보는 '북한 사우나' 를 마음껏 즐길 수가 없었다.

미국 대학 에세이 작성 어드벤처

어느덧 고3 여름방학이 되었고 본격적으로 대학에 원서를 넣어야 하는 '원서 시즌' 이 나를 향해 무서운 속도로 달려오고 있었다. 나는 아직 어떤 대학을 지원하고 싶은지 정해지지가 않은 상태에서 대부분의 학교들이 사용하는 '공동 지원 양식common application' 을 위한 입학 에세이를 준비하기 시작했다. 입학 에세이는 미국 대학에 나를 소개할 수 있는 가장 좋은 기회라 해도 과언이 아닐 정도로 중요하다. 물론 고등학교 내신 성적표, SATI, SATII, AP 등의 시험 점수, 원서에 첨부하는 이력서 모두 중요하지만 숫자와 현란한 '특별활동' 목록으로는 완전히 나타낼 수 없는 '나만의 이야기' 를 풀어낼 수 있는 곳이 바로 이 입학 에세이다. 나와 나의 입학 에세이를 읽게 될 이름 모를 입학 사정관들과의 첫 대화 공간인 것이다. 특히 특정한 질문이나 주제가 주어지지 않는 '공동 지원 양식' 의 입학 에세이는 미국 대학측에서 보았을 때 지원 학생이 자신의 학교에 어울릴 만한 사람인지 아닌지를 재어 보는 '질의 시간' 이 아니라 지원자 개개인이 하고 싶은 이야기를 마음껏 나눌 수 있는 '대화의 장'인 셈이다. 그만큼 아무런 제약 없이 '나'를 더 표현하고 알릴 수 있는 절호의 찬스이기도 하다. 난 굳이 내세우고 싶었던 자랑거리는 아니지만 '19살 성소라'라는 한 사람의 꿈과 열정을 형성해 준 나만의 인생 여정을 에세이로 펼쳐 보이기로 했다. 그때 완성된 에세이가 바로 '구부러진 길 위에서의 여정'이다.(〈부록〉 첨부)

에세이와 함께 10월 달에 있을 SATI을 준비하며 분주한 초여름의 나날을 보내고 있던 나에게 조선족 여성 지도자들과의 '21세기 여성과 평화 포럼'에 참가할 기회가 주어졌다. 대원외고 시절에도 중국어과였고 경기여고로 전학 온 이후에도 중국어를 제2외국어로 선택했을 만큼 평소 중국에 관심이 많았던 나는 중국 연변과 심양 지역에서 소수민족이라는 한계를 넘어 활발한 활동을 펼치고 있는 조선족 여성들과의 만남을 통하여 그분들의 열정과 리더십을 배울 수 있었고 또한 발전하는 중국의 저력을 체험하게 되었다.

"와, 여기가 심양이야? 진짜 중국의 피어 오르는 열기가 느껴진다, 열기가…"

포럼 주최측에서 제공해 준 심양의 한 호텔 방에 들어서는 순간 내 앞에 펼쳐진 심양의 파노라마 전경과 호화스러운 호텔 객실의 내부는 나를 단숨에 압도해 버렸다. 북경이나 상해에 가본 경험 없이 연변에서 중국에 대한 첫인상을 받게 된 나에게 심양의 대단한 야경은 한마디로 신선한 충격이었다. '과연 여기가 중국 맞나'라는 의심이 들 정도였으니. 말로만 들어 오던 중국의 발전 속도를 내 눈으로 직접 확인하는 순간이었다(실제로 정확히 10개월 후 심양에 돌아갔을 때 이때보다도 한층 더 업그레이드 된 심양의 모습에 난 혀를 내두르고 말았다). 연변에서의 일정을 끝내고 심양으로 달려왔던 우리들을 기차역까지 마중 나와 준 심양측 조선족 분들의 차림새가 소박한 연변 분들과는 사뭇 달라 의아해하고 있었는데 역시 그럴 이유가 있었던 것이다. '연변 조선족 자치주'와 중국의 떠오르는 도시 '심양'의 정치경제적 차이만큼이나 그 두 지역에서 활동하고 있는 조선족 분들의 경제사회적 지위에는 확연한 차이가 났다. 심양의 조선족 여성 지도자 분들은 우리를 최고의 코스로 안내했다. 최고급 호텔, 최고급 레스토랑, 최첨단 컨벤션 센터의 회의실, 명품 쇼핑센터 등 우리는 심양이 자랑하는 최고의 모습들을 보게 되었다. 그곳엔 얼핏 봐서는 사회주의 나라라는 사실이 느껴지지 않을 정도로 서양 자본주의의 물결이 넘실대고 있었다. 그때, 21세기는 더 이상 '영토 싸움'이 아닌 '문화와 주권의 싸움'이라 하시던 한 연변 조선족 아주머니의 말씀이 생각났다.

"연변에 살고 있는 조선족의 숫자가 점점 줄어들어 큰 걱정입네다. 하지만 걱정은 마십쇼. 저기 저 벌판에 고구려 문화의 얼이 서려 있는 광개토대왕비가 천 년이 넘도록 떡하니 서 있질 않습네까? 한漢문화에 잠식당해 가는 우리의 문화를 다시 굳건히 세우고 또 '조선족 자치주'라는 주권을 잃지 않도록 우리는 열심히 살고 있습네다. 한국에 돌아가서도 우리를 꼭 기억해 주셔요."

그랬다! 중국 대도시에서는 서양 자본주의와 문화가 널리 퍼져 나가고 있었고, 중국 연변 자치주에서는 조선족이 한국의 문화와 조선족의 자치권을 지켜 내기 위해 하루하루를 열심히 살아가고 있었다. 우리는 더 이상 무력으로 서로의 '땅'을 넘보던 영토의 전쟁 시대가 아니라 자기 고유의 문화를 지킴으로써 주권을 사수하고 또 문화 교류와 확장을 통하여 세계로 뻗어 나가는 21세기 글로벌 시대에 살고 있는 것이다.

나는 이러한 중국에서의 깨달음을 바탕으로 하여 '정복자'라는 에세이를 썼다. 후에 대학 수시모집 지원을 할 때 '정복자'는 나의 주요 입학 에세이로, '구부러진 길 위에서의 여정'은 추가 에세이로 제출했다.(〈부록〉 첨부)

에세이 '정복자'는 '나는 세계를 정복하고 싶다. 이러한 나의 야망을 또 하나의 상투적인 표현일 뿐이라고 생각해 버리는 사람들의 조롱에 신경 쓰지 않고 난 나의 야망을 끈질기게 지켜오고 있다…'라며 운을 뗀다. 역사 속의 많은 인물들이 무력과 이데올로기의 세뇌를 통하여 세계 정복을 꾀하였으나 결국 실패하고 말았는데, 고대 마야인들이 즐겨 씹던 껌이 미국의 '리글리' 추잉껌 제조회사에 의해 "은박지를 까라-껌을 씹어라-뱉어라"라는 템플릿을 가진 하나의 '추잉껌 문화'로 재탄생했을 때 껌은 온 세상 사람들의 일상 속으로 뿌리내릴 수 있었고 리글리는 사람들의 맛과 모양에 대한 기호 변화에 발맞추어 나가는 세상의 '문화 정복자'가 될 수 있었다고 논리를 전개했다. 그리고 나는 이제 한층 더 나아가 리글리의 추잉껌처럼 사람들에 의해 만들어진 문화가 아니라 인류 사회에 잠재되어 있는 '인간 본연의 리듬'을 찾아내어 인위적인 문화에 익숙해진 세상 사람들에게 나누어 주겠다는 포부를 밝혔다. 나의 '리듬 꾸러미'는 따로 은박지를 깔 필요도, 단물이 빠졌다고 뱉어낼 필요도 없다. 그냥 느끼고-즐기고-살면 되는 것이다.

하버드 수시입학 지원

여름방학을 보내고 3학년 2학기 개학을 맞아 학교로 돌아가니 3학년 교실들은 초비상 상태로 돌입해 있었다. 친구들은 수능 날까지의 D-day를 칠판에 적어 놓고 수능시험 대비에 총력을 기울이고 있었고 예체능 계열 친구들은 수능뿐만 아니라 실기고사 준비에 여념이 없었다. 고3 선배들에게 수능 떡을 나눠 주며 행운을 빌던 것이 엊그제 같은데 내가 바로 그 대학입시 수험생의 자리에 앉아 있다는 사실이 참 놀랍고 신기했다. 워낙 걱정을 하지 않는 성격인 데다 그 동안 대학 입시라는 중압감을 최대한 느끼지 않고 '현재'에 충실하며 살아온 나인지라 본격적인 입시철이 왔는데도 오히려—믿지 않으시겠지만—즐거운 흥분이 되었다. 누군가 그랬다. 음악가들은 연주의 처음과 끝만을 기억하는 관객에 익숙해져 있기 때문에 매사에 있어 시작과 끝맺음을 가장 즐긴다고. 나는 음악가는 아니었지만 한때 음악을 전공했던 음악도로서 아마 그런 마음가짐을 가지고 있었던 것 같다. 스스로 완벽하게 준비가 되어 있다고 생각했던 적이 한 번도 없지만 그 동안의 긴 경주의 끝을 즐거운 마음으로 기다리고 있었다. 나는 일단 수시모집에 지원해 보자는 결정을 내렸다.

미국 대학의 수시모집에는 '얼리 액션Early Action'과 '얼리 디시젼Early Decision'이라는 두 가지 형태의 제도가 있는데 학교마다 채택하는 제도는 다르지만 접수 마감일은 11월 초에서 크게 벗어나지 않는 범위로 비슷비슷하다. 두 개의 제도에 차이점이 있다면 얼리 액션을 제공하는 학교 수시모집에 지원을 했을 경우 합격 여부에 관계없이 정시 철에 다른 학교에도 지원해 볼 수 있지만, 얼리 디시젼은 해당 학교에 합격을 했을 때 꼭 그 학교로 입학을 해야 한다는 것이다. '난 정말 이 학교 아니면 안 된다' 라는 확고한 뜻이 없다면 얼리 디시젼은 지원자 입장에서 보았을 때 다소 위험부담이 따르는 제도이기도 하다.

나는 지원 학교를 결정하기 위해서 그때까지 모아 놨던 각 미국 대학의 안내책자들을 '열공' 했다. 대부분의 대학들이 홈페이지에서 신청만 하면 집 주소로 안내책자를 배송해 주는데 빳빳한 올 컬러판 종이에 캠퍼스의 멋진 모습들이 사진으로 담겨 있는 캠퍼스 안내책자는 평소에도 나의 심심풀이용 놀이책이 되곤 했다. 나는 각 학교의 장단점을 찾아 안내책자들을 탐독했고 지면상 실리지 못한 정보들은 학교 홈페이지나 각종 웹사이트를 통해 입수했다. 사실 미국에는 순위를 가릴 수 없는 우수한 대학들이 많고 학교마다 강세를 보이는 전공과목이 다르기 때문에 지원 학교 선택이 쉽지 않았다. 매년 『U.S. News』에서 대학별 순위를 매겨 발표하긴 하지만 실제 재학생들이 학교생활을 해본 후 체감하는 순위와는 차이가 날 수도 있다고 했다.

원래부터 세상을 분석하는 '사회학' 과 인류 문화를 탐색하는 '문화인류학' 을 공부하고 싶었던 나는 먼저 어떤 학교가 관련 분야에서 더 나은 교육 환경을 제공하는지 알아보기로 했다. 각 학교의 '사회학', '문화인류학' 웹사이트를 탐방하다 보니 난 마음이 들떠 빨리 공부를 하고 싶어졌다. 결국 대학 입시라는 것이 최종 목표가 아니라 더 큰 세상에서 공부를 하기 위한 발판일 뿐이니까. 그러나 나는 곧 전공 학과에 따라 수시입학 지원 학교를 고르겠다는 처음의 전략을 포기했는데 웬만큼 좋은 학교들의 사회학과와 문화인류학과는 담당 교수들의 자질이라든지 제공되는 교육의 질에 있어 별 차이가 없어 보였기 때문이다. 사실 학부 수준의 사회과학은 석 · 박사 과정에 비해 굉장히 광범위한 기초적인 내용을 다루기 때문에 학교에 따른 수준 편차가 크지 않은 편이다. 스타급 교수님을 많이 보유한 대학이라고 학생들이 더 훌륭한 교육을 받게 될 것이라는 보장도 없다. 오히려 소규모 학교일수록 교수 대 학생 비가 작아져 교수님들의 더 많은 관심 속에서 자기 자신의 재능을 펼쳐 나가기도 한다. 게다가 특별한 경우를 제외하곤 전공을 정하지 않은 상태로 대학 입시 원서를 내기 때문에 입학을 한 후에 관심 있는 여러 분야의 수업들을 들어 보며 전공을 정하게 된다.

'결국 나는 우리가 살아가고 있는 이 사회를 공부하고 사회 구성원들이 공유하는 문화를 탐색해 보고 싶은 것이 아닌가? 그렇다면 학교를 구성하고 있는 학생들에게서 가장 많은 것을 배울 수 있지 않을까?'

하루 24시간을 함께하게 될 학교 친구들과 함께 공부를 하고 특별활동을 하고 여가시간을 보내면서 그들로부터 가장 많은 것을 배우게 될 것이라는 예감이 들었다. '정복자' 에세이에 쓴 것과 같이 세계 각 지역에서 모여든 친구들로부터 우리 모두 안에 잠재된, 그러나 조금씩 다른 모습을 하고 있는 '리듬'을 찾아내 보고 싶었다. 다양한 배경과 관심사를 가진 학생들로 이루어진 학교를 찾다 보니 아무래도 한 가지 이상의 성향을 갖춘 학생들에게 우선권을 주고 인종적 구성 · 지역별 안배에 신경을 쓰는 아이비리그 대학들이나 스탠퍼드에 마음이 갔다. 그리고 일부 편견과는 달리—물론 개인마다 다른 의견을 가지고 있겠지만—가장 자유롭고 관대한 학생 커뮤니티와 캠퍼스 분위기를 자랑한다는 하버드 대학이 탐나기 시작했다.

사랑에 빠지면 눈에 콩깍지가 쓰인다고 한 번 마음이 하버드로 기울자 그때부터는 하버드의 좋은 점들이 눈에 쏙쏙 들어오기 시작했다. 매년 1,650명의 학생들만 선발하여 자유로운 토론과 학문적인 접근을 통한 리버럴 아츠*liberal arts 교육을 시키고, 전공 분야에 있어 세계적인 교수님들과의 수업, 세미나, 면담 등의 기회를 공급해 준다. '순수학문'을 중요시하는 학교의 뜻에 따라 의대, 법대, 경영대 등은 학부 과정에 존재하지 않지만 대신 학부에서 튼튼하게 기초를 닦고 사회에 진출하거나 대학원에 진학하였을 때, 하버드 학부 졸업생들은 더 큰 성과를 낼 수 있게 된다. 해리포터에 나오는 마법학교를 연상케 하는 아름다운 신입생 전용식당인 '애넌버그'와 치안상태가 좋고 아기자기한 가게와 레스토랑이 즐비하다는 케임브리지 시의 모습도 나를 유혹했다. 애넌버그의 실내 모습을 담은 사진은 한동안 우리 집 냉장고에 붙어 있기도 했다.

하버드는 '얼리 액션' 제도를 택하고 있었는데 따라서 하버드 수시모집 지원자들은 합격여부와 상관없이 12월 말/1월경의 정시모집 시즌이 되면 다른 학교에 지원할 수 있는 자격이 주어졌다. 당시 나의 마음속에는, '아무리 그래도 하버드인데, 특목고도 아닌 일반고 재학생인 나에게 과연 승산이 있을까?' 라는 막막함과, '떨어지면 다른 학교에 지원하면 되는데 무슨 걱정이야?' 라는 긍정적인 심리가 끊임없이 교차하고 있었다.

2003년 10월 29일, 나는 그 동안 준비해 왔던 입학원서 중 온라인 상에서 제출할 수 없었던 피아노와 바이올린 연주 CD, 동양화 포트폴리오, 직접 제작한 학교 영문 안내문 등을 FedEx 탁송화물 봉투에 담아 미국으로 보냈다. 나의 모든 것이 담겨 있다 해도 과언이 아닐 그 FedEx 탁송화물 봉투를 내 손에서 떠나 보내는 순간의 느낌은 마치 오랜 시간을 함께했던 소중한 친구를 멀리 떠나 보내는 것만 같았다. 내가 합격을 하든 못하든 다시는 나에게로 돌아오지 못할 친구의 떠나는 모습을 나는 한동안 바라보고 있었다.

발신자는 성소라, 수신자는 하버드 대학이었다.

그렇게 나는 내 인생에 있어 처음이자 마지막이 될 하버드 대학 수시모집 준비의 대장정을 마무리지었고 그 후 한 달 반 동안 초조함과 믿음의 경계선에서 하버드로부터의 입학 결과를 기다렸다.

12월 12일

-하버드 수시모집 발표를 한 시간 앞둔 아침 6시

왠지 모르게 눈이 떠졌다. 아무래도 8시가 넘어 버린 것 같은데, 아직까지 아무도 나를 깨우지 않았다는 것은… 안 됐다는 말인가? 난 조심스럽게 방에 불을 켰다. 아니, 불을 켜는 순간 희미하게 보이던 '6시'라는 시계 바늘의 가리킴을 난 잊을 수가 없다. 다행이다. 순간 떠올랐다. 아직 희망이 있다고….

조금 더 자려고 했다. 도저히 잠이 오질 않았다. 정말 미칠 것 같았다. 어쩌지…?

20분 후에 거실로 나가 보니 엄마가 있었다. 엄마는 새벽에도 몇 번씩이나 이메일을 체크해 보신 모양이다. 이메일이 아직 안 왔단다. 7시까지 기다려 보자.

내 인생에 있어 가장 떨리는 한 시간이었다. 난 좀더 자야겠다며 엄마에게 절대 먼저 이메일을 열지 말라고 당부한 후에 이불 속으로 들어갔는데 도저히 잘 수가 없었다. 도저히…. 그리고 한 시간 동안의 피 말리는 나와의 싸움이 시작됐다. 아니 싸움이라기보다는 두려움과 '안절부절'의 연속이랄까.

난 다시 거실로 뛰어나왔다. 엄마는 당부대로 컴퓨터를 꺼놓고 경식이 시험공부를 봐주고 계셨다. 오늘은 경식이의 기말고사 첫날이기도 하니까. 다시 컴퓨터를 켜고 이메일을 확인해 보니 '수신함: 0통'이란다. 아후, 하버드 입학처 사람들 시간 지키는 거 하나만큼은 정말 정확하다.

난 7시까지 기다렸다. 항상 하나님께서 나를 '꿈꾸는 자', '꿈을 이루는 자'로 세워 주실 거라 믿었는데 지금 이 순간의 나는 겁이 난다. 합격이든 불합격이든 하나님의 계획 안에서 내게 최상의 것을 주시리라 믿는데도 겁이 난다.

난 참 바보다.

-시계바늘이 7시 정각을 가리켰을 때

어쩌다 보니 정말 'Harvard Decision'이라는 이메일이 와 있었다. 세상이 날 보고 웃을까 봐 차마 말하지 못하고 숨겨 왔던 나의 하버드를 향한 작은 도전장이었다. 그런데 그에 대한 결과를 이제 세상에 알려야만 하는 때가 와 버린 거다. 이 이메일 한 통을 받기 위해 그 동안 내가 얼마나 많은 땀, 노력, 열정, 시간을 바쳐야 했는지 모르는 사람들에게도 난 말해 줘야 한다.

"저 합격했어요", 또는 "떨어졌어요."

그들은 나의 결과물을 보고 나를 평가하려 들겠지.

차마 열어 볼 용기가 나지 않았다. 세상에 태어나서 그렇게 떨렸던 적이 없다. 나는 메일을 열어 보려는 엄마와 아빠한테 조금만 기다려 달라고 했다.

"아직 마음의 준비가 안 됐어."

나는 아빠랑 마지막 기도를 하고 다시 컴퓨터 방으로 들어갔다. 아빠가 마우스 왼쪽 버튼을 '클릭'하시려는 순간, 갑자기 내 눈에서 눈물이 흐르기 시작했다. 제목에 '합격' or '불합격'이라는 힌트를 좀만 주지, 왜 이렇게 사람 피를 말리는 거야. 하버드가 원망스러웠다.

"아빠, 잠깐만…. 우리 좀만 더 기다리자, 응?"

그렇게 20분이 흘렀다. 이제 더 이상 기다릴 수는 없다.

엄마가 이메일 제목에 클릭을 했다. 화면이 바뀌는 시간이 영원하길 바랬다. 아빠와 엄마가 이메일을 읽어 보시기 시작했다. 나는 뒤에 서 있어서 한 글자도 읽을 수가 없었다.

스크롤을 내리며 이메일을 읽어 보시던 아빠가 "으응?"이라는 작은 소리를 내셨다.

난 순간 마음을 비웠다. 역시… 안 됐구나. 그렇지, 될 리가 없지. 모니터로 가까이 다가가 이메일을 읽어 보았다. 그런데 어? 이게 뭐지? 합격을 알리는 듯한 몇 개의 단어들이 내 눈 안에 박히기 시작했다.

Dear Ms. Sorah Seong,

I am ***delighted*** *to inform you that the Committee of Admissions has admitted you to the* ***Class of 2008*** *under the Early Action program. Please accept my personal* ***congratulation*** *for your outstanding achievements. […] We very much hope you will decide to attend Harvard, and we look forward to having you* ***join us*** *in September.*

Yours Sincerely,
William R. Fitzsimmons
Dean of Admissions and Financial Aid

믿을 수가 없었다. 다시, 또다시 읽어 보았다. 아빠와 엄마를 끌어안았다. 함성 소리를 듣고 쫓아 달려온 경식이도, 안방에서 기도하고 계시던 부산 할머니도 모두 기쁨의 눈물을 흘리고 계셨다. 해냈다. 해냈다. 해냈다.

순간 이때까지 겪어 온 힘든 나날들이 스쳐 지나갔다. 그리고 좋은 기억만 남긴 채 내 머릿속에서 싹 잊혀져 버렸다. 행복, 이 말밖엔… 그 순간엔 내가 세상에서 가장 행복한 아이였을 것이다. 부족한 나를… 너무나도 부족한 나인데…. 하나님 사랑해요. 감사합니다.

12월 15일

아침에 방에 있는데 택배가 왔다. 하버드에서 합격통보서가 온 것이었다. 이메일로 이미 결과를 알고 있어서 그런지 감격은 덜했지만 그래도 좋았다. 정말 합격인 게 맞구나 하는 안도감도 들고.

FedEx 봉투 안에는 아이보리색 하버드 봉투와 여러 장의 전단지가 들어 있었다. 입학허가 위원장의 친필 서명과 함께 '소라 양, 하버드에서 만나게 되길 바랍니다'라는 코멘트가 달린 합격통보서. 16일엔 신입생 전체가 온라인 채팅을 통하여 첫 만남을 가지게 될 것이니 참가해 달라는 안내지. 하버드 인터내셔널 학생 단체의 클럽활동 소개서와 초대장 등등.

정말 믿을 수가 없었다. 하버드에게 '나 좀 봐주세요'라는 간절한 소망이 담긴 FedEx를 보냈던 기억이 아직도 생생한데 이젠 하버드에서 내게 먼저 손을 내밀고 있는 것이다. 이 모든 것이 하나님의 은혜라는 사실을 잘 알고 있다. 하버드에 붙여 주시기만 하면 무슨 일이 있어도 지키겠다던 하나님과의 약속, 잊지 않을게요.

하버드, 9월 달에 캠퍼스에서 만나요.

---

* 고등교육에서의 일반교양 내용 또는 그 과목. 자유로운 사색과 예술 · 학문을 전인적全人的인 입장에서 행할 수 있는 학문 및 연구 활동분야로 고대 그리스의 교양 사상에서 유래한다. 중세 서유럽에서는 특히 신학과 구분하여 문예 · 학예 등을 총칭한 용어로 사용되었으며 그 기본 학문은 언어의 문법 · 논리학 · 수사학修辭學 · 산수 · 기하 · 음악 · 천문 등 7과목이었다. 그러나 근대의 대학에서는 교양학과를 총칭하며, 여기에 어학 · 자연과학 · 철학 · 역사 · 예술 · 사회과학 등의 과목이 첨가되었다. 근대 이후 전문 분과에 눌려 쇠퇴했으나, 제2차 세계대전 후 재평가되고 있다.

이디오피아의 '머르시 족' 아이들과 함께.

이디오피아의 수도 아디스아바바에서 남쪽으로 2시간 가량 날아가자 여러 원시 부족들을 만날 수 있었다. 아디스아바바만 해도 꽤나 선진화된 문명을 자랑하고 있었는데 불과 몇 시간 떨어진 곳엔 아직도 여자를 가축과 같은 재산으로 여겨 매매하고, 소의 피를 짜내어 마시고, 심지어 인육을 먹는 등의 일을 일상으로 여기는 부족들이 살고 있었다.

하버드야, 1년만 기다려 줘!

1. Gap-year
   땅끝에 서다, 남아프리카공화국/ 총기 강도 사건/ 20일 간의 트럭 배낭여행
2. 아프리카를 섬기다
   칼리챠에서 만난 천사들/ 트란스케이 – "We are friends!"

1. Gap-year

2월의 졸업식을 마지막으로 나는 더 이상 교복을 입지 않아도 되는 대학생이 되었다. 영화 〈클래식〉에서 손예진이 입고 나오는 교복을 21세기의 경기여고 학생들은 여전히 입고 다닌다. 물론 손예진이 입었을 때와는 전혀 다른 느낌이 연출되지만…. 나이 드신 분들께서는 옛 생각이 난다며 예뻐해 주셨지만 다른 학교 학생들은 힐끔힐끔 쳐다보며 지나갔던 우리 학교 교복이 부끄러웠던 적이 한두 번이 아니다. 그런데도 왠지 정이 들었는지 막상 교복을 버리려니 아까워서 버릴 수가 없었다.

"엄마, 아무래도 내 교복 비행기 태워야겠어. 이건 정말 하버드에서 '세계문화 페스티벌' 같은 거 할 때 반응 최고일 거야!"

대부분의 미국 대학들은 8월 중반~말 정도에 개학을 하는데 하버드는 유별나게도 9월 초에 '신입생 오리엔테이션'을 개최하고 수업은 그로부터 2주 후에야 비로소 시작을 한다. 난 입학 날짜까지 아직 7개월이나 남았다는 사실이 마냥 좋기만 했던 것 같다. 빨리 학교를 다니고 싶다는 기대와 설렘도 있었지만 오랜만에 주어진 '명분' 있는 자유가 너무나도 달콤했다. 미국 대학 정시모집 결과는 4월에 발표가 나는데 12월 12일 이후로 대학 입시에서 해방이 되었던 나는 그만큼의 자유시간을 번 셈이었다. 당시 나의 일기장에는 '9월까지 하고 싶은 일' 목록이 빼곡히 적혀 있다.

1. 외국어 마스터(일본어, 중국어)
2. 재즈 댄스 배우기
3. 운동! 고3 몸매는 이제 끝! —수영 배워 볼까?
4. 피아노, 바이올린
5. 문학 작품 섭렵하기
6. 대학 영작문 완벽 대비!!
7. 서양화? 동양화? 디자인?

한창 힘이 넘치는 스무 살이라 그랬는지, 아니면 워낙 바쁘게 살아야 살맛이 나는 체질이라 그런지 난 집에 가만히 붙어 있질 못했다.

어릴 때부터 나의 가장 큰 콤플렉스였던 수영을 배우기 위해 새벽부터 수영장에 나가 직장인 반에서 어른들과 함께 수영을 했다. 수영이 끝나면 길가에서 간단한 아침 식사를 한 다음 지하철을 타고 1시간을 달려 일본어를 배우러 갔다. 단기에 효과를 보겠다는 욕심에 일본 여행가이드 양성학원에 들어가 고시원 생활을 하는 어른들 틈에서 공부했다. 수업이 끝나면 이번엔 버스를 타고 중국어 학원으로 향했다. 고등학교 때부터 제2 외국어로 중국어를 해 온 터라 곧 '중국어 수평고시 반'에 들어가게 되었는데 굳이 수평고시를 칠 생각은 없었지만 가장 치열한 분위기의 반에서 공부를 하고 싶었다. 가끔 내 입에선 일본어와 중국어가 뒤섞여서 흘러나와 선생님들을 당황하게 만들곤 했다. 하지만 두 언어 모두 각각의 매력을 지녔고 세계 시장에서 꼭 필요한 언어라는 생각에 그중 어느 하나도 포기할 수가 없었다. 집에서는 시간이 날 때마다 영문학 소설들을 읽어 나갔다. 아무래도 미국에서 고등학교를 나온 예비 대학생들에 비해 나의 가장 큰 취약점이라 생각되었기 때문이다.

모처럼의 방학을 나는 그렇게 사서 고생을 하며 보내고 있었다. 부족한 점 투성이인 나를 뽑아 준 하버드가 고마워서라도 입학 전까지 나 자신을 좀더 '실력자'로 만들어 놔야겠다는 생각이었다. 즐거운 배움이 있는 하루하루가 새로웠고 행복했다.

정시모집 발표가 끝난 4월 중순쯤 되자 하버드에서 각종 서류들이 날아오기 시작했다. 그중에서 조그마한 '학생등록카드'가 눈에 띄었다.

합격생 여러분들은 아래 보기 중 하나에 체크를 해 주십시오.

- ☐ **하버드에 등록하겠습니다.**
- ☐ **하버드에 등록하지 않겠습니다.**

하버드 합격생들에게 등록을 물어 보는 질문지였다. '당연 등록이지!' 라고 생각하며 체크를 하려던 순간 밑에 작은 글씨로 쓰여진 또 다른 옵션이 눈에 띄었다.

- ☐ **하버드에 등록은 하되 입학을 1년 미루겠습니다.**

입학을 1년 간 미룬다?

'대학 입학 1년 연기' 라는 키워드를 가지고 인터넷을 뒤져보았다. 곧 각종 정보들이 쏟아져 나오기 시작했는데 그중 나를 단숨에 사로잡은 글이 있었으니, 바로 영국의 해리 왕자가 2004년 대학 입학을 미루고 '갭이어gap-year' 를 가지면서 남아프리카공화국 영토 내의 레소토 지역에서 봉사활동을 벌였다는 기사였다. 갭이어란 고등학교를 졸업한 학생이 합격된 대학 입학을 1년 간 보류하고 다양한 경험을 쌓는 '체험기간' 을 뜻하며, 특히 유럽에서는 gap-year 제도가 전통으로 이어져 내려온다고 했다. 학교마다 차이가 있겠지만 하버드 같은 경우는 gap-year 프로그램을 따로 제공해 주는 것이 아니라 단지 아직 입학을 하지 않은 신입생들이 휴학을 할 때, 그 휴학기간을 gap-year라고 부르는 것뿐이었다. 따라서 '1년 간 무엇을 하겠다' 는 특별한 계획이 있는 학생들만 용기를 가지고 gap-year 신청서를 내곤 한다.

사실 나는 오래 전부터 입학을 미루는 것에 대한 고민을 해 오고 있었다. 하버드라는 학문의 전당으로 들어가기 전에 앞으로 인생에서 경험할 수 없을 색다른 경험을 찾고 있었는데 그게 봉사활동이 되었든 인턴십이 되었든 적어도 1년의 시간이 더 주어져야 무엇인가를 시작이라도 해볼 수 있다는 생각에서였다. 다만 내 주위에서 입학을 1년 늦추는 경우를 본 적이 없어 망설이고 있던 참이었다. 무한 경쟁시대에 소중한 1년을 낭비하지 말라는 충고도 있었다. 하지만 하버드 등록카드에 하나의 옵션으로 제시되어 있는 gap-year를 보는 순간 용기가 생기기 시작했다. 같은 시기에 하버드 입학처에서 날아온 편지에는 신입생들에게 gap-year를 권장한다는 말도 들어 있었다.

'그래, 남과는 다른 길을 걸어 보자. 용기를 가지고 해보자!'

이제껏 살아온 나의 어린 시절과 청소년 시절을 단거리 경주에 비교한다면 하버드 이후의 삶은 인생 끝까지 달려 나가야 하는 마라톤이 될 것임을 알고 있었다. 갭이어gap-year는 이제 삶의 달리기 코스를 바꿔야 하는 나에게 완벽한 쉴 틈이자 준비기간을 마련해 줄 것 같았다. 가끔씩은 이렇게 길을 돌아가는 것도 결코 시간을 잃는 것이 아니라 더 큰 결실을 맺을 수 있는 또 하나의 방법이라고 생각했다. 나는 부모님과 상의하여 하버드 입학을 1년 미루기로 결정했다.

땅끝에 서다, 남아프리카공화국

2004년 8월 남아프리카공화국의 입법수도, 케이프타운에 도착했다. 생애 처음으로 밟아 보는 아프리카 땅. 이글거리며 타오르는 태양이 지상의 모든 더러움을 증발시켜 버린 듯 공기는 투명했고 길가에는 아프리카 특유의 우산 모양 나무들이 줄지어 서 있었다. 저 멀리 도심 한복판에는 케이프타운의 명물, '테이블 마운틴'이 우뚝 솟아 있었고, 산 기슭에는 미국의 비벌리힐스를 연상케 하는 멋진 대저택들이 자연과 더불어 그 아름다움을 뽐내고 있었다. 남반구에 위치하고 있어 우리나라와 계절이 정반대이고, 연중 10~25°C의 쾌적한 날씨를 자랑한다는 케이프타운은 한마디로 아름다운 지상낙원이었다. '왜 남아공을 선택했냐'는 질문 앞에서는 해리 왕자 핑계를 대곤 했다.

"우리 해리 씨가 레소토에서 gap-year을 했다잖아. 나도 아프리카 땅으로 직접 가 봐야지 않겠어?"

그러면서 나는 사실 아프리카의 원초적인 아름다움에 마음이 끌리고 있었다. 하버드 입학 에세이에도 썼듯이 인류 본연의 리듬을 찾고 싶었던 나는 자연과 함께 살아가는 아프리카 사람들의 문화의식이 무의식과 인위의 경계선을 교묘하게 넘나드는 가장 좋은 예일 것이라는 생각이 들었다. 특히 세계 최고의 자연경관을 자랑하지만 인종차별, 사회불안정과 같은 여러 가지 문제를 떠안고 있는 땅끝나라 남아공에 애착이 갔다. 남아공과 탄자니아에 주둔해 있는 각종 NGO 단체에서 gap-year 학생들을 대상으로 제공한다는 봉사활동 기회밖에는 아는 바가 없었지만 왠지 남아공에만 가면 모든 일이 잘 풀릴 것 같은 기분 좋은 예감이 들었다.

2004년 9월 5일

창 밖을 넘어 테이블 마운틴이 강렬한 태양 아래 빛나고 있다. 오늘도 어김없이 조용한 하루이다. 햇빛을 받으며 빛나는 연둣빛 풀도, 나무도, 너무 평화로워서 오히려 걱정스럽다. 가장 행복할 때 가장 슬프다는 공자의 말에 이제는 공감할 수 있을 것 같다. 케이프타운까지 와서 공자와의 교감이라니. 역시 동양식의 교육을 받고 자라난 사람답다.

남아공에 처음 도착했을 때는 공기가 투명하다는 게 새롭고 왠지 부담스러웠는데 이제는 익숙해졌다. 아침에 일어나 운동을 할 때의 그 상쾌한 아침 공기가 좋다. 서울 공기는 많이 달랐었나? 떠나 온 지 몇 주밖에 안 됐는데 생각이 잘 나질 않는다.

서울… 내가 자라난 곳, 대한민국… 나의 사랑하는 조국.

이 세상에 잠깐 들렀다 가는 게 우리의 삶이라고는 하지만 그래도 속한 집이 있고 사회가 있다는 사실이 행복하다. 우리나라를 위해 큰일을 할 수 있는 사람이 되기 위해 난 지금 더 큰 세계를 경험하고 배우려 한다.

사실 gap-year에 대한 부담감이 크다. 1년을 낭비하는 게 아니라 그 이상의 것을 얻어내야 한다는 부담감이 있다. 허영된 생각과 태만으로 모든 것을 흘려 버리지 않아야겠다. 하나님께서 나를 이곳으로 보내신 이유가 있으리라 믿는다.

아까보다 햇살이 덜 뜨거워졌다. 테이블 마운틴 뒤로 해가 넘어가고 있다. 나중에 뒤돌아보았을 때 '아, 그때가 좋았지' 라며 눈물 흘리지 않도록 인생을 과거와 미래의 연속선상에서 열심히 살아 나가야겠다.

남아공은 아프리카 대륙 남단부를 차지하는 나라로 북쪽으로는 나미비아, 보츠와나, 짐바브웨에, 동쪽으로는 모잠비크와 스와질랜드에 접해 있다. 17세기 네덜란드인의 이주 이후 백인들이 살기 시작하였고 1815년 영국의 식민지가 되었다. 영국 정부로부터 독립한 1961년부터 만델라의 집권이 시작된 1994년까지 남아공에는 악명 높은 인종차별정책, '아파르트헤이트' 가 시행되었는데 백인우월주의에 근거한 아파르트헤이트는 인구의 절대 다수를 차지하고 있는 흑인들의 참정권 박탈, 거주이전의 자유제한 등을 통하여 백인의 사회 경제적 특권을 강화하고자 했다.

그 시절의 자료들을 보면 공원에도 'WHITE ONLY' 라는 팻말이 달린 벤치가 있어 흑인들은 백인과 함께 앉을 수조차 없었고 공공 화장실에서도 흑인들은 위생상태가 안 좋다 하여 흑 · 백 칸이 나뉘어 있었다고 한다. 혼혈이나 인도계는 흑인보다 서열이 높았는데 1,800만의 흑인들이 종족별로 격리당했을 때에는 형제남매지간이라도 피부색과 어깨

옆으로 누워 있는 사자의 머리를 닮아 '라이온스 헤드'라 불리는 케이프타운의 명물.
멀리 보이는 섬 '로빈 아일랜드'에 넬슨 만델라가 수감되어 있었던 감옥이 있다.

남아공의 펭귄 서식지에서 아빠와 함께.

와이즈 맨 아저씨와 함께.

산기슭의 대저택들.

케이프타운 시내 일부.

모양에 따라 서열의 등급이 매겨지고 거주지가 다르게 배정되는 생이별이 허다했다고 한다. 내가 남아공에 갔던 2004년에는 마침 국가적으로 '아파르트헤이트 철폐 10주년'을 기념하고 있었는데 그럼에도 불구하고 아직 사회 곳곳에 인종차별의 흔적이 선명하게 남아 있었다.

케이프타운에서는 매일 오후 5시가 되면 머리가 희끗희끗한 흑인 일꾼들이 아파르트헤이트 시절부터 일해 왔던 백인 '주인집'에서의 하루 일과를 마치고 흑인 거주지역으로 돌아가는 모습을 쉽게 볼 수 있었다. '타운쉽'이라고도 하는 흑인 거주지역에는 케이프타운 인구의 반 이상이 살고 있다고 했다. 기차표 값이 없어서 집까지 하염없이 걸어가는 그들의 뒷모습에서 역사의 아픔이 생생하게 느껴졌다. 우리 가족이 1년 간 지냈던 집에도 마음씨 좋은 흑인 가정부 할머니와 '와이즈 맨'이라 불리던 정원사 아저씨가 매일매일 출퇴근을 하였는데 미국 출신의 주인집 아주머니가 스무 살 초반에 남아공으로 시집을 왔을 때부터 데리고 있는 일꾼들이라 했다. 와이즈 맨 아저씨는 자신의 중학생 아들을 매번 데려와서 일을 시키곤 했는데 나중에 알고 보니 이런 안정된 직업을 가질 수 있다는 것 자체가 흑인들에게는 기적과 같은 일이었고 아저씨는 아들에게 자신의 정원사 자리를 물려주고 싶었던 것이다.

인종차별이 법적으로는 더 이상 허용이 안 되지만 백인들의 전유물이었던 고급 쇼핑 센터와 레스토랑 등지에는 여전히 흑인 손님들의 발길이 뜸했다. 반대로 흑인들이 주로 찾는 중저가의 쇼핑몰에서는 백인 손님들의 모습을 찾아보기가 어려웠다. 오랜 정치 사회적 탄압으로 인해 경제적 기반이 닦여 있지 않은 흑인들은 무한 경쟁시장 속으로 던져진 지금 설 자리를 못 찾고 있는 것이다. 흑인 정권이 들어서고부터는

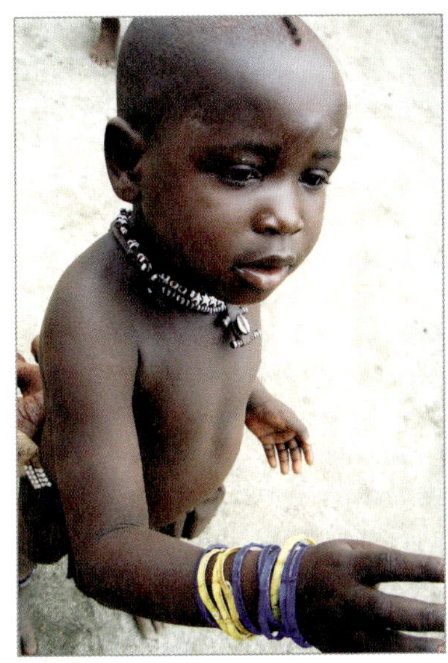

나미비아에서 만난 원시족 아이.

남아공 유명 관광지인 '커피 베이'.
타운쉽에서 놀러 나온 아이들이 저 하늘 멀리 개인 소형비행기를 타고 있는 부유한 외국 관광객들의 모습을 하염없이 쳐다보고 있었다.

신흥 흑인 부유층이 나타났다지만 '돈'이 있다 해도 피부 색에 따른 사회계급 인식의 차를 뛰어넘지는 못하는 듯하다.

한 번은 흑인 친구 럭키와 함께 '스피어스'라는 와인 농장에서 운영하는 레스토랑에 간 적이 있다. 나는 당시 캐나다에서 온 단기 선교팀과 럭키를 도와 타운쉽에서 일을 하고 있었는데 특별히 손님이 왔다 하여 다 함께 레스토랑에서 점심을 먹게 된 것이었다. 럭키는 활발하고 매사에 적극적인 19살 소년이었다. 그런데 그날은 밥도 먹는 둥 마는 둥, 시종일관 다른 테이블에 앉아 있는 손님들을 힐끗힐끗 쳐다보며 냉소적인 표정으로 앉아 있는 것이 아닌가. 자리를 함께했던 사람들이 조심스레 영문을 물었다.

"럭키, 맛 없어? 여기 오고 싶어했잖아. 혹시… 화나는 일 있니?"

"아니, 그런 거 없어. 그냥 여긴 내가 있을 곳이 아닌 거 같아. 나 먼저 나가 있을래."

결국 럭키는 밖으로 뛰쳐나가 버렸다. 그제서야 난 레스토랑의 내부를 둘러보게 되었고 럭키가 왜 그 자리를 불편해 했는지 알아차릴 수 있었다. 흑인 밴드의 라이브 음악과 백인 손님들의 풍족한 웃음소리가 레스토랑을 가득 채우고 있었다. 스피어스 농장의 최고급 와인과 스테이크가 넘쳐나는 각 테이블의 모습은 가장 특별한 잔칫날에도 양보다 가격이 싸다는 이유로 염소 고기를 구워 먹어야 하는 타운쉽 사람들의 초라한 밥상과 너무나도 선명한 대조를 이루고 있었다. 럭키가 집으로 돌아가는 길에 여전히 화가 난 눈으로 나에게 말했다.

"사람들이 모두 날 비웃듯이 쳐다보고 있었어. 니가 왜 여기에 있냐는 듯이… 우리는 여기서 이렇게 힘들게 살아가고 있는데 왜 저 사람들은 세상의 모든 걸 가진 거야, 응? 소라가 대답해 줄 수 있어?"

자신의 의지와는 상관없이 타고난 피부 색 때문에 평생을 그 정신적, 물질적 족쇄에 갇혀 살아야 한다는 것이 얼마나 기막힌 노릇인지, 과연 누가 그 대답을 할 수 있을 것인가?

총기 강도 사건

남아공에 온 지 3주 정도가 되었던 그날도 우리 가족은 여느 때와 다름없이 여유로운 저녁 시간을 보내고 있었다. 나는 전기장판 앞에서 몸을 녹여 가며 만델라의 자서전을 읽고 있었고 경식이는 한창 학교 과제물을 해내고 있었다.

저녁 8시경, 어머니의 짧은 비명 소리가 들려 왔다. 평소에도 도둑고양이들이 종종 담을 넘어와 어머니를 놀라게 하곤 했던 터라 나와 경식이는 어머니의 비명소리를 대수롭지 않게 넘겼다.

"고양이가 또 출동했나 보다. 엄마 진짜 놀랐겠다."

그러나 그 순간 우리 앞에 모습을 드러낸 것은 고양이가 아니라 검은 복면으로 얼굴을 가리고 권총을 든 흑인 남자 두 명이었다. 순간 머리가 멍해지는 것을 느꼈다. 너무 놀라면 아무런 생각도 할 수 없게 된다는 것을 그때 처음 알았다. 지금 우리 집 거실에서 유유히 걸어 다니고 있는 저 남자들이 무장 강도일 수도 있겠다는 생각이 든 것은 그들이 나와 경식이에게 총부리를 겨누며 땅바닥에 엎드리라는 말을 했을 때였다. 나와 경식이는 무릎을 꿇었고 간간이 살결에 닿아오는 총부리의 한기를 느끼며 두 팔을 들었다. 곧 어머니와 함께 한 명의 강도가 더 들어오는 듯한 소리가 들려 왔다.

억울했다. 아무리 강도강간 사건이 세계 1위인 나라에 와 있다고는 하지만 아직 한국에서 온 지 채 한 달도 안 되었는데 이렇게 당하다니. 누군가 나에게 총을 겨누고 있다는 것은 정말 끔찍한 느낌이었다. 얼마

전 신문에서 읽었던 케이프타운 중국인 가족의 피살 소식이 생각났고, 남아공은 살인 건수가 미국의 7배라며 조심하라던 말들이 떠올랐다. 나는 언제나 스스로를 죽음을 두려워하지 않는 강한 사람이라고 생각했는데 아니었다. 너무 무서웠다.

보스로 보이는 듯한 젊은 남자는 어머니를 끌고 다니며 돈을 내놓으라고 윽박질렀고 우리는 남아공 돈으로 4천 란드(53만 원 가량)가 들어 있는 봉투를 건네주며 이것이 우리가 가진 돈의 전부라고 설득했다. 마침 그 이튿날 한국에서 짐이 도착한다 하여 준비해 놓았던 세관통관 비용이었다. 어머니는 총으로 쇄골 부위를 맞아 피가 흐르는데도 불구하고 괜히 그들의 심기를 건드렸다가는 상황을 악화시킬지도 모른다는 생각에 보스와 침착하게 맞서고 계셨다. 보스는 꿇어앉아 있던 나에게 다가와 말했다.

"너 빨리 엄마한테 당장 협조하라고 전해. 돈이냐 목숨이냐?"

나는 보스가 충분히 상황에 수긍할 수 있도록 일부러 어머니께 언성을 높이며 화내는 시늉을 했다.

"엄마, 우리 목숨이 걸렸는데 돈이 뭐가 중요해? 돈 있는 대로 빨리 다 줘 버려요!"

물론 '목숨', '돈', '줘 버려'와 같은 키워드들은 보스가 알아들을 수 있도록 영어를 섞어 가며 말했다. 어머니는 더 이상 줄 돈이 없다고 하셨고 나는 보스에게 어머니의 말을 전했다.

"엄마가 더 주고 싶어도 줄 돈이 없다고 미안하대요. I' m so sorry."

잔뜩 인상을 찌푸리고 있던 보스는 체념한 듯 다른 두 명의 강도들과 함께 텔레비전, 전자레인지와 같은 물건들을 자루에 담기 시작했다.

'휴, 살았다.'

그렇게 1시간 가량이 흐르고 있었다. 강도들은 쉴새없이 온 집안을 헤집고 다니며 물건을 주어 담았고 우리가 조금이라도 움직이려고 하면 총을 겨눴다. 생과 사를 넘나드는 순간이 지속되다 보니 마음은 죽음에 대한 공포에 조금씩 무뎌 가는데 잔뜩 경직된 근육은 마음 같지가 않나 보다. 다리가 떨려 걸을 수가 없다는 말이 단순한 표현법이 아니라 사실이란 것을 난 절감하고 있었다.

강도들은 우리에게 경찰이나 사설경비업체ADT를 부르지 말라며 전화선을 끊고 핸드폰을 가져갔다. 그리고 어머니로부터 차 열쇠를 뺏은 후 훔친 물건들을 우리 차에 싣고 떠났다. 다시 돌아올 것이니 꼼짝 말고 있으라며 우리 집 열쇠까지 가져가 버렸다.

우리 집은 한바탕 토네이도가 휩쓸고 간 것처럼 엉망진창으로 변해 있었다. 찢어진 침대 시트와 매트리스, 쓰러진 옷장과 사방에 널브러진 옷들, 부엌 바닥에 널린 깨진 그릇 파편들…. 그러나 무사한 것이 단 하나 있었으니 바로 우리 가족 세 명의 목숨이었다. 정신없는 와중이었지만 일단 사람 목숨이 무사하다는 감격에 우리는 감사 기도를 드렸다. 그리고 몇 분 후, 경식이가 식탁 옆에 달려 있던 사설경비업체 알람을 눌렀다. 한 번도 쓸 일이 없을 거라 생각했던 알람을 누르는 순간, 고요한

밤의 정적을 깨뜨리는 커다란 사이렌 소리가 온 동네로 퍼져 나가기 시작했다.

'혹시 강도들이 사이렌 소리를 듣고 돌아와서 총을 쏘면 어쩌지? 우리 집 열쇠까지 가지고 갔으니 우린 정말 독 안에 든 쥐인데….'

사이렌 소리에 마음이 놓이기는커녕 더 걱정이 되기 시작했다. 알람을 누르면 5분 안에 달려온다는 사설경비업체는 아무리 기다려 봐도 아무런 기척이 없었다. 우리는 결국 옆집에서 전화를 빌려 쓰기 위해 집을 나섰다. 문을 열고 집 밖으로 나갈 때의 그 칠흑 같은 어둠. 이 세상에 우리 셋이 달랑 떨어진 느낌이었고 언제 어디서 강도들이 다시 튀어나올지 모른다는 두려움이 엄습해 왔다. 설상가상으로 대문 앞 스피커폰을 통해 도움을 구했던 첫 번째 집에서는 문전박대를 당했다.

"우리는 전화가 없어요. 옆집에 가 봐요. 제발 가라구요."

'제발'이라는 말이 마음에 꽂혔다. 서럽고 화가 났다. 그쪽 입장에서는 가로등이 없는 길이라 집 안에서 우리의 얼굴이 잘 보이지 않았을 것이고 우리를 수상한 사람들이라 생각했을 수도 있다. 원래 케이프타운에는 집집마다 먹을 것을 구걸하며 다니는 흑인들이 많기 때문에 함부로 문을 열어 주지 않는 습관이 사람들 몸에 배어 있다. 흑인들이 스피커폰을 통해 멸시가 섞인 대답을 듣고 돌아설 때 어떤 기분일지 조금이나마, 아주 조금이나마 이해를 할 수 있을 것 같았다.

우리는 다시 길을 건너 옆집으로 갔고 용기를 내어 벨을 눌렀다. 스피커폰을 통해 우리의 상황을 알리자 이번에는 집 문이 열리면서 인상 좋은 아저씨와 두 아들이 나왔다. 우리가 도둑을 맞았는데 전화를 좀 쓸 수 있겠냐고 부탁을 했더니 대문을 열어 주며 얼른 들어오라고 했다. 너무 고마웠다. 그때의 감격이란…. 그들은 어머니의 찢어진 쇄골 부분을 얼음찜질해 주었고 이웃 주민들까지 불러가며 사설경비업체가 올 때까지 우리와 함께 기다려 줬다.

사설경비업체 차가 도착했다. 이제 정말 살았다는 안도감이 들었다. 사설경비업체 요원들은 우리 집이 사설경비업체 고객 명단에서 빠져 있어 빨리 올 수가 없었다고 했다. 곧 경찰차들과 함께 911 응급차까지 요란한 소리를 내며 달려왔다. 응급대원 중에는 신기하게도 우리 집 전 주인의 딸이 있었는데 자신의 아버지가 이사를 나갈 때 사설경비업체 서비스 연장 신청을 깜빡 한 것 같다며 몇 번이나 사과를 했다. 형사들은 우리에게 일어난 일을 상세히 기록했고 범인들의 몽타주를 받아 갔다. 한마디로 진풍경이었다. 우리 집 식탁에서 내가 남아공의 경찰, 형사들과 함께 무장 강도의 몽타주를 작성하고 있다니….

솔직히 처음엔 흑인 경찰과 눈이 마주칠 때마다 자꾸만 강도들의 얼굴과 오버랩이 되어 기분이 이상했다. 평소에 흑인에 대한 좋은 감정을 가지고 있던 나였지만 이번만큼은 흑인 경찰에게 믿음이 가질 않았다.

'케이프타운엔 흑인 범죄조직이 사방에 깔려 있다던데 경찰도 그중 일원이면 어쩌지?'

경찰들은 우리가 모두 무사한 것이 기적이라며 이런 경우는 처음 봤다고 했다. 강도들이 집을 털 때 적어도 한 명 정도는 죽이거나 크게 때리는데 우리에게는 거의 손도 안 댄 것이나 마찬가지였다. 마지막으로 탐정단이 찾아와서 은빛 가루를 뿌려 강도들의 지문을 채취해 가는 걸로 모든 절차가 끝났다. 새벽 1시가 되어가고 있었다. 나중에 들은 사실이지만 남아공 경찰들은 엄청난 규모의 타운쉽에서 범인들을 잡는다는 게 거의 불가능한 일이기 때문에 처음부터 잡을 욕심을 내지 않고, 설령 범인을 잡는다 해도 넘쳐나는 범죄 건수에 감옥이 모자라 빨리 내보낸다고 했다. 과연 몇 시간에 걸친 사건 접수와 몽타주 작성은 왜 필요한 것이었을까? 알 수가 없는 나라다.

마음 같아서는 당장 짐을 싸서 한국으로 돌아가거나 좀더 안전한 나라에서 gap-year를 보내고 싶었지만 왠지 우리가 남아공을 처음 택하게 된 데에는 그럴 만한 뜻이 있을 것이란 믿음에 케이프타운에 남아 있기로 했다. 한국에 계신 아버지께는 걱정을 끼쳐 드리기 싫어서 한국에 돌아갈 때까지 강도 사건에 대해 일절 말씀 드리지 않았는데 지금 생각해 보면 죄송한 마음뿐이다.

우리가 살고 있던 지역이 갈수록 범죄율이 높아지는 동네라 하여 우리는 바로 다음날부터 새로운 집을 찾아 나섰고 이틀 만에 새집으로 이사를 가게 되었다. '비숍스코트' 라는 동네에 살고 있는 한 아주머니가 자신의 집 2층을 부동산에 월세로 내놓았는데 우리가 완벽한 타이밍으로 불과 몇 시간 후에 그 집을 차지하게 된 것이었다.

비숍스코트는 그 동안 테이블 마운틴을 멀리서 바라볼 때마다 나의 눈을 황홀케 하던 산기슭의 대저택들이 있는 바로 그 동네였다. 남아공의 많은 유명인사들과 영국 귀족들이 이곳에 별장을 가지고 있다고 했다. 우리가 살게 된 집은 아무래도 2층이다 보니 일반 동네와 비슷한 월

세가로 집이 나와 있었고 게다가 1층엔 주인 가족이 함께 살 것이라고 하니 단출한 우리 가족에게는 정말 완벽한 조건이었다. 무엇보다도 비숍스코트는 사설경비업체 차들이 골목마다 상주하고 있어 안전이 보장된다는 점이 가장 마음에 들었다. 물론 사설경비업체 사이렌 소리가 일주일에 한 번 정도씩은 꼭 울려 퍼졌지만 다른 지역에 비하면 그건 아무것도 아니었다. 동네 전체가 마치 국립공원에 들어서 있는 듯 청명한 산내음과 계곡의 물 흐름소리가 남아공에 정이 떨어질 뻔했던 나의 마음을 다시 잡아 주었다.

2004년 9월 18일

인터넷 카페에서 나오면서 Coimbra 빵집에 들려 블루베리 타르트를 사고, Cavendish Mall 안에서 인상이 좋아 보이는 아주머니께 프리지어 꽃 한 다발을 사 왔다. 예전의 일상으로 돌아왔지만 그것을 받아들이는 내 마음의 자세가 달라졌고 더 감사한 마음을 갖게 되었다. 숨쉬고 있음에 감사하고 하루하루를 지낼 수 있음에 감사하다.

우리는 곧 또 한 번의 기적을 체험하게 되는데 새집에 이사간 지 얼마 안 되어 강도들이 훔쳐 갔던 차를 되찾은 것이다. 길거리에 차가 버려져 있다고 신고가 들어와서 가 보니 우리 차였다고 했다. 이번에도 경찰들은 우리에게 일어난 기적에 대해 혀를 내둘렀다. 보통 차를 훔쳐 가면 부품은 모조리 빼내어 암시장에 팔고 몸체는 판잣집 짓는 데 쓴다는데 우린 차 안의 엄마 가디건까지 그대로 남아 있었으니 이보다 큰 감사함이 어디 있겠는가. 남아공에선 특히 동양인들이 범죄의 타깃이 되곤 하는데 그들의 이야기를 들어 보면 우리 집에 들었던 강도들은 비교적 양심이 있는 사람들이었던 것 같다. 특히 보스 눈을 피해 내가 가장 아끼던 추억의 지갑을 돌려준 강도 한 명의 그 여린 눈빛이 계속 마음에 남았다. 살아야 하는데 살길을 찾을 수 없는 삶의 낭떠러지에서 택한 마지막 수단이었을 테니까.

20일 간의 트럭 배낭여행

"준비 됐죠? 하늘이 당신을 기다리고 있습니다. 자, 3,000m 갑니다!"

"전 아직 준비 안 됐는데요. 잠깐만요, 잠깐만요. 아… 아아… 아아아아악!"

눈을 질끈 감고 비명을 지르며 헬리콥터 밖으로 떨어지는 나를 하늘은 포근히 감싸 주었다. 온 세상이 내 품안으로 들어오고 있었고, 난 마치 이 세상에 태어나기 전의 내가 이미 존재했을 저 먼 하늘나라 어디론가 귀향하는 느낌이었다. 하늘을 난다는 게 이런 기분이었구나. 난 200km가 넘는 속도로 자유낙하 중이었는데도 중력의 힘이 전혀 느껴지지 않았고 오히려 거세게 몰아치는 하늘 바람이 복잡한 나의 마음을 깨끗하게 씻어 주는 듯했다. 저 밑에 나미비아의 사막과 대서양이 맞닿아 있는 낭만적인 풍경이 내 마음을 따뜻하게 해 주었다. 난 그렇게 하나의 행복한 꽃송이가 되어 땅으로 내려오고 있었다.

남아공 케이프타운부터 짐바브웨까지 20일 간의 트럭 배낭여행은 나의 gap-year 하이라이트 중 하나였다. 세계 9개국에서 모여든 20명의 젊은이들은 국적, 나이, 직업이 모두 제각각이었지만 아프리카에 대한

나미비아의 창공에서 스카이다이빙.
하늘과 땅, 그리고 내가 하나가 되는 순간이었다.

사랑 하나로 뭉쳐 모두 함께 트럭을 타고 아프리카 대륙의 남쪽을 횡단했다. 3주에 달하는 여행 일정이다 보니 여행 그 자체만큼이나 사람들 간의 관계 또한 중요했는데 이번 기회가 아니었으면 평생 만나지 못했을 다양한 사람들이 모여 서로의 문화와 아이디어를 나누고 우정을 쌓을 수 있어서 더욱 뜻 깊었던 것 같다. 나는 한국에서 놀러 온 고등학교 때 친구 수진이와 함께 동참을 했는데 우리들의 너무나도 특별했던 '스무 살의 아프리카' 모험은 케이프타운 도심에 위치한 '노매드 어드벤처' 오피스에서 그 대망의 막을 올렸다.

노매드 어드벤처는 케이프타운에 소재한 트럭 배낭여행 전문 여행사인데 아프리카이기에 가능한 저렴한 가격에 알찬 여행 스케줄과 가족 같은 분위기를 자랑하며 세계 각국에서 배낭 여행객들을 불러모으고 있었다. 교통편(트럭), 캠핑 텐트 숙박, 하루 세 끼 식사는 제시된 투어비용에 포함되어 있지만 스카이다이빙이나 모래언덕 쿼드바이크와 같은 액티비티는 각자 기호에 맞게 선택하는 옵션제를 실시하고 있었다. 서른살 중반까지라는 나이 제한이 있긴 했으나 우리 팀원 중에는 스페인에서 오신 64세 할아버지도 계셨다. 영어를 한마디도 못하셨지만 전직 군인이라 체력이 좋으셔서 여행 내내 우리 팀의 분위기 메이커가 되어 주셨다. 특히 할아버지는 나와 수진이를 유달리 예뻐해 주셨는데 우리가 서양의 젊은 친구들보다 어른을 대하는 태도가 공손하고 예의바르다며 항상 엄지손가락을 치켜 들어 주시곤 했다.

우리의 여행 코스는 케이프타운에서 시작하여 남아공의 서해안을 끼고 올라가 나미비아의 국경선을 넘고, 나미비아에서 보츠와나로, 마지막으로 보츠와나에서 짐바브웨로 넘어가서 빅토리아 폭포에서 끝난다고 했다. 사실 마음 같아서는 케이프타운에서 이집트의 카이로까지 달리는 최장거리 코스를 밟고 싶었으나 70일이 넘게 걸린다 하여 아쉬움을 달래야 했다.

케이프타운 도심에 위치한 노매드 어드벤처 사무실에 전원 집합한 우리는 먼저 앞으로 3주를 함께할 트럭 '타보'를 만났다. 다운타운의 고층 빌딩들 한가운데에 주차되어 있던 흰색 대형 트럭 타보의 모습이 참 이색적이었다.

뭔가 도심 한가운데서 만나는 아프리카 초원의 느낌이라 할까? 타보는 20명 이상의 사람들을 태우고 아프리카의 거친 돌길을 얼마든지 달

남아공의 아름다운 바닷가 풍경.
하늘과 바다가 나누는 비밀 이야기들을 난 그렇게 그 앞에 앉아 엿듣고 있었다.

릴 수 있는 막강 파워를 자랑했는데 트렁크 뚜껑을 열어 고정시키면 식사 시간에 유용한 테이블로 변신을 하는 만능 트럭이었다. 장거리를 달려야 하는 여행 내내 우리는 타보 안에서 가장 많은 시간을 보낸 것 같다. 아프리칸스어와 영어를 섞어 쓰는 네덜란드계 남아공 운전기사와 여행 가이드는 알고 보니 연인 사이였고 그래서 그런지 자칫 지겨워질 수 있는 장거리 드라이브가 항상 화기애애한 분위기 속에서 진행되었다. 직업이긴 하지만 같이 여행을 하며 밥을 지어 먹고 밤에는 트럭 천장 위에서 함께 은하수를 볼 수 있는 그들의 삶이 아름다워 보였다.

타보 안에서는 매일 다른 사람과 앉아야 한다는 내부 수칙 덕분에 난 새로운 친구들을 많이 만들게 되었는데 가장 기억에 남는 친구는 네덜란드에서 온 교환학생 디디와 영국에서 온 존이었다.

대부분 20대 후반에서 30대의 어른들이었는데 디디와 존은 같은 나이 또래라 좀더 편하게 친해질 수 있었다. 디디는 케이프타운 대학 의대에서 6개월 간에 걸친 연구를 끝내고 네덜란드로 돌아가기 전 마지막 여행으로 노매드 어드벤처를 택했다고 했다. 그리스 조각과 같은 외모와 따뜻한 마음씨에 나와 내 한국 친구는 한동안 '디디 사랑' 에 빠지기도 했다. 우리는 여행을 하는 동안 단 두세 번을 제외하고는 텐트에서 새우잠을 자는 야영생활을 했는데 디디가 나를 위해 텐트용 매트리스를 몰래 들어다 주었을 때, 나는 무한 감동에 빠져 버렸다. 존은 런던에서 온 영국 신사였는데 옥스퍼드에서 물리학을 졸업하고 컨설팅 일을 시작하기 전에 여행을 하러 아프리카에 왔다고 했다. 얼핏 보면 영화 〈노팅힐〉에 나오는 '휴 그랜트…' 가 아니라 그의 룸메이트인 스파이키와 비슷하게 생겼고 항상 재미있는 이야기들로 버스 안에서의 긴 여정을 즐겁게 해 주었다. 존은 키가 굉장히 크고 얼굴이 작아 두루미라는 별명을 지어 주었는데 요즘도 MSN에서 만나면 'Dooroomi' 라고 부르곤 한다.

디디와 존 이외에도 체코에서 온 여섯 명의 술고래 아줌마 아저씨들, 영국 커플 제이미와 케이티, 남아공 출신이자 나처럼 gap-year 중이던 스튜어트, 미국에서 온 오버쟁이 헌트와 점잖은 마크, 스페인 할아버지, 독일에서 온 조용한 합리주의자 아키엠, 여행 가이드가 되기 위해 연습 중이라는 훈련생 요한, 그리고 그 누구보다도 오랜 인연으로 남게 된 한국에서 온 오빠 언니들이 있었다. 자연을 느끼고 싶다는 일념하에 세계 반대편으로부터 오랜 시간을 날아왔을 만큼 모두 마음이 순수하고 따뜻한 사람들이었다. 사실 처음엔 서로간의 서먹함도 많았는데 체코 팀 대장 페트라가 팀 전체에게 지독한 체코 술을 원샷으로 권한 것이 계기가 되어 모두 친해질 수 있었다. 하루 24시간을 20일 간 함께하다 보니 우리만의 유행어가 열 개 정도 탄생했는데 여행이 끝날 무렵 들렀던 어느 소도시에서 이 유행어들이 담긴 단체 티셔츠를 찍어 냈다.

아프리칸스어로 '짱 좋다' 라는 뜻의 '레커' Lekker!와 영화 〈라이온 킹〉에 나오는 유명한 대사인 '하쿠나 마타타' 가 그중 당연 톱 초이스였다. 또한 여행 내내 우리의 테마송이었던 '린 언 미' Lean on Me의 곡명 역시 우리의 유행어가 되었다. 하늘엔 칠흑 같은 어둠 속에 은하수가 쏟아지고, 그 아래로는 땅끝까지 사막이 펼쳐져 있던 아프리카의 이름 모를 그 어딘가에서 우리는 모닥불을 피워 놓고 기타 반주에 맞추어 '린 언 미' 를 불렀다. 세상의 모든 근심거리를 잊어버린 듯 우리들의 얼굴은 행복으로 빛나고 있었다.

인간의 손길이 닿지 않은 대자연 안에서 우리는 연약한 생명체임을 매순간 느꼈다. 소나기가 쏟아질 때는 무작정 맞는 수밖에 없었고, 회오리 바람에 텐트가 날아가 나무에 걸렸을 때에는 날씨가 잠잠해지기만을 초조하게 기다렸다. 나뭇가지에서 겨우겨우 텐트를 빼내왔는데 텐트 안에 물이 빠지질 않아 물 위로 둥둥 떠오르는 매트리스 위에서 잠을 청하며 수진이와 나는 말했다.

"이거 완전 아프리카 버전 물침대인데?"

타보를 타고 아프리카 초원을 끝없이 달리다가 나무 밑에서 자고 있는 사자 무리를 발견했을 때는 제발 단 한 마리라도 잠에서 깨어나 우리

❶ 트럭 배낭여행을 같이했던 사람들과 함께 남회귀선을 지나는 기념으로 단체사진.
❷ 체코 아저씨의 사탕을 받기 위해 조막손을 내밀던 원시족 아이들.
❸ 숲 속에서의 텐트 생활.

나미비아의 '나미브 사막' 의 모래언덕 꼭대기에서 바라본 일출.

를 봐 주길 한없이 기다렸다. 늪지대에서 카누를 타고 가다가 하마의 습격을 피해 육지로 혼비백산 도망도 쳐 보았다. 하마는 귀여운 이미지로 많이 알려져 있는데 사실 아프리카에서 가장 위험한 동물 중 하나라고 했다. 육식성이 아니라 사람을 잡아먹진 않지만 공격을 많이 하기 때문에 인명피해가 많다고 했다.

또한 아무것도 없는 황량한 사막 한가운데에서 살아가는 원주민들을 만났을 때는 인류애라는 것이 뭔지 특별한 반가움과 애잔한 안타까움이 느껴졌다. 아직까지도 원시적인 주술의식을 행하며 세상과 단절되어 살아가는 그들. 체코 아저씨가 주머니에서 사탕 상자를 꺼내자 사탕을 받기 위해 고사리 같은 손을 내밀던 원시족 아이들이 너무 귀여웠다. 알록달록한 색소가 첨가된 사탕과 아이들의 흙 묻은 검은 손이 참 극명한 대조를 이루었다. 우리는 수평선 끝까지 펼쳐진 초원 위를 사슴 떼와 함께 달려 보고 세계에서 가장 높다는 나미브 사막의 모래 언덕 꼭대기에서 일출을 지켜보며 그렇게 아프리카를 느끼고 있었다.

배낭여행 특성상 자유시간이 많이 주어졌는데 외국 사람들은 날씨에 상관없이 물만 보이면 수영복을 입고 나타나 뛰어들었고 잔디밭에 누워서 책을 보거나 나무그늘에 앉아서 세계 정세에 대한 토론을 하는 등 매 순간을 즐기고 있었다. 한국 여행사를 통해 패키지 여행을 떠나 보면 자유시간이 너무 많이 주어졌을 때 불평을 하시는 분들이 많은데 이번 트럭 배낭여행을 통해서 내가 배운 점이 하나 있다면 단조로운 일정을 즐거움으로 승화시킬 수 있는 외국인들의 여유일 것이다. 자연 안에서 스스로 즐거움을 찾아내고, 특별한 이벤트 없이도 자연과 하나됨에서 특별함을 느끼는 그들의 여유로움이 멋졌다.

시계도, 달력도, 아무런 의미를 갖지 못하는 듯한 자연 속에서도 시간은 흘러가고 있었나 보다. 우리는 드디어 여행의 종착지, 빅토리아 폭포에 도착했다. 짐바브웨와 잠비아 공화국의 경계를 흐르는 빅토리아 폭포는 세계 3대 폭포 중 하나이며 멀리서는 치솟는 물보라만 보이고 천지가 개벽하는 듯한 굉음밖에 들리지 않기 때문에 예전부터 현지인들 사이에선 '천둥 소리 나는 연기'라고 불려 왔다고 한다. 워낙 세계적인 관광 명소라 폭포 주변으로 꽤 큰 규모의 타운이 형성되어 있었는데 나미비아에서 스카이다이빙을 하느라 돈을 탕진해 버린 나와 친구는 택시비 1불을 아끼느라 녹초가 될 때까지 전 타운을 걸어 다녔다. 덕분에 북적북적한 길거리의 활기참을 직접 느낄 수 있어 좋았다. 1.5km에 이른다는 빅토리아 폭포의 웅장한 모습은 20일 간의 대장정을 마친 우리들을 향해 팡파르를 울려 주는 듯했다. 공중에서 부서지는 폭포의 물기둥 앞에서 난 아프리카 대륙의 숨겨진 보석들을 하나씩 찾아내는 황홀함에 몸과 마음이 동시에 젖어 갔다.

끝이 날 것 같지 않던 '스무 살의 아프리카' 트럭 배낭여행은 그렇게 서서히 막을 내리고 있었다. 이제 곧 다시 한국, 유럽, 미국으로 흩어지게 될 팀원들과의 마지막 날 밤, 우리는 10년 후를 기약하며 아쉬운 헤어짐의 인사를 나누었다.

"Lekker! 우리 10년 후에 다시 만나는 거에요. 케이프타운의 도심 속에서 우리를 기다리며 서 있을 흰색 트럭을 잊지 말아요."

소중한 추억을 가슴에 묻고 난 다시 케이프타운의 일상으로 돌아갔다.

2. 아프리카를 섬기다

갭이어gap-year를 맞아 남아공으로 행선지를 결정했을 때 사실 난 낭만적인 꿈을 꾸고 있었는지도 모르겠다. 인터넷을 통해 접한 남아공의 모습은 수려한 자연경관, 유럽의 그 어느 도시 못지않게 아름다운 대도시의 풍경, 그리고 이 그 모든 것을 누리며 살아가는 남아공 사람들의 여유로움이었다. 유럽과 다를 바가 없지만 아프리카 대륙에 위치하고 있다는 신비로움까지 더해져 남아공엔 내가 이때까지 한 번도 경험하지 못한 특별한 세계가 펼쳐지고 있을 것이란 환상이 생겼다. 선진국의 발전상과 제3세계의 어려운 모습을 동시에 '편리하게' 체험해 볼 수 있겠다는 약삭빠른 계산도 있었다.

1년 간 봉사활동을 하겠다는 꽤 그럴싸한 계획을 세웠지만 당시 난 '아프리카로 간다'는 아이디어에 도취되어 있었기 때문에 봉사활동 그 자체보다도 활동의 무대가 아프리카라는 사실에 더 큰 의미를 부여하고 있었던 것 같다. '아프리카 봉사활동'이란 타이틀에 철없는 동경을 품고 있었던 것인지도….

이때까지 살아오면서 내가 세상으로부터 받은 선물이 너무 많았기에 gap-year 동안만큼은 세상에 은혜를 갚을 수 있는 일을 하고 싶었는데 나도 모르는 사이에 철저히 나 자신을 위한 계획을 짜고 있었던 것이다.

그럼에도 불구하고 하나님께선 나를 위한 계획을 버리지 않으셨다. 아니, 약한 나를 더욱 강하게 키우시기 위해 남아공에서의 모든 계획을 한 치의 오차도 없이 준비해 놓고 계셨다.

한국을 떠나 케이프타운 공항에 도착하자마자 난 '아프리칸 리더십' 이란 선교단체를 이끌고 계신 엄영흠 선교사님과 우연히 마주치게 되었고 이듬해 남아공을 떠날 때까지 함께 일을 하게 되었다. 1년도 채 안 되는 기간이었지만 난 아프리칸 리더십을 통해 새로운 세상을 보았고 그 곳에 존재하는 수많은 삶의 잣대와 인생관의 충돌을 체험하게 되었다.

물론 남아공이 아프리카에서 가장 경제력이 높은 국가 중 하나인 것은 틀림없는 사실이다. 남아공의 국민총생산GDP이 아프리카 대륙 전체 GDP의 25%를 차지하고 있고, 다가오는 2010년 월드컵 개최지로도 남아공이 선정되었으니 말이다. 두말할 것 없이 '잘사는, 아프리카의 유럽' 이다. 하지만 아파르트헤이트 시절의 경제불균형이 아직까지 남아 있어 흑인의 손으로 정권이 넘어간 뒤에도 인구의 10%에 불과한 백인들에게 경제력이 집중되어 있다. 남아공 전체 주식시장의 흑인 보유 주식이 5%에 불과하고 경영 참여율은 27%이라니(2007년 기준) 흑인들이 얼마나 경제적으로 뒤처져 있는지 알 수 있다. 그리고 뒤처진 경제력만큼 흑인들은 상대적 빈곤, 박탈감에 휩싸여 있었다. 대도시 주변에 사는 흑인일수록 백인들과의 교류가 빈번하다 보니 무의식 중에 '백인들은 우리보다 우월하다' 라는 열등감을 가지게 된다고 했다.

나중에 에티오피아에 갈 기회가 있었는데 그 곳에서 만난 사람들은 경제적인 잣대로 재어 봤을 때 남아공 흑인들과 비교할 수도 없이 열등

한 위치에 있었지만 한 번도 식민지화되지 않은 국가의 흑인으로서 자존심만큼은 훨씬 더 높음을 발견할 수 있었다. 나라는 잘사는데 당장 내일 먹을 것을 걱정해야 하는 남아공 흑인 개개인의 삶이 역사와 경제발전의 모순으로 느껴졌다. 그러나 낙천적인 그들은 자신이 흑인으로 태어났음을 원망하다가도 곧 깊은 조국애를 보여 준다.

"난 우리나라가 자랑스러워요. 아프리카 대륙에 굶어 죽어가는 사람들이 얼마나 많은데. 우린 정말 행복한 거에요."

아프리카에서 세속적인 부와 명예를 모두 버리고 수십 년째 선교활동이나 봉사활동을 해 오고 계신 분들 앞에서 이렇게 나의 짧은 경험담을 책에 쓴다는 것 자체가 무척 부끄럽다. 하지만 나의 글을 통해 행복한 삶에 대해 함께 생각해 봤으면 좋겠다는 바람으로 용기를 내어 글을 쓰게 되었다. 남아공에서 돌아온 지도 벌써 3년이란 세월이 흘렀지만 여전히 가슴 벅차 오르는 그때의 그 작은 순간들을 나누고 싶다.

칼리챠에서 만난 천사들

아프리칸 리더십의 사역들은 케이프타운 도심 외곽에 위치한 타운쉽 중 하나인 칼리챠를 중심으로 이루어지고 있다. 아프리카 '코사Xhosa' 어로 '우리들의 새로운 고향집' 이란 뜻의 칼리챠는 인구 백만에 이르는 거대한 타운쉽이다. 어린아이와 청소년들을 위한 교육, 스포츠, 성경공부의 기회를 제공하고, 지역 주민들의 경제적 자립능력을 키워 주기 위한 직업훈련과 일자리 마련 등의 사역을 담당하며 지역사회의 발전을 돕고 있었다. 남아공은 국민 중 75%가 신교와 천주교이지만 흑인 밀집 구역일수록 토속·무속 신앙이 혼재된 기형적인 모습의 교회를 많이 가지고 있다. 또한 사람들이 하루하루 살아가기에 급하다 보니 믿음은 있어도 공동체적인 신앙생활을 하지 못하는 경우가 많다고 했다. 아프리칸 리더십에서는 신학교 졸업생 배출과 현지인 교회의 설립을 통하여 칼리챠에 바른 신앙을 심어 주고 지역 전체가 믿음의 공동체로 설 수 있도록 힘을 쏟고 있다. 케이프타운에서 1,200km 정도 떨어져 있는 트란스케이 지방을 비롯하여 마다가스카르, 모잠비크, 나미비아 등 남부 아프리카 곳곳에서 아프리칸 리더십의 동역자들이 일을 하고 있었다. 나는 주로 칼리챠에서 학생들을 위한 사역을 도왔고 큰 행사가 있을 때는 선교사님을 따라 트란스케이에 다녀오곤 했다.

2004년 9월

처음으로 칼리챠에 가 보았다. 케이프타운에 도착하여 공항에서 집으로 갈 때 보았던 판자촌의 모습. 고속도로 양 옆으로 끝없이 펼쳐져 있던 판자촌의 모습이 한동안 마음을 심란하게 했는데 오늘 드디어 그 속으로 직접 들어가 보게 된다니 기분이 묘했다. 타운쉽 안에서는 매일 밤 총소리가 들리고 사람들이 죽고 다치는 일이 비일비재하여 흑인들도 두려움에 떨며 살아간다고 했다. 백인들은 타운쉽에 얼씬조차 안 한다고 하니, 결국 자신들이 만들어 놓은 인종차별의 사회구조 속에 스스로 갇혀 버린 것이다. 하지만 지금 이 순간엔 저 멀리 테이블 마운틴이 보이고, 고층빌딩 하나 없이 끝없이 펼쳐져 있는 판잣집들의 모습이 신기할 정도로 고요하고 평화롭게만 느껴졌다.

네다섯 군데의 어린이 교육센터에 들러 물품 공급을 해 주고 신학교에 들러 흑인 스태프들과 인사를 나누었다. 앞으로 함께 일할 사람들이었는데 한결같이 인상이 따뜻했다. […] 현지 교회의 란딜레 목사님과 놈뺄로 사모님 댁에서 저녁식사를 했는데 알고 보니 칼리챠에선 특별한 날에만 먹는다는 양고기 바비큐를 준비해 놓으신 거였다. 우리가 맛있게 먹는 모습을 보고 아이같이 좋아하시던 두 분의 모습에 마음이 뭉클해졌다.

칼리챠의 가정집 모습.
함께 아프리칸 리더쉽에서 일을 했던 럭키의 집인데 문에 낙서되어 있는 듯한 숫자가 이 집의 공식 주소이다.

식사를 끝내고 숙소로 향했다. 칼리챠 지역을 빠져 나가면서 테이블 마운틴이 점점 가까워지고 고속도로 주변 광경이 판자촌에서 부촌으로 변해 갔다. 그야말로 달린 지 채 10분도 안 되어 제3세계에서 제1세계로의 전환이다. 서로 이렇게 가까이 살고 있는데 너무나도 다른 세상을 살아가고 있다. 그런데… 사람이라는 게 참 간사하다. 화려한 도시의 야경을 보며 내가 속한 곳은 칼리챠가 아니라 바로 이곳이란 사실에 다행이라는 안도감이 들었다. 오늘 칼리챠에서 느꼈던 감정들이 스스로를 속이는 위선에 불과했다는 생각에 한없이 미안해졌다. 내가 그 동안 보아 온 케이프타운의 럭셔리한 모습과 오늘 처음으로 만나 본 칼리챠 사람들의 삶의 모습이 비교되면서 나도 모르게 눈물이 나기 시작했다. 죄책감이 들었다. 처음 보는 나를 천진난만한 얼굴로 따라다니던 칼리챠 아이들의 얼굴이 자꾸만 떠올랐다.

이렇게 복잡했던 첫날의 마음상태는 시간이 지나면서 조금씩 '덜' 복

칼리챠 빈민가 원거리 모습.
아무런 꿈도 희망도 없을 것만 같이 보이던 칼리챠가 어느 순간부터 아름답게 보이기 시작했다.

잡해졌는데 칼리챠 사람들과 친분을 쌓아 가면서 이 사람들을 흑인 빈민촌의 '그들'이 아닌 나와 너와 같은 평범한 개개인으로 여길 수 있게 되었기 때문이다. 유치원생 딸이 아프리칸 리더십 유치원에서 졸업을 한다고 미장원에서 머리를 손질해 오시고 꼬박꼬박 모아 두었던 돈으로 딸에게 생애 최고의 드레스를 입혀 주시는 어머니에게서 헌신적인 사랑을 보았다. 내일 자신의 여자친구에게 프로포즈할 것이라며 한껏 들떠 있는 예비 새신랑의 행복한 얼굴과, 할머니가 많이 아프셔서 트란스케이로 찾아뵈어야 한다던 가족들의 모습을 보며 그들에게도 우리와 같은 희로애락의 '일상'이 있다는 사실을 깨닫게 되었다. 다 같은 사람인데 너무나도 당연한 것 아니겠냐만 그 동안 외부인으로서 칼리챠의 암울한 분위기에 압도되어 미처 인식하지 못하고 있던 사실이었다. '살인과 강간의 소굴', '외부인 출입금지 지역', '에이즈 위험지역' 등으로 통용되는 칼리챠의 사회적 인식에 눈과 귀가 멀어 그 속에서 살아가고 있는 사람들의 평범한 일상을 인지하지 못했던 것이다.

현지 주일학교 선생님들을 위해 1년 간의 커리큘럼을 만들고 정기적인 세미나를 개최했지만 아무래도 직접 학생들을 만나는 것만큼 행복한 일은 없었던 것 같다. 쓰레기통에 버려져 있는 장난감을 주워 와서 놀고 축구공 살 돈이 없어 신문지로 만든 공을 차고 노는 아이들은, 그러나 아직 칼리챠 밖의 세상을 알지 못하여 어른들과 달리 해맑기만 한 천사들이었다.

양철로 지어진 유치원 빌딩을 한창 페인트로 칠하고 있는데 아이들이 너도나도 몰려와 난 결국 한 명씩 차례로 돌아가며 칠을 하게 해 주었다. 한참 후, 아이들의 손에 페인트가 잔뜩 묻어 수도가로 데리고 가 물을 틀어 주었는데 아이들은 고사리 같은 손으로 내 손을 먼저 씻어 주기 시작했다. 조금 남아 있는 비누까지 묻혀 가며 열심히 씻어 주었다. 예수님께서 제자들의 발을 씻겨 주시던 그 마음을 칼리챠의 아이들에게서 느낄 수 있었다.

태양이 세상을 삼켜 버린 듯 더웠던 어느 날, 에어컨이나 선풍기는 꿈도 꿀 수 없는 칼리챠의 유치원에서 아이들과 함께 땀 범벅이 된 채로 노래와 율동을 하고 있는데 한 남자아이가 쫓아 나갔다가 한참 후에 슬며시 돌아왔다.

"야, 너 그렇게 말도 없이 나갔다 오면 걱정하잖아. 어디 갔다 왔어?"

아이는 아무 말 없이 내 손에 작은 비닐봉지를 쥐어 주었다. 그 속에는 어디서 났는지 차가운 얼음 조각들이 가득 들어 있었다.

남아공에서의 1년이 끝나가던 어느 날, 여느 때와 마찬가지로 목사님을 도와 아이들과 예배를 드리고 있는데 두 명의 말괄량이 여자아이들이 잠깐만 나갔다 오게 해 달라고 부탁을 했다. 평소에도 예배시간에 도망가기 바빴던 아이들이었던지라 처음엔 안 된다고 했다.

"선생님 이제 곧 한국 돌아가잖아. 마지막 예배인데 우리 같이 드리자, 응?"

"진짜, 진짜 급해서 그래요. 진짜로 돌아올게요. 약속! 믿어 주세요~~~"

어쩌면 이 아이들에게는 그 어떤 것보다도 자신들을 믿어 주는 누군가가 있다는 사실이 더 중요할지도 모른다는 생각이 들었다. 칼리챠에는 부모님의 사랑을 받지 못하고 방치되는 아이들이 많기 때문에 아이들에게 절대적 믿음을 보여 주고 싶었다.

잠시 후, 솔직히 돌아오지 않을 거라 생각했던 아이들이 교회당에 다시 나타났다. 각자 손에 사탕을 두 알씩 움켜쥐고 너무나도 행복한 표정으로 걸어 들어오고 있었다. 아침부터 동전을 보고, 또 보고 하더니 상점엘 다녀왔나 보다. 그런데 아이들이 나를 보자마자 저마다 사탕 한 알씩을 주는 것이 아닌가? 우리에겐 아무것도 아닐지 모르는 사탕이지만 이 아이들에겐 가지고 있는 전재산인데 말이다. 각박한 현실 속에서 나누는 데 인색해져 버린 칼리챠의 사람들에게서, 그것도 어른이 아닌 꼬마 아이들에게서 다른 사람과 나눌 수 있는 마음이 생겨나고 있다는 사실이 감사했다.

"선생님이 먼저 우리 나가게 해 줬잖아요. 도망가려다가 선생님 생각나서 사탕사서 돌아왔어요. 헤헤."

2004년 10월

오늘은 칼리챠에서의 첫 '전도 심방' 날이었는데 솔직히 말해서 처음엔 정말 하기가 싫었다. 부끄러운 고백이다. 성격상 누굴 교회에 끌고 나간다거나 그러질 못했던 나는 태어나서 한 번도 전도를 해본 적이 없었다. 결국 하나님께서 역사하셔야지 아무리 사람이 전도를 해본들 무슨 효과가 있겠냐고 어줍잖은 혼자만의 논리도 가지고 있었다. 무엇보다도 나 자신이 성경에 대해 완벽히 알지 못하는데 오히려 사람들에게 나쁜 영향을 주면 어쩌나 하는 걱정이 앞섰다. 내가 과연 이방인의 땅에서 이방인을 상대로 전도를 할 수 있을까? 하나님께 나의 입술과, 나의 지혜와 함께 해 달라고 기도했다. 내 능력으로는 할 수 없는 일이기에.

[…] 보브라는 이름의 청년이 기억에 남는다. 나이는 20대 초반에서 중반이었는데 집에 들어가니 술과 함께 아침 식사를 하고 있었다. 제법 오디오도 있고 소파도 있는 갖추어진 집이었다. 보브는 동네에 교회당을 지을 땐 열심히 도왔지만 그 이후로는 한 번도 교회에 나간 적이 없다고 했다. 이야기를 나누는데 귀찮은 표정이 역력해서 미안했다. 마지막에 손을 잡고 기도를 했는데 눈을 떠 보니 작은 기적이 일어나고 있었다. 짜증이 섞여 있던 보브의 얼굴에는 놀라움이 차 있었고 입에서는 "와우"라는 작은 탄성소리가 튀어나왔다. 이번 주부터는 꼭 교회에 나가겠다고 했다.

아프리칸 리더쉽의 '아동 및 청소년 사역'을 도우며 만났던 아이들. 내 평생 잊지 못할 칼리차의 천사들.

11월 초의 어느 날

날씨가 급격히 추워졌다. 오늘은 툴라니라는 흑인 스태프와 함께 그룹이 되어 아프리칸 리더십의 '대출과 비즈니스 훈련' 프로그램을 홍보하기 위해 나갔다. 흑인들의 자존심을 위해 '대출'이란 단어를 쓸 뿐 사실 돈을 되돌려 받지 않는다고 했다. 특히 흑인 아주머니들이 많은 관심을 보였다. 돈이 없어서 작은 행상조차 시작하지 못하는 칼리챠 사람들에게 조금이나마 희망이 되었으면 좋겠다. 저들에게 기회라도 평등하게 주어지면 좋겠다. 기회가 없다는 것만큼 공평하지 못한 것도 없으니 말이다.

같이 다니던 툴라니는 오늘 처음 만난 청년인데 24살이고 눈을 가로지르는 큰 상처로 한쪽 눈은 쓰질 못했다. 그는 한때 범죄조직에 소속되어 있었고 상처도 경찰을 피해 도망가던 중 차가 구르는 바람에 얻은 것이라고 했다. 내 옆에 수줍은 미소를 짓고 있는 이 사람이 전직 강도라니. 누구나 다 하루아침에 범죄자가 될 수 있고, 난투극의 피해자가 될 수 있고, 총에 맞아 죽는 일이 일상사인 칼리챠이다.

비바람에 부들부들 떨면서 디그니티라는 청년의 집에 들어갔는데 그는 집안에서 작은 모닥불을 피워 놓고 몸을 녹이고 있다가 우리를 따뜻하게 맞이해 주었다. 문득 벽에 걸려 있는 액자가 눈에 들어왔다. 액자 안에는 '우리가 조금밖에 가지지 못한 것은 하나님의 선물입니다'라는 글귀가 아프리카 지도 위에 수놓아져 있었다. 디그니티는 칼리챠가 가난하기 때문에 하나님께 의지할 수 있다며, 그게 바로 하나님의 큰 선물 아니겠냐고 했다. 기도를 마치자 그의 눈에 눈물이 맺혀 있었고 하나님 안에서 우리가 완벽하게 교류했음을 느낄 수 있었다. 집을 나서는데 디그니티가 집 밖까지 배웅을 나오면서 우리의 이름을 다시 한 번 물어 왔다. 우리가 이 사람의 삶에 조금이나마 힘이 되어 줬으면 좋겠다고 진심으로 바랬다.

[…] 오늘의 방문 전도가 끝나고 훈도 목사님의 교회로 가는 길에 테이블 마운틴이 보였다. 그 동안 정신없이 지내다 보니 주위를 둘러볼 새가 없었는데 오늘따라 산으로 눈이 간다. 칼리챠의 무수히 많은 판잣집

들 너머로 저 멀리 희미하게 보이는 산. 바로 저 산기슭에 우리 집이 있다는 사실이 기분을 묘하게 했다. 세상을 누리며 살아가는 '산' 사람들도, 이곳 '평지' 사람들도 같은 산을 바라보며 살아간다. 같은 산을 마음에 담았지만 다른 삶을 산다. '사회정의'라는 게 도대체 무엇일까? 우리 힘으로 어떻게 할 수 있는 게 아니라 답이 안 나온다.

2004년 12월

지난번에 툴라니와 함께 아픈 발을 위해 기도했던 할머니 집에 갔다. 나와 나이가 같다는 예쁜 손녀딸과 할머니가 소파에 앉아 있었다. 와! 지난번엔 몸을 가누기도 힘들어 하셨던 할머니인데 놀라울 정도로 건강해지셨다. 우리를 기억해 주시는 것이 고마웠다. 현재 고등학생이고 나중에 꼭 사업가가 되어 돈을 많이 벌고 싶다는 손녀딸과도 친해졌는데 언제 창업을 할 거냐고 장난스레 묻자 대학교도 남아 있고 하니 4년 이상은 걸릴 것이라는 진지한 대답이 돌아왔다. 칼리챠에서 대학을 가겠다는 꿈을 가진 소녀를 처음 만난 터라 반가우면서도 걱정이 되었다. 소녀의 꿈이 현실에 의해 좌절되지 않도록 기도했다. 헤어지기 전에 우리는 서로 주소를 주고받았다.

Thembakazi Wani
B824A Site C, Khayelitsha, Cape Town 7784
phone: 0834355061

그런데 난 케이프타운의 우리 집 주소를 알려 줄 수가 없었다. 그녀를 못 믿어서가 아니라 어떻게 연결되어 있을지 모르는 이곳 사정 때문이었다. 우리에게 차를 팔았던 영업원이 우리 집 강도사건의 배후인물일지도 모른다고 하니… 그 이후론 매사에 조심스러워졌다. 그녀의 진심을 속이는 것 같아 너무 미안했지만 난 한국의 집 주소를 적어 줄 수밖에 없었다. 난 그녀의 주소가 적힌 종이를 소중히 가방 안에 넣었다.

시간이 지날수록 나의 얼굴을 기억해 주는 칼리챠의 사람들이 하나 둘 늘어났다. 아이들이 나의 품으로 달려와 안길 때의 그 행복함을 잊을 수가 없다. 칼리챠의 희망 없이 무기력한 분위기도, 말라깽이 개들이 먹을 것을 찾아 유령처럼 길거리를 배회하는 모습도 점점 익숙해 갔다. 판잣집 안의 쾌쾌한 냄새도 정답게 느껴질 정도로 난 그렇게 칼리챠에 정이 들고 있었다.

트란스케이 – "We are friends!"

'케이강 너머의 지역' 이라는 뜻의 트란스케이는 과거 남아공 정부가 분리발전 정책을 추진하면서 흑인들을 종족별로 집단 이주시켰던 10개의 '홈랜드' 중 하나였다. '반투 홈랜드 정책' 이라 불리던 이 정책의 목적은 각 홈랜드를 명목뿐인 독립국으로 인정해 주는 대신 흑인들의 남아공 시민권을 박탈하여 경제적으로 백인들에게 의존할 수밖에 없는 외국 노동자로 취급하려는 것이었다. 남아공 각지에 살고 있던 코사족은 개발의 불모지였던 트란스케이로 배치되었고 많은 사람들이 생계수단을 잃고 굶어 죽어갔다. 당시 케이프타운과 같은 대도시 주변에는 홈랜드로부터 일자리를 찾아 밀려 들어오는 불법, 합법 노동자들이 늘어나면서 흑인 밀집지역인 타운쉽이 생겨났다고 한다. 나는 아프리칸 리더십을 통하여 트란스케이에 단기 선교여행을 다녀올 기회가 몇 차례 있었는데 매번 트란스케이의 사람들과 사랑에 빠졌고 그 곳을 내 마음의 고향으로 삼게 되었다.

2004년 10월

저녁 9시경에 케이프타운을 출발했던 버스가 쉬지 않고 달려 아침 8시에 트란스케이에 도착했다. 차창 너머로 끝없이 이어지는 산봉우리들과 곳곳에 세워져 있는 오두막집의 이국적인 모습에 역사를 거슬러 올라가는 느낌이었다. 이제 한동안 시골에 들어가 있을 예정이라 미리 장을 보기 위해 트란스케이에선 꽤 큰 도시라는 앙코보에 내렸다. 길거리에서 백인을 한 명도 찾아볼 수 없으니 이런 곳에선 차라리 흑인들이 열등감 없이 행복하게 살아갈 수 있겠다는 생각이 들었다.

우리는 Spar라는 슈퍼마켓에 갔는데 체인점임에도 불구하고 케이프타운의 Spar와는 너무나도 다른 모습에 충격을 받았다. 잔뜩 녹이 슬어서 무너져 내릴 것만 같은 간이 진열대 위에 '가족들을 잘 먹이세요' 라는 슬로건을 건 옥수수 가루 포대기들이 쌓여 있었다. 칼리챠에서만 볼 수 있었던 싸구려 초록색 비누가 덩어리째 쌓여 있었다. 웬 석유통인가 하고 보니 듣도 보도 못한 회사의 대용량 캔 수프였다. 아파르트헤이트 시절에 트란스케이에서 30년이 넘게 살았다는 아프리칸 리더십 현지 스태프, 마마 유니스가 회상에 젖은 듯이 말했다.

"저런 걸 아직도 팔다니… 꼭 질 좋은 수프랑 같이 섞어 먹어야 해."

장 보는 내내 머리가 복잡했다. 현 흑인정권은 무조건적으로 '백인기업' 보다는 '흑인기업' 에 개발 우선권을 주고 있다고 한다. 흑인들이 지난 몇 백 년 간 백인들에게 짓눌려 살았던 것을 생각하면 당연한 처사이겠지만 분풀이가 더해진 이런 자존심 게임이 오히려 남아공을 경제적으로 후퇴시키고 있는 게 아닐까? 내가 이런 의문을 품는 것 자체가 흑인이 열등함을 전제로 하는 인종차별적인 행위일까?

옥수수 가루, 설탕, 밀가루, 잼, 마요네즈, 콩, 닭고기, 현지 아이들에게 줄 과자, 소금, 양초, 성냥, 휴지, 부탄가스를 샀다. 참, Spar에서 우리가 며칠 간 묵게 될 산투비 지역의 추장님과 마주쳤다. 추장의 관할 마을에서 묵으려면 먼저 인사를 올리는 게 관례라고 했다.

산투비는 산등성이에 위치한 전형적인 트란스케이의 시골마을이었다. 언덕마다 양떼들이 한가롭게 풀을 뜯어먹고 있었고, '가진 자'의 상징인 소떼가 우르르 몰려다니며 어린 아이들을 놀라게 했다. 먹을 것을 찾아 쏘다니는 돼지들을 쫓느라 아주머니들은 항상 나뭇가지를 들고 다녔다. 칼리챠와는 굉장히 다른 분위기의 자연과 삶의 모습이 진행되고 있었다. 전기는 꿈을 꿀 수도 없었고 수돗물이 없어 매일 아침저녁으로 산골짜기의 계곡에 내려가 마실 물을 떠 왔다. 우기에 받아 놓은 빗물로 세수를 했고 빗물마저 떨어졌을 때는 계곡으로 내려갔다. 번듯한 화장실이 없어 모든 걸 '알아서' 해결해야 했다. 산투비 동네 아주머니들은 우리를 위해 오두막집을 새로 도배해 놓았는데 이곳에서 말하는 도배란 바로 '쇠똥'을 바르는 것이었다. 아직 마르지 않은 듯한 쇠똥의 축축함과 지독한 냄새에서 마을 주민들의 따뜻한 인심이 느껴져 몇 번이나 고맙다고 했다.

이른 새벽부터 아침을 준비하고 계신 트란스케이의 아주머니들.

우리는 아침부터 오후 늦게까지 전도 심방을 다녔는데 워낙 오두막집들이 산등성이 위에 듬성듬성 퍼져 있어 가정집 하나를 방문하기 위해선 적어도 한 시간에 걸쳐 산을 오르내려야 했다. 칼리챠에서는 대부분의 사람들이 기본적인 신앙심을 가지고 있었기 때문에 전도하기가 비교적 쉬웠는데 세상과 단절된 산투비에는 하나님에 대해 한 번도 들어본 적도 없는 사람들이 많다고 해서 걱정이 되었다.

가진 것 하나 없이 자연과 더불어 살아가는 이들에게 '원죄', '독생자 예수'와 같은 성경 말씀이 어떤 의미를 가질 수 있을까. 하나님이 누군지도 모르는 사람들에게 '당신은 하나님의 귀한 자녀'라고 말을 하면 비웃지나 않을까. 우리를 멍하니 쳐다보고 있는 사람들의 얼굴을 볼수록 나의 의심은 커져만 갔다. 하나님을 알리고 싶은데 이곳에선 신앙이 사치로 느껴진다.

산투비를 떠나기 전날 밤, 우리는 마지막 예배를 드렸는데 폭풍우에도 불구하고 많은 주민들과 아이들이 와 주었다. 그 동안 전도를 하면서 지나쳤던 사람들의 얼굴을 보자 마음속 깊은 곳에서 뭔가 뜨거운 것이 올라왔다. 그랬다. 우리는 복음의 전달 수단일 뿐 인간의 능력과 의심을 뛰어넘는 하나님의 사랑은 이곳 사람들 개개인의 마음을 어루만지고 계셨던 것이다. 하나님께선 인류를 위한 계획을 가지고 계신다. 난 그냥 나에게 맡겨진 일을 묵묵히 해 나가면 된다.

처음에 트란스케이에 왔을 땐, 이런 곳에서 어떻게 사람들이 살아가나 싶었다. 남자들이 대도시로 나가고 노인, 여자, 아이들만 남은 오두막집 안에서 닭, 돼지들과 함께 지내고, 전기가 없어 옥수수 죽 끓이는데 하루의 거의 모든 시간을 소비하는 이곳 사람들에게 하루, 1년, 10년이란 세월은 아무런 의미가 없을 것 같았다. 인생의 목표가 없으니 목표

트란스케이에서 봉사활동 중 한 컷.
트란스케이의 아이들에겐 이 하찮은 색종이 한 장, 크레파스 한 개조차 평생 누려 보지 못했을 사치였으리라. 하지만 그들이 뿜어내던 그 한없이 순수하고 따뜻한 마음들은 우리의 물질적 사치를 오히려 하찮게 만드는 듯했다.

를 이루는 데서 오는 행복을 모르리라. 특별한 삶의 비교대상이 없으니 불행 또한 알지 못하리라.

하지만 트란스케이의 여러 마을들을 돌아다니면서 더 많은 사람들과 함께 시간을 보낼수록 그러한 나의 생각들이 얼마나 어리석었는지를 깨닫게 되었다. 우리에게 익숙한 세상의 기준으로 이곳 사람들의 삶의 질을 재려고 했던 나의 모습이 오히려 오만하고 편협해 보였다. 이들은 우리처럼 인생의 목표를 향해 정신없이 뛰기보다 매순간의 삶에 충실하고 있었다. 우리에겐 참을 수 없이 단조로워 보이는 트란스케이의 일상도 이들에겐 행복의 원천이 아닐까 하는 생각이 들었다. 우리가 인생에 있어 궁극적으로 추구하고자 하는 삶의 평화와 행복을 이들은 이미 생활 속에서 즐기고 있는지도 모르겠다. 인생을 살아가는 방법에는 정답이 없다. 어떤 방법을 취하든 그 안에서 나만의 행복을 찾을 수 있으니까.

어느덧 트란스케이에서의 마지막 날이 왔다. 함께 일했던 단기선교팀, 마마 유니스, 글로리아, 럭키, 현지 목사님들, 그리고 나는 오두막집에 모여 앉아 정리회의를 했다. 촛불 하나를 가운데 두고 서로 돌아가며 마음속 이야기를 나누는 시간이었다. 목사님들께선 우리에게 이 먼 곳까지 와 줘서 고맙다고 하셨다. 언어와 인종을 넘어서서 친할아버지들처럼 느껴졌던 목사님들의 따뜻한 미소를 가슴속 깊이 간직했다. 곧이어 마마 유니스의 차례가 되었다. 서양식 사고방식에 익숙한 단기선교팀원들이 평소 현지 목사님들의 가부장적인 모습을 못마땅하게 여겼음을 잘 아는 마마였다.

"나와 여기 트란스케이 사람들은 여러분이 불편한 점 없이 지낼 수 있도록 노력을 많이 했지만 만약 마음 상하게 했던 말이나 행동들이 있었다면 본의가 아니었음을 꼭 알아주어요. 진심으로 미안합니다. 그리고 고맙습니다."

'외부인' 이라는 명분 아래 현지 분들의 신경만 더 쓰게 해 드린 것 같아 안 그래도 죄송하던 참인데 마마 유니스의 미안해 하시는 모습을 보니 민망함에 고개를 들 수가 없었다. 하늘같이 넓은 그들의 마음씨에 이제껏 애써 참아 왔던 눈물이 쏟아지기 시작했다. 지금 내 앞에 앉아 있는 코사 어른들을 난 한없이 사랑하고 존경하게 되었는데 이 밤이 지나고 케이프타운으로 돌아가면 그들을 더 이상 존경의 대상이 아닌 '흑인'으로밖에 볼 수 없다는 생각에 나는 한없이 슬퍼졌다. 아직 세상의 시선 앞에서 내 진심을 지킬 용기가 없었던 난 더 많이 슬펐던 것 같다.

우리는 이제 트란스케이를 떠나지만 이 사람들은 평생을 이곳에서 살아간다. 아이들이 청년이 되고, 어른이 되고, 노인이 될 때까지 이곳은 지금 모습 그대로 남아 있을 것이다. "We are friends now(우린 이제 친구에요)"라고 외치며 우리 차를 따라오는 주일학교 아이들을 뒤로 한 채 달렸다. 안녕, 천국의 모습을 간직한 마을이여.

에티오피아 원시족.

"We are friends now!"

트란스케이의 전형적인 오두막형 집들.

젊음의 태동

1. 수업 종이 땡땡땡

"소라, 이제 진짜 한국 가는 거에요? 좀만 더 일찍 돌아오면 안 돼요?"

비행기 시간 늦겠다고 호통을 치는 콜택시 아저씨의 전화를 몇 번이나 받으면서도 난 그렇게 버나드와 아쉬운 작별 인사를 나누고 있었다. 45세의 버나드는 내가 살고 있는 상급생 기숙사 '아담스 하우스'의 관리인인데 짐바브웨 출신다운 낙천적인 성격과 따뜻한 마음씨로 기숙사 학생들의 사랑을 한 몸에 받고 있다. 학생들에게 배달되어 오는 편지와 소포들은 언제나 그의 손을 거치고, 기숙사에서 매일 밤 10시에 열리는 일종의 야식 타임인 '브레인 브레이크'도 그가 관리한다. 보이지 않는 기숙사의 권력자인 셈이다. 버나드는 주로 저녁이나 야간 업무를 보기 때문에 야행성인 나와 마주칠 일이 많았고 자연스럽게 친해지게 되었다. 나에게 종종 자신의 고향 이야기를 해 줬고, 늦깎이지만 꼭 훌륭한 의사가 되어 짐바브웨로 돌아가겠다는 포부도 말해 주었다. 파트타임으로 의대에 다니고 있다는 그는 틈만 나면 의학 전문서적에 코를 박는데 그 열심인 모습이 우리에게 큰 자극제이자 힘이 되어 준다.

하버드엔 이렇게 따뜻한 사람들이 곳곳에 숨어 있다. 다소 무겁고 냉철한 학교 이미지 때문에 하버드엔 성격 안 좋은 사이코들만 우글거린다는 루머도 있는데 내가 지난 3년 간 학교생활을 해 오면서 내린 결론은 하버드엔 '어수룩한 천재들' 이나 '성격 좋은 평범한 학생들' 이 많다는 것이다. 자유분방한 20대답게 모두 놀기 좋아하고 때때론 게으름도 피지만 그만큼, 아니 그보다 더 많이 '배움' 을 갈망하고 사랑하는 학생들이다. 하버드 캠퍼스에는 유난히도 많은 한국 관광객 분들이 찾아오는데 가끔 주위를 둘러보며 이런 말씀들을 하신다.

"야, 저기 가는 재는 하버드생 아닌 거 같지?"

그분들의 눈을 따라가 보면 힙합 패션에 모자를 거꾸로 뒤집어쓴 거구의 흑인 학생이나 온몸에 피어싱을 하고 머리를 삭발한 백인 학생 등 전형적인 '하버드생' 의 모습과는 다소 동떨어진 학생들이 지목되어 있다. 사실 그런 다양한 학생들의 모습이 21세기 하버드의 진정한 모습이다. 학생들이 서로의 장점을 배우고 부족한 점을 채워 가며 상호작용을 한다는 점이 내가 생각하는 하버드의 가장 큰 강점인 것 같다.

국내에도 잘 알려진 대학인 만큼 하버드에 관한 일반적인 정보는 인터넷이나 책자를 통해 손쉽게 구할 수가 있다. 가끔은 학부 학생인 나보다도 하버드의 역사나 행정에 대해 더 자세히 알고 계신 분들이 있을 정도니 말이다. 그래서 난 하버드의 그 위풍당당한 풍채를 다시 한 번 설명하기보다는 그 안에서 일상을 살아가는 학생들의 모습을 담아 보려고 한다. 하버드의 상징인 '크림슨' 빛깔로 아름답게 물들어 가는 그 젊음의 모습을….

죽여 주던 신입생 오리엔테이션

2005년 9월 4일, 난 드디어 하버드행 비행기에 올라탔다. 나는 신입생 오리엔테이션 참가를 위해 개학 전 '신입생 주'가 시작되는 날짜보다도 약 일주일 먼저 학교에 도착해야 했다. 그때 나의 솔직한 심정은 매도 먼저 맞는 게 낫다고 작년에 입학한 08학번 동기 친구들이 부러웠다. 졸업하는 해를 학번으로 따지는 미국 학교들의 관례상 나는 08학번으로 입학을 하였지만 갭이어gap-year를 하는 바람에 파릇파릇한 09학번 신입생이 되어 있었다. 원래 걱정을 하지 않는 성격이건만 나는 앞으로 펼쳐질 하버드 생활에 대한 긴장이 되었다. 갭이어를 통해 교실에선 배울 수 없는 더 큰 세상을 만나고 왔다는 자신감이 있었지만 미국 대학생활을 단 한 번 연습해 볼 기회도 없이 하버드라는 실전에 들어가야 한다는 사실이 오묘한 스릴감을 안겨 주었다.

> '정말 하버드는 그 이름값을 할까? 예전에 누군가가 말했듯이 나도 2~3년 후에는 지금과 놀랍도록 달라진 모습으로 하버드행 비행기를 타고 있을까?'

동시에 내 마음속 한 켠엔 하버드가 세상과 동떨어진 우물 안 개구리와 다를 바가 없다는 생각이 들고 있었다. 지난 1년 간 보아 온 세상은 아이비리그의 고귀한 순수학문적 접근이 아니라 실질적인 도움의 손길을 기다리고 있었는데 하버드에서 최고의 지성들과 경쟁을 하며 세계 일류를 꿈꾼다는 사실 자체가 덧없이 느껴졌다. 그렇게 아직 아프리카의 여운에서 벗어나지 못한 신입생은 만감이 교차하는 가운데 하버드에

첫발을 내딛게 되었다.

하버드는 신입생들을 위해 매년 네 종류의 오리엔테이션 프로그램* 을 제공하는데 나는 일주일 동안 보스턴에서 봉사활동을 하고 각종 사회문제를 접해 본다는 취지의 'First-Year Urban ProgramFUP' 을 선택했다. 에세이를 세 편 써 내야 하는 지원 절차가 나름대로 까다로웠고, 생산적인 토론시간을 위해 방학 동안 FUP에서 자체 제작한 교재를 읽어 와야 하는 등 시작부터 범상치 않았던 프로그램인지라 많은 기대를 하고 있었는데 난 FUP의 첫날 일정이 거의 끝나가던 저녁에야 비로소 하버드에 입성할 수 있었다. 비행기가 줄줄이 연착되었고, 가방이 없어졌고, 나를 마중 나오기로 한 분이 핸드폰을 안 갖고 계셔서 장시간 동안 연락두절 상태가 되어 버렸다. 아직 개학 전이긴 해도 하버드에서의 첫날인데 된통 지각을 하게 되어 찜찜한 마음으로 일주일 간 임시로 묵게 될 기숙사에 짐을 풀었다.

지친 몸을 이끌고 오리엔테이션 장소에 들어서는데 갑자기 누군가가 내 이름을 크게 외치며 달려와 끌어안아 준다. 내가 배정된 조의 조장인 3학년 로리와 4학년 앤드류란다. 주위를 돌아보니 첫날인데도 불구하고 벌써 신입생들끼리 화기애애하게 이야기 꽃을 피우고 있었다. 우린 당시 '유니루' 라는 학교 근처의 노숙자 수용시설에서 첫날 일정을 진행하고 있었는데 시설 곳곳에 마련된 침대 위를 껑충껑충 뛰어다니며 놀고 있는 학생들의 모습이 신기해서 한참을 구경했을 정도이다. 마치 시끌벅적한 시골 장터에 온 듯한 느낌에 다소 경직되어 있던 내 마음이 서서히 풀리기 시작했다.

중국에서 온 여학생과 함께 FUP의 유일한 외국 유학생 참가자였던 나를 미국 친구들은 더욱더 따뜻하게 맞이해 주었다. 나의 하버드에 대한 첫인상은 차가움이 아닌 '활기 넘치는' 따뜻함이었다.

FUP은 90명의 하버드 신입생들과 30명 가량의 상급생 리더들로 이루어져 있었다. 10개의 '봉사 조'로 나뉘어진 신입생들은 조별로 보스턴 각 지역의 봉사단체에서 일을 하게 되었는데 로리와 앤드류를 앞세운 우리 조는 록스베리 지역에 위치한 '허쏜 학생문화회관HYCC'을 맡았다. 보스턴에서 가장 위험한 지역 중 하나인 록스베리는 지역 주민의 87%가 흑인과 히스패닉으로 구성되어 있을 정도로 소수인종 밀집도가 높았는데 HYCC에선 혜택받지 못한 지역사회의 아이들을 위해 방과후 프로그램과 상담시스템을 운영하고 있었다. 우리의 임무는 아이들의 숙제를 도와주고, HYCC 대표인 샘 할머니를 도와 회관 앞뒤의 잔디밭을 가꾸고, 어질러진 회관을 정리하는 것이었다. 특히 뭐든지 버리기를 싫어하시는 샘 할머니의 고집 때문에 회관 내부는 온갖 잡동사니들로 가득 차 걸어 다닐 틈조차 없었는데 우리는 샘 할머니를 열심히 설득하며 물건들을 버려 나가기 시작했다.

샘 할머니의 '골동품' 중에는 한국전쟁 당시 미국에서 편찬되었던 연감도 있었는데 한국의 50년대 흑백사진과 함께 한창 전쟁 중인 한반도 실정에 대한 설명이 나와 있어 감회가 새로웠다.

HYCC에서 봉사활동을 하며 많은 깨달음을 얻었지만 무엇보다도 나에게 가장 인상적으로 다가왔던 것은 조원들의 사회문제에 대한 지식과 열정이었다. 하버드에서 록스베리까지 오가는 지하철 안에서도, 땅콩잼 샌드위치로 점심을 때울 때에도 그들은 대도시의 인종 갈등 문제와 세계적으로 나타나고 있는 부익부 빈익빈 현상 등을 논했다. 누가 시켜서

가 아니라, 그냥 그렇게 시간만 나면 열띤 토론의 장을 폈다.

HYCC에서 봉사활동을 끝내고 하버드로 돌아오면 매일 저녁 우리를 기다리고 있는 행사들이 있었으니 바로 '외부 인사들과 함께하는 포럼'과 '신입생 단체토론'이었다. 단체토론이야 우리 조원들과 하루 종일 하는 것이니 그것의 연속선상으로 생각하면 됐지만 외부 인사들과의 포럼은 아니었다. 보스턴 근교에서 초청되어 온 동성애자, 양성애자, 성전환자 등의 연설자들이 자신들의 삶을 소개하고 학생들의 의견을 받는 식으로 포럼이 진행되었는데 한국이라는 보수적인 사회에서 교육을 받고 자라난 나는 이분들과의 대화가 처음엔 많이 불편했던 것이다. 나는 포럼을 통해 미국 사회의 새로운 일면을 볼 수 있었고 '과연 누가 누구에게 돌을 던지겠는가'라는 질문에 다시 한 번 생각을 돌이켜보게 되었다. 어떨 땐 FUP 참가 학생들도 스스로의 커밍아웃 사실을 밝히고 대화를 이끌어 나가곤 했는데 그럴 때마다 내가 미국에 와 있다는 사실을 새삼스럽게 절감할 수 있었다.

매일 밤 FUP에서 준비한 공식행사가 끝나면 우리는 케임브리지와 보스턴 시가지를 단체로 몰려다니며 먹고, 놀고, 웃고, 떠들었다. 그렇게 우리는 하버드에서의 첫 주를 마음껏 즐기고 있었다. 그때 만났던 친구들은 아직까지도 절친한 사이로 지낼 정도로 유대감을 조성하는 FUP의 위력은 대단한 것이었다. FUP 기간 동안은 아침 7시에 기숙사 문을 나서서 새벽 한두 시에 돌아오곤 했는데 매일매일을 그렇게 '빡세게' 보내다 보니 일주일 만에 3~5kg 정도가 빠졌다는 친구들도 있었다. 나도 앞으로의 학교 생활에 대한 '액땜'을 했다 싶을 정도로 힘들고 고된 일주일을 보냈다. 기숙사 방문이 저절로 잠긴다는 것을 모르고 열쇠를 두

룸메이트 줄리와 함께.

메모리얼 홀.

날씨가 안 좋기로 유명한 보스턴/케임브리지의 겨울은 이렇게 눈으로 뒤덮여 있을 때가 거의 대부분이다.

고 나와 새벽 4시부터 사람들이 일어날 때까지 추위를 피해 공동화장실에서 쭈그리고 자야 했던 일, 학교 근처에 CVS 편의점이 두 개라는 사실을 인지하지 못하여 길을 잃고 몽유병 환자처럼 케임브리지의 밤거리를 배회했던 일, 알람시계가 작동을 하지 않아 조원들을 2시간이나 기다리게 했던 일 등등 생각만 해도 몸서리쳐지는 일들이 참 많았다.

게다가 아직 개인 핸드폰도, 인터넷도 없던 시절이라 외부와는 철저히 단절된 상태였다. 난 특히 다가오는 신입생 주에 오케스트라 오디션을 앞두고 있었기 때문에 빡센 일정 중에도 시간이 날 때마다 바이올린 연습을 하고 있었는데 카일이란 상급생 친구가 'FUP 장기시간'에 제발 연주를 해 달라고 볼 때마다 애원을 해서 끝까지 피해 다니느라 애를 먹었다. 젊은 대학생들이 모인 가벼운 장기자랑 자리에서 클래식 음악을 연주하면 다들 나를 이상하게 볼 것이란 생각에서였는데 곧 내 생각이 얼마나 좁았던 것인지 알게 되었다. 장기자랑 시간에 장장 20분에 걸쳐 셰익스피어의 시를 읊는 친구에게나, 무대를 압도하는 섹시댄스를 선보이는 친구에게나, 모두들 동일한 응원과 찬사를 보내고 있었다. 서로의 차이점을 존중하고 개개인의 다른 열정을 소중하게 생각해 주는 하버드 젊은이들의 모습이 새로우면서도 아름다워 보였다.

그렇게 시간은 흘렀고 FUP에서의 시간도 끝나가고 있었다. 이제 곧 임시 기숙사에서 나와 앞으로 1년을 보내게 될 신입생 기숙사의 열쇠를 받게 된다. 불과 일주일이었지만 나 스스로 많이 달라졌다는 생각을 했다. 사회문제를 토론하는 것은 탁상공론에 지나지 않는다는 나의 오랜 주장에 의문을 품게 되었다. 수업시간에 배운 내용에 의거하여 사회문제를 풀어 나가는 상급생들을 보며 순수 인문사회학이 세상과 단절된 학문만은 아니라는 생각이 꼬리에 꼬리를 물기 시작했다. 그리고 무엇보다도 앞으로 4년을 함께해 나갈 하버드 친구들이 '배부른 돼지' 가 아니라는 사실을 깨닫게 되었다. 이들은 자라난 환경에 따른 현재의 배고픔, 배부름에 상관없이 모두들 사회 정의를 위해 배고픈 소크라테스가 될 준비가 되어 있는 세상의 젊은 리더들이었다.

수업 쇼핑하러 가자

FUP도, 일주일의 '신입생 주' 도 끝이 나고 드디어 개학을 했다. '신입생 주' 엔 신입생들이 학교에서 제공해 주는 각종 행사에 참가하거나 관심이 가는 학생단체들을 둘러보며 하버드 생활에 대한 '맛' 을 본다면 이젠 정말 학교생활의 시작인 것이다. 마음이 한껏 부풀어 올랐다. FUP와 '신입생 주' 를 겪으면서 왠지 나 자신을 많이 단련시켰다는 자신감이 들었고 앞으로 펼쳐질 하버드에서의 삶에 대해 무한한 기대가 되었다. 어떤 어려움과 시련이 닥쳐도 웃으며 이겨낼 수 있을 것 같았다. 게다가 그토록 원했던 하버드 래드클리프 오케스트라HRO 오디션에 합격했고 그 외에도 평소부터 대학에 오면 해보고 싶었던 여러 학생단체 활동을 하게 되었으니 나의 하버드 생활의 시작이 상쾌하다는 느낌이었다. 그만큼 이제부터 내 삶의 균형을 잘 맞추어 나가야겠다는 다짐도 하게 되었다.

실제로 하버드에서의 첫 1년을 통틀어 봤을 때 내게 가장 값진 배움이 있다면 바쁜 일상 중에서도 나의 삶의 균형을 잘 맞추어 나가는 방법을 배웠다는 점일 것이다. 나는 신앙생활, 공부, 과외활동, 새로운 친구들과의 만남 중에서 그 어느 것도 포기하고 싶지 않은, 영락없는 열정 과포화 상태의 신입생이었다.

'아아아, 이렇게 많은 과목들 중에 어떤 걸 선택해야 하지?'

개학을 했으니 이제 공부라는 것을 한 번 진지하게 해보고 싶은데 아직 정해진 전공이 없으니 어디서부터 시작을 해봐야 할지 막막했다. 대부분의 미국 대학이 그렇듯이 하버드도 학생을 선발할 때 전공을 묻지 않는다. 입학원서에 '희망 전공과목' 을 써 낼 수는 있지만 그것을 꼭 지킬 필요도 없다.

나는 문화인류학과 사회학에 관심이 많아 그 쪽 수업들을 위주로 들어 볼 생각을 하고 있었는데 막상 학교에 와서 보니 1학년 때는 관심이 가는 과목의 수업들을 최대한 많이 마음껏 들어 보라는 분위기였다. 보통 학부 졸업 후에 의대나 법대로 갈 생각이 확고한 학생들은 1학년 때부터 내신 평점 관리하기에 많은 공을 들이지만 아직 진로가 정해져 있지 않았던 나는 평점에 관계없이 그냥 '학문' 이라는 것을 한 번 즐겨 보고 싶었다. 어떤 특정 목표를 위해서가 아니라 나 자신을 위해 원하는 공부를 한 번 마음껏 해보고 싶었다. 그러다 보면 내가 진실로 원하는 전공, 진로, 그리고 삶이 무엇인지 저절로 깨달을 수 있을 것 같았다.

이런 나에게 하버드의 수업 '쇼핑기간' 은 최상의 선물이었다. 쇼핑기간은 개학 날부터 정확히 일주일 동안 지속되는데 그 일주일 동안 학생들은 수업에 등록하지 않은 채 관심 있는 과목들을 골라서 '쇼핑' 해보며 청강을 하게 된다. 학교 재학생들에게만 오픈되어 있는 my.harvard.edu 학교 홈페이지를 이용하면 모든 과목에 대한 짤막한 설명과 함께 과목 요강, 시간, 장소, 교수 이름 등을 살펴볼 수 있는데 이 중 관심 있는 과목들을 골라 체크 표시를 하면 홈페이지가 알아서 시간표를 작성해 준다. 쇼핑기간에는 대부분의 학생들이 이 시간표를 출력하여 갖고 다닌다. 만약 같은 시간대에 쇼핑하고픈 과목이 한 개 이상 있더라도 전혀 걱정할 필요가 없다. 이때는 다른 과목을 쇼핑 해 보기 위해 강의 도중에 자리를 박차고 나가도 교수가 뭐라 할 수도 없고, 하지도 않기 때문이다. 게다가 특별한 경우나 랭귀지 코스가 아닌 이상 쇼핑기간에는 퀴즈나 시험이 없기 때문에 학생들은 부담 없이 하루에 10개 이상의 과목들을 쇼핑해 보기도 한다.

함께 시간표 짜기에 몰입해 있던 룸메이트 줄리에게 물었다.

"줄리, 너 오늘 뭐뭐 들어 볼 거야?"

"정치학 4개랑 경제학 2개랑. 점심 먹고 오후에 심리학이랑 사이언스도 몇 개 들어 보고…"

"그럼 정치 4개랑 경제 2개를 점심 전에 다 듣는다고? 가능해 그게?"

"어. 같은 시간에 막 몰려 있어서 한 15분씩만 듣고 나와야 해."

이런 과정을 거쳐 마음에 드는 과목이 결정되면 쇼핑기간이 끝날 때 '강의등록카드'에 과목명을 기입하여 제출한다. 미술, 음악과 같이 처음부터 인원수 제한이 있거나, 드물긴 하지만 수강신청 학생 수가 통제할 수 없을 정도로 넘쳐 버린 과목들은 과목 성격에 따라 실기 시험, 인터뷰, 임의 추첨을 통하여 학생 수를 조절하기도 한다. 간혹 쇼핑기간의 강의내용을 중간고사 문제로 기출하는 교수님들도 있으니 그 과목을 듣게 될 '만약의 경우'를 대비해서 쇼핑기간에도 강의노트를 잘 적어 놓는 것이 좋다.

나는 마치 여러 종류의 초콜릿과 케이크가 쌓여 있는 식탁 앞의 어린 아이처럼 신나게 교수들의 강의를 맛보았다. 세계적인 교수들이 제공하는 수업을 내 마음대로 들어 보고, 버리고, 고를 수 있다는 사실이 얼마나 신나는 일인가. 공부하면서 이런 과분한 사치를 학부 때 말고는 다시는 누려 보지 못할 것 같았다. 신나게 과목을 고르다 보니 1학년 때의 나의 시간표는 참 신기하리 만큼 일관성이 없기도 했다. 심리학, 종교학, 도덕 논리학, 신입생 세미나, 스튜디오 아트, 불어, 음악, 영작문이 내가 한 해 동안 들은 과목의 종류였다.

이 중에서 영작문은 '엑스포즈Expos' 라고 불리는 신입생 필수 과목인데 아무리 글을 잘 써도 점수 잘 받기가 거의 불가능하다는 악명 높은 과목이었다. 엑스포즈는 학생의 작문 실력을 탄탄하게 잡아 주는 '엑스포즈 10' 과 학생이 직접 주제를 골라 상급 레벨의 작문 수업을 들을 수 있는 '엑스포즈 20' 으로 단계가 나뉘어 있었다. 신입생 주에 치러지는 영작문 배치고사 결과에 따라 각자 들어야 하는 단계가 결정되었는데 만약 엑스포즈 10으로 반이 배정되면 1년에 걸쳐 엑스포즈 10과 20을 둘 다 들어야 하는 것이었다. 나는 스스로에 대한 자존심과 시간을 아끼고 싶다는 소망 때문에 조마조마한 마음으로 결과를 기다렸다. 그리고 다행히도 곧바로 엑스포즈 20을 들어도 좋다는 반 배정표를 받게 되었다. 난 '음악과 그 주위 환경' 이라는 주제의 엑스포즈 20 수업을 들었는데 교수님이 한때 '갤럭시 500' 이라는 인디 록 밴드의 드러머였다는 사실이 흥미로웠다.

'어쩐지 스키니진과 가죽 재킷의 패션 감각이 남다르시더라.'

우리는 한 학기 동안 모두 3개의 페이퍼를 써 냈는데 매번 같은 페이퍼에 대한 교정본을 두 개씩 추가로 제출해야 했다. 수업시간의 토론과 교수님의 신랄한 비평을 참고하여 원본을 수정하다 보면 나의 원본과 마지막 수정본이 같은 글이라고 생각되지 않을 정도로 그 내용과 구성이 완전히 바뀌어져 있었다. 결국 말이 페이퍼 3개지 총 9편의 페이퍼를 쓰는 것과 마찬가지였다. 엑스포즈를 강의하는 교수님들은 고등학교 때까지 승승장구하던 하버드 신입생들에게 글에 대한 겸손한 자세를 심어주기 위해 일부러 페이퍼에 혹평을 하고 낮은 점수를 준다고 했다. 나는 미국에서 고등학교를 나오지 않아 '평소 영작문 시간에 이 정도 점수를 받는다'는 일정한 기준 없이 내 엑스포즈 점수들을 받아들였기 때문에 교수님들의 가혹함을 느낄 수가 없었다. 그런데 주위 친구들이 난생 처음 영작문에서 B라는 점수를 받고 좌절하는 것을 보니 엑스포즈 점수가 짜긴 짰나 보다.

학년이 높아지면서 주 전공과목 수업들이 생겨나는 바람에 1학년 때만큼 자유로운 쇼핑기간은 즐길 수 없게 되었지만 그래도 난 부담 없이 수업들을 청강할 수 있다는 쇼핑기간의 매력에 이 수업, 저 수업을 기웃거리며 다니곤 했다. 한 번은 단순히 흥미로워 보인다는 이유로 쇼핑해 보았던 '유대교와 기독교의 발전과정'이라는 선택과목이 너무나도 마음에 들었던 적이 있다. 그러나 공교롭게도 이 수업을 듣기 위해선 난 같은 시간대의 전공과목 수강을 포기해야 했다. 진퇴양난의 상황에서 무작정 캠퍼스 내의 메모리얼 교회 예배당으로 달려갔다. 그 곳에선 항상 학생들이 파이프 오르간을 연습하고 있기 때문에 차분한 성가곡에 마음이 안정되곤 한다. 한참을 기도한 후 나는 시간표를 꺼내어 전공과목 이름 위에 큰 'X' 자를 쳤다.

마음껏 선택해 볼 수 있는 기회가 주어지는 쇼핑기간이 난 참 좋다.

토론 한 마당, 사회학 두 마당

"자, 시작합니다. 샌덜 교수님이 수업시간에 다뤘던 내용 중에 토론해 보고 싶은 논제거리가 있는 사람은 아무나 먼저 시작해 줘요."

조교는 흥미로운 토론을 기대한다는 듯 한껏 미소를 머금은 채 몸을 뒤로 젖혀 앉았다. 마치 야수와 검투사를 콜로세움에 풀어놓은 로마 황제처럼 조교는 학생들이 칸트와 로크의 철학사상을 놓고 열띤 싸움을 벌이는 것을 지켜보고 있었다. 그녀의 역할은 중간중간에 "그 다음 의견!"을 외치는 것이었다. 그 외의 모든 토론진행은 학생들의 몫이었다. 나는 같은 반 상급생들의 엄청난 지식 양과 수사법, 그리고 쟁쟁한 기싸움에 주눅이 들어 처음 몇 주 동안은 한마디도 하지 못한 채 조교와 함께 토론을 애청하곤 했다. 선배들의 충고를 무시하고 '도덕논리학'을 나의 하버드에서의 첫 학기 수업으로 선택한 것에 대한 업보였으리라.

하버드에는 '코어'라고 불리는 11개의 분야가 있다. '외국문화', '역사학 A · B', '문학과 예술 A · B · C', '과학 A · B', '수리영역', '사회분석학', 그리고 '도덕 논리학'이 바로 그것이다. 한국 대학의 교양과목 제도와 유사한 개념인데 학생들은 자신의 전공에 가장 가까운 네 개의 코어 분야를 제외한 총 일곱 개의 분야에서 원하는 과목을 택해야 한다. 1년 만에 다 해치우는 것이 아니라 졸업 전까지만 택한 과목에 대한 학점을 이수하면 된다. 따라서 그중 가장 까다롭다는 '도덕논리학' 분야의 과목들은 보통 수강을 3, 4학년 때까지 미루곤 한다. 그런데 나는 담당 교수님이 곧 학교를 떠나실지도 모른다는 소문에 팔랑귀가 되어 아직 페이퍼 쓰기가 익숙지 않았던 신입생이면서도 '도덕논리학' 분야의 '사회정의' 수업을 덥석 수강해 버렸던 것이다. '사회정의'는 하버드에서 둘째 가라면 서러울 정도로 인기가 대단한 과목이었다. 매주 두 번씩 샌더스 극장에서 1,300명의 학생들을 상대로 강의가 열렸는데 샌달 교수님의 '세계 최고' 강의에 감동한 학생들은 매번 강의가 끝날 때마다 기립박수를 보내곤 했다.

학생들은 교수님의 강의 외에도 '섹션'이라 불리는 소규모 수업에 매주 한 번씩 참가해야 했다. 하버드에서 '섹션'은 교수가 선별한 조교가 평균 10명의 학생들을 이끄는 세미나 형태의 수업을 일컫는데 한마디로 학생들이 어떤 주제나 견해에 대해 서로 토의하고 논의하는 '토론의 장'이다. 조교는 보조 프린트물을 준비해 오거나 가끔 질문에 대답을 해 줄 뿐이고 학생들이 서로에게서 더 많은 것을 배울 수 있도록 생산적인 토론을 유도한다.

'섹션제'는 하버드에서 거의 대부분의 과목들에 적용될 정도로 널리 이용되고 있는데 특히 인문 · 사회과학 과목일수록 '섹션'의 중요성은 커진다. 학생들은 '섹션'에 꼬박꼬박 참가해야 할 뿐만 아니라 발표를 통하여 토론 진행에 공헌을 해야 비로소 '참가점수'를 받을 수 있다. 내가 이때까지 들었던 수업들의 경우, 대부분이 이 '참가점수'를 학기말

총 점수에 20~25% 반영했다. 역사 세미나와 같은 경우는 반영비율이 40%에 달하기도 했다.

이에 반해 이공계 과목들은 토론이 필요 없는 학문이므로 대부분의 과목들이 '섹션' 을 필수사항으로 만들어 놓지 않고 학생들이 과제를 하거나 시험 대비를 하는 데 조교들이 도움을 주는 식으로 운영을 한다. 나는 2학년 때 '과학 A코어' 로 기초 천문학을 들은 적이 있었는데 토론이 없는 섹션 분위기가 어색하면서도 부담 없이 편했던 기억이 있다. 2년 간의 지속된 훈련으로 토론에 익숙해진 나였지만 10년 넘게 한국의 주입식 교육을 받아 온 사람으로서 가끔씩은 '잘 외우고 잘 풀면' 모범생이 될 수 있었던 한국의 조용한 수업 분위기가 그립기도 하다.

2학년 1학기 때는 '조직 사회학' 을 들었는데 하버드 경영대학원에서 제작한 케이스 스터디 교재로 미국 내 여러 기업조직과 문화, 그리고 그것이 사회에 끼치는 영향에 대해 토론을 하면서 사회학의 매력에 푹 빠져 버렸다. 말 그대로 사회를 공부하는 사회학에서는 문제를 해결함에 있어 이론적인 접근으로만 끝내질 않고 실질적인 대처방안을 강구하여 사람들의 삶을 좀더 낫게 만드는 데 주안점을 둔다는 사실이 마음에 들었다. 고등학교 때부터 막연히 꿈꿔 오던 학문이라 그런지 파고들면 파고들수록 더욱더 애착이 갔다.

2학년 2학기가 되었을 때 나는 전공학생들을 대상으로 하는 사회학 '튜토리얼' 을 듣게 되었다. 튜토리얼은 수업 자체가 섹션처럼 소규모로 진행이 되고 따로 중간고사나 기말고사가 없는 대신 한 학기 내내 끊임없이 페이퍼를 써 내야 한다. 우린 한 학기 동안 총 60페이지 정도에 달하는 페이퍼들을 써 냈는데 매번 튜토리얼 담당 조교가 '오피스 시간' 이라는 상담시간을 통하여 함께 논제에 대해 고민해 주고 피드백을 해 주었다. 난 특히 과거 남아공 정권의 인종분리 교육정책이 흑인 학생들의 교육 현주소에 미치는 영향을 프랑스 사회학자 피에르 보르도의 '문화재생산 이론' 으로 풀이해 보았던 페이퍼가 가장 기억에 남는다. 몇 주 동안을 도서관에 들어앉아 자료를 수집하고 분석했던 야심 찬 작업이었는데 아프리카에서 돌아온 지 2년이 되어가면서 내 마음속에서 조금씩 꺼져 가던 아프리카의 여운의 불씨를 다시 한 번 활활 타오르게 해 주었다.

아무리 유럽의 해가 지고 있다지만 아직까지는 하버드 내의 '주류' 라 불리는 많은 학생들이 유럽과 미국을 세상의 중심으로 여기고 그에 따른 일류의 삶을 꿈꾼다. 적어도 내가 보고 느끼기엔 그런 것 같다. 그리고 그런 분위기에 오래 파묻혀 있다 보면 세계의 중심에 끼지 못하는 사회나 국가들에 대한 관심보다는 안정된 삶을 바라보는 나 자신의 모습을 종종 발견하곤 한다. 하지만 나는 사회학을 공부하면서 일류병에 물들어가는 나의 현주소와 하버드에 오기 전부터 간직하고 있던 나의 초심을 끊임없이 비교하며 반성해 볼 수 있어서 다행이었다. 나와 하버드 캠퍼스 너머의 세상을 연결하는 끈을 놓지 않을 수 있어서 다행이었다.

웅장한 와이드너 도서관 내부의 푹신한 소파에 앉아 페이퍼를 쓰다가도, 낙엽이 흩날리는 가을의 잔디밭에서 튜토리얼 야외수업을 하다가도 나는 문득문득 생각하곤 했다. 이렇게 모든 것이 학생 위주로 돌아가는 사치스러운 교육환경에서 접하는 사회학 이론을 통하여 실제 삶이 진행되고 있는 학교 밖 세상까지 동시에 공부할 수 있어서 행복하다고. 그리고 너무 편안하게 공부할 수 있어서 미안하다고.

사회학 3학년 튜토리얼은 그런 나의 마음을 알아차리기라도 한 듯 학생들을 사회문제의 현장으로 내보냈다. 워낙 교육문제에 관심이 많았던 나는 이번에는 보스턴의 공교육 실정에 대해 페이퍼를 쓰기로 결정하고 보스턴의 얼스턴-브라이튼 지역에 나가 그 곳에 위치한 초등학교와 중학교들을 관찰해 보게 되었다.

"여러분, 내가 지금 배정해 주는 보스턴의 각 지역들은 총기 사건이 빈번한 위험 지역들이에요. 현장조사는 꼭 두 명씩, 대낮에만 나가도록!"

튜토리얼 조교 선생님은 우리들의 관찰대상이 될 만한 '문젯거리'가 많은 지역들을 고르다 보니 본의 아니게 위험한 지역들만 배정해 주게 되었다며 우리에게 조심하라고 당부를 했다. 학생들은 서로의 얼굴을 쳐다보며 어이가 없다는 듯 고개를 내저었다.

'이러다 총맞는 거 아냐? 아프리카 강도사건에서도 살아 남았는데.'

그나마 얼스턴-브라이튼은 상대적으로 치안상태가 나은 편이었지만 난 매주 긴장된 마음을 다스리며 지하철을 타고 현장으로 나가곤 했다. 현장에선 지도 한 장 달랑 들고 학교들을 순회하기 시작했는데 난 하버드 사회학과에서 지정해 준 인터뷰에 대한 수칙상 학생들과 직접 인터뷰를 할 수는 없었고 따라서 최대한 학교 건물과 가까운 곳에서 학생들의 학교생활 모습을 관찰했다. 각 학교에서 2~3시간씩 머물며 학생들의 말투나 행동을 관찰했고 학교를 둘러싸고 있는 동네들을 무작정 걸어 다니며 지역 주민들의 삶의 모습을 사회경제적 차원에서 분석해 보았다. 학교에선 넘치는 학업과 과외활동들로 늘 시간에 쫓기던 나였지만 현장에 나와서 만큼은 잠시 하버드의 숨가쁨을 잊으려고 노력했다.

학생들 사이에서 '하버드 버블'이라 불리는 하버드의 보호막 안에서 온실 속 화초처럼 지내다가 삶의 냄새가 진하게 배어 있는 '진짜 마을'로 나왔을 때의 그 숨통 트임이란!

하루 종일 눈보라가 무섭게 몰아치던 12월의 마지막 현장조사 날을 잊을 수가 없다. 난 아직 현장조사가 미흡했던 두 학교를 돌며 6시간째 눈보라 속을 걸어 다니고 있었다. 그리고 마지막으로 '메리 리온 중학교'라는 학교에서 스쿨버스를 이용하는 학생들의 인종 비율을 파악하기 위해 스쿨버스가 오기만을 기다렸다. 페이퍼를 쓰는 데 있어 결정적인 데이터가 되어 줄 관찰 시점이라 난 고집스럽게도 미련을 버리지 못하고 그렇게 눈을 맞으며 학교 앞에 서 있었던 것이다. 부츠 속으로 눈이 새어 들어와 꽁꽁 언 발은 무감각 상태가 되었고 양손은 노트 필기가 불가능할 정도로 얼어 버렸다. 지나가던 이웃들이 안쓰러운 눈빛으로 나를 쳐다보았고 난 너무 춥다 보니 정신까지 멍해지는 듯했다. 스쿨버스 몇 대만 오면 모든 관찰의 의문점들이 풀릴 텐데… 무심하게도 스쿨버스는 학생들의 방과시간을 넘겨서도 학생들을 데리러 오지 않고 있었다. 나중에 알고 보니 학교 웹사이트에 나와 있는 방과시간이 2시간이나 일찍 잘못 표기되어 있었던 것이다.

결국 나는 집으로 갈 채비를 했다. 지하철역으로 가는 길에 슈퍼마켓에 들러서 커피를 사 마시는데 모락모락 피어 오르는 김에 얼어붙었던 몸이 녹아 내리자 후회가 몰려오기 시작했다.

'한 학기를 투자한 프로젝트인데 지금 당장 춥다고 어중간하게 끝낼 생각을 하다니…'

나는 다시 방향을 돌려 무감각해진 두 발을 질질 끌며 학교 앞으로 걸어갔다. 얼마 지나지 않아 저 멀리서 눈보라를 헤치며 달려오는 노란 스쿨버스 다섯 대가 보였다.

크리스마스를 얼마 남겨 놓지 않은 섹션 마지막 날, 난 완성된 페이퍼를 바탕으로 프레젠테이션을 했고 섹션 친구들과 함께 토론시간을 가졌다. 얼스턴-브라이튼의 거리를 거닐며 목격하였던 텅 빈 시내의 상가와 깨진 유리창, 빈민촌의 벽돌집들, 그리고 어려운 환경에서도 열심히 공부하고 있던 아이들의 모습이 마음속에 가득 들어 있으니 난 따뜻한 교실 안에서 토론에 임하면서도 마치 현장에 나와 있는 듯한 가슴 벅참을 느낄 수 있었다. 교실과 현장이라는 두 개의 전혀 다른 '배움의 마당'이 내 마음속에서 하나로 융합되는 순간이었다.

불 꺼질 새 없는 스튜디오

3학년 2학기 봄방학이 시작되기 전날 밤, 나는 한국행 비행기를 타기 위해 보스턴 공항으로 달려가고 있었다. 일주일밖에 되지 않는 짧은 봄방학인지라 학교에 남아 있을 생각이었지만 몇 달 후의 'HRO 한국공연' 준비를 위해 잠시 한국을 방문해야 할 일이 생겼던 것이다. 봄방학은 학기 중에 지친 몸과 마음을 재충전할 수 있는 기회를 주는 동시에 4월 초부터 학생들을 기다리고 있는 중간고사, 페이퍼 등에 대비할 시간을 주기도 한다. 나의 당시 최대 걱정거리는 무시무시한 30장의 페이퍼도, 중간고사도 아니었다. 봄방학 후 첫 수업시간까지 완성품을 제출해야 하는데 아직 다 끝내지 못했다는 불안감으로 나를 압박하고 있던 '페인팅 수업' 의 '2m × 2m 미술작품' 과제였다. 페이퍼와 중간고사 대비는 한국 집에서도 틈틈이 할 수 있지만 미술은 아니었다. 대형 캔버스를 세울 수 있는 이젤이 있고 아크릴과 유성페인트가 양동이째로 공급되는 학교 내 미술 스튜디오에서만 작품활동을 할 수 있는 것이다.

'한국에서 돌아오면 수업 바로 전날 밤이 될 텐데 과연 완성시킬 시간이 있을까?'

하버드에는 '시각환경' 이라는 학과가 있는데 난 이 중에서 드로잉, 페인팅, 조각, 설치예술, 혼합매체 예술 등을 포함하는 '스튜디오 아트'를 부전공하고 있다. 원래 하버드에는 '연계전공' 제도밖에 없었는데 운 좋게도 2007년 가을학기부터 새로운 '부전공' 제도가 시행되었다. 보통 학과에서 정해 주는 요건에 맞는 수업들을 5~6개 들으면 부전공으로 인정이 된다. '사회학' 과 '스튜디오 아트' 는 연계될 수 없는 이질적인 두 개의 분야라고 나의 '사회학-스튜디오 아트' 연계전공을 만류하시던 시각환경학과 학장님께서도 나를 위해 기뻐해 주셨다. 이젠 부전공 제도를 통해 내가 원하는 공부를 두 개 다 할 수 있게 되었으니 말이다. 난 사실 1학년 말에 '스튜디오 아트' 를 전공계획서에 적어 냈을 만큼 미술을 사랑했다. 나에게 있어 '스튜디오 아트' 는 하버드에서 만난 첫사랑이었다. '역사와 문학' 과 같이 따로 지원서를 내야 하는 몇몇 학과를 제외하고는 특별한 절차 없이 자유롭게 전과가 가능한 하버드의 제도 덕분에 난 사회학으로 전공을 바꾼 후에도 여전히 '스튜디오 아트' 수업들을 들어 오고 있었다.

시각환경학과의 사무실, 스튜디오, 강의실, 극장 등은 하버드 내 '카펜터 센터'에 위치하고 있다. 카펜터 센터는 북미에서는 유일하게 프랑스 유명 건축가 르 코르뷔지에가 디자인한 빌딩으로도 유명한데 그로 인해 수업시간엔 불편한 점이 하나 있었다. 빌딩을 깨끗하게 보전하고 싶은 학교측의 부탁에 따라 우리는 수업시간에 유성 페인트가 땅바닥이나 벽면에 묻지 않도록 신경을 곤두세워야 했던 것이다. 사실 그림을 그리다 보면, 특히 가로 세로 2m가 넘는 대작을 다루다 보면, 페인트가 온 사방에 날아다니게 마련인데 아무리 종이를 깔고 비닐을 씌워도 스튜디오 바닥은 곧 온갖 색깔의 페인트 천지가 되어 버렸고 교수님께선 우리를 대신하여 경비아저씨들의 꾸중을 받곤 하셨다.

나는 당시 드류 비티 교수님의 '페인팅 수업'을 듣고 있었는데 정통 예술대학에서 오랫동안 교편을 잡고 하버드로 오신 욕쟁이 교수님께선 항상 우리 편을 들어주셨다.

"제길, 원래 스튜디오라는 게 더러워야 영감이 떠오르는 건데. 하버드가 공부만 좋아하다 보니 예술을 이해 못하네 그려. 걱정 말고 팍, 팍 그려대!"

모던한 아름다움을 갖춘 카펜터 센터는 나선형 계단과 파노라마 형태의 스튜디오 유리창을 가지고 있는데 밤에 실내외로 조명이 켜지면 그 모습이 너무나도 아름다워 길 가던 사람들의 넋을 빼놓곤 한다. 나는 학기마다 적어도 한 개 이상의 '스튜디오 아트' 수업을 들었는데 수업 한 개당 매주 평균 17시간 정도의 시간을 카펜터 센터의 스튜디오에서 보냈다. 물론 5시간에 달하는 수업시간을 제외하고도 말이다. 작품 마감일이라도 다가오는 날엔 아침 9시부터 그 다음날 새벽 4시까지 작품에 몰입하기도 한다. 워낙 과제 양이 막중하다 보니 그러지 않고서는 다른 수업과 병행하면서 제 시간에 작품을 해낼 수가 없었다.

특히 드류 비티 교수님의 '페인팅 수업' 은 가히 인기 폭발이었던지라 학기초에 6:1 정도의 경쟁률을 뚫고 선발된 10명의 소수정예 학생들이 미술에 대한 열정을 불태우며 밤낮으로 작품에 매달리고 있었다. 게다가 우리 반에는 아프리카 모리셔스에서 온 전문 화가와 대학에서 미술을 전공하고 현재 미술교육학을 전공하고 있는 대학원생이 있었다. 이들과 경쟁해서 교수님의 눈에 띄고 매주 열리는 '단체비평' 에서 살아 남기 위해서는 스튜디오에서 사는 수밖에 없었던 것이다. 스튜디오에서 폐인의 모습으로 밤을 지새우는 것은 다반사였고 주말엔 없는 시간을 쪼개어 교수님을 모시고 반 친구들과 함께 뉴욕으로 미술 전시회를 다녀왔다. 미술에 대한 열기로 가득 찬 스튜디오에 있다 보면 나도 모르게 의욕이 넘쳐났고, 어떨 땐 기숙사 방보다도 스튜디오 안의 나만의 작업공간이 더욱 친근하게 느껴지기도 했다. 학교가 워낙 부자이다 보니 학생들의 작품활동에 들어가는 모든 재료들을 무한정 공급하며 리필까지 해 주었고 우리는 재정적인 어려움 없이 마음껏 실력을 닦아 나갈 수 있었다.

가끔씩은 그림을 그리다가도 마음 한구석에서 걱정이 밀려오곤 했다.

'소라야, 그만하고 빨리 도서관 가야지! 다른 애들은 미술 전공이라지만 넌 내일까지 사회학 페이퍼 10장 써야 하잖아. 어서 가!'

난 한 번 그림에 빠져 버리면 헤어 나오질 못했다. 나의 모든 열정, 사랑, 행복, 믿음, 아픔을 내 그림 속에 펼쳐진 세상을 통해서 풀어냈다.

카펜터 센터 스튜디오의 내 자리.

내가 일주일 중 가장 행복했던 시간은 상쾌한 아침햇살을 느끼며 카펜터 센터로 걸어가던 매주 토요일 아침 9시이었다. 아무 걱정 없이 나의 본연의 모습을 감지하며, 세상의 본연의 리듬을 느끼며 걸어갈 수 있었기 때문이다. 미술을 할 땐 혼자 작업하는 것을 좋아했던 나는 주말 아침의 텅 빈 스튜디오에서 음악을 틀어 놓고 캔버스 위로 마음껏 나의 세상을 그려 나가는 것이 참 좋았다. 말로 다할 수 없을 만큼.

어느덧 택시는 공항에 도착했고 운전사 아저씨가 트렁크에서 내 짐을 빼내어 줬다. 그때 울리는 한 통의 전화가 있어 핸드폰 액정을 보니 바로 드류 비티 교수님이었다. 작품을 완성하지 못해 걱정하고 있던 나의 속마음을 들킨 듯하여 괜스레 창피해졌다.

'혹시 호통이라도 치시려는 건가? 완벽한 타이밍 하고는…'

걱정되는 마음으로 전화를 받았는데 수화기 저쪽 편으로부터 교수님의 한껏 들뜬 목소리가 들려 왔다. 방금 스튜디오에 들렀다가 내 작품을 보셨는데 흥분된 마음을 참을 수가 없어 전화를 하신 것이라고 했다.

"너의 그림은 정말 완벽하게 요리가 되어 버렸어! 한 부분도 빠짐없이 서로 의사소통을 하고 있잖아. 그림 속으로 들어가서 영원히 살고 싶을 정도야. 내가 이번 학기를 가르친, 아니 하버드에 온 값어치가 있어! 한국 잘 다녀와."

20시간이 넘는 비행 내내 난 카펜터 센터에 두고 온 나의 작품 속에서 행복한 꿈을 꿀 수 있었다.

과외활동에 미치다

미국에도 싸이월드와 비슷한 개념의 '페이스북' 이라는 사이트가 있다. 일촌을 맺듯이 페이스북에서도 친구를 맺고, 사진을 '업뎃' 하고, 서로의 방명록에 글을 남겨 준다. 대부분의 사람들이 자신의 주소, 관심사, 좋아하는 책 · 영화 · 음악, 이번 학기에 듣는 수업 등에 대한 정보를 올려 놓기 때문에 페이스북은 누군가를 스토킹하는 데 최고의 수단이 되어 준다. 마크 주커버그라는 학생이 하버드 재학 시절에 개발한 페이스북은 현재 미국에서 엄청난 인기를 끌고 있는데 초창기엔 미국 대학 이메일 주소를 가지고 있는 학생만 등록 가능했으나 이젠 세계의 어느 누구나 자유롭게 가입할 수 있다. 페이스북의 선전과 함께 백만장자가 된 마크를 부러워하는 하버드 학생들이 참 많은데 특히 시험기간 땐 종종 부러움의 잠꼬대를 하곤 한다.

"이씨, 내가 페이스북을 개발했어야 하는 건데. 나도 지금쯤 마크처럼 캘리포니아 비치에서 칵테일 마시며 썬탠할 수 있었는데…."

페이스북의 본거지답게 하버드에서의 인기는 상상초월이다. 싸이월드와는 달리 자신의 '친구 수'와 '친구 명단'이 대문에 뜨기 때문에 일부 학생들은 묘한 경쟁심을 느끼며 친구 수 늘리기에 전력을 다하기도 한다. 실제로 루이스라는 뉴질랜드 출신의 친구가 있는데 그는 1학년 때 벌써 친구가 천 명을 넘어서서 주위의 감탄을 자아냈다. 정치가가 꿈인 루이스는 페이스북을 통해 지금부터 인맥관리를 시작했다는 분석이다. 룸메이트 말에 따르면 그는 매일 밤 자신의 친구 목록을 훑어보며 이름 외우기에 힘을 쏟는다고 했다.

학생들은 학년이 높아질수록 '쿨'한 이미지 유지를 위해, 또는 정말로 시간이 없어서 페이스북에서 손을 뗐다는 말을 하고 다니지만 사실 틈날 때마다 다 한다. 특히 도서관에 가 보면 대다수의 학생들이 새벽에도 생생한 눈빛으로 노트북을 노려보고 있는데 그 '모범생스러운' 모습을 100% 믿을 순 없다. 곳곳의 노트북 화면에선 페이스북의 파란 로고가 반짝거리고 있을 테니.

많은 수의 하버드 학생들은 '미루기'에 일가견이 있는데 페이퍼나 시험공부는 마지막 24시간 동안 높은 집중력을 발휘해서 해치워도 그 결과에는 별반 차이가 없다고 생각하기 때문에 그대로 믿고 실천한다. 그리고 남는 시간엔 신나게 페이스북을 한다. 물론 집중력이 뛰어나기 때문에 가능한 일이겠지만 말이다.

처음엔 신기했다. 하버드에는 공부벌레들만 있을 것이라 생각했는데 너무나도 인간적인 그들의 모습이 신선함으로 다가왔다. 하지만 더 놀라웠던 것은 이들이 단순히 페이스북을 하느라 해야 할 공부를 미루는 것이 아니라 엄청난 양의 과외활동에 시간을 투자하기 위해 과감하게 '미루기쟁이' 가 되어 본다는 사실이었다. 뭐든지 한 번 마음먹었다 하면 화끈하게 해내고 마는 하버드생들은 공부뿐만 아니라 과외활동도 끝내 주게 한다. 다양한 전공을 가진 학생들이 모여 공통된 취미와 특기를 개발시켜 나가는 통로가 바로 과외활동이라는 것을 잘 알기 때문이다. 음악, 미술, 운동, 교내 신문, 정치 · 사회 · 경제 · 종교 단체 등 과외활동의 종류는 다양한데 학생들은 보통 적게는 두세 개, 많게는 대여섯 개 정도의 과외활동을 학업과 병행한다. 이렇게 바쁘게 살다 보니 학기 중엔 단 30분의 여유도 감사해 하는 마음을 갖게 되는 것 같다.

내가 하버드를 사랑하는 가장 큰 이유 중 하나가 바로 이 '의미 있는 바쁨' 이기도 하다.

FUP를 통하여 학교생활을 시작한 덕분에 나는 하버드 학생들 중에서도 유별나게 사회문제에 관심이 많은 친구들을 주위에 두게 되었고 그들의 활동상을 보며 많은 자극과 감명을 받았다. 하버드라는 학문의 전당에서도 많은 수의 학생들이 '필립스 브룩스 하우스협회PBHA' 와 같은 대규모 봉사단체를 통하여 각종 사회봉사 프로그램에 참여하고 사회를 향한 도움의 손길을 뻗친다. 이런 사회봉사활동을 통해 결국 학생들이 더 많은 것을 배우고 얻은 채 돌아오게 되지만 말이다.

나는 지난 3년 간 올리비아와 타일러라는 두 한국 입양아 남매의 멘토가 되어 봉사활동을 해 오고 있다. 해외 입양아들을 직접 만나 본 적이 없고 한국에서 고등학교를 다니면서 했던 사회봉사활동들과는 거리가 있는 활동이라 처음엔 호기심으로 시작했던 것 같다. 그런데 이 봉사활동을 통하여 난 '해외 입양 제도'의 찬반 논란에 대해 심각하게 생각을 해보게 되었고, 특히 많은 사회학자들이 해외 입양은 백인들의 제국주의적인 행위라고 주장하는 것을 보고 고민에 빠져 버렸다. 그들의 주장에 어느 정도 수긍을 했기 때문이다. 올리비아와 타일러는 너무나도 헌신적인 백인 부부의 사랑을 받으며 자라나고 있었지만 자신들의 피부색이 부모와 다르다는 것을 깨달은 이후로 집에서도, 학교에서도 사람들에게 정을 못 붙인다고 했다. 내가 한국 문화에 대해 알려 주려고 해도 두 남매는 한국에 관심이 없다며 등을 돌리곤 했다. 남매의 부모는 두 아이가 한국은 관심 없어 해도 같은 동양인인 나와 함께 시간을 보내는 것에서 많은 위안을 얻는 것 같다며 나를 자주 집으로 초대했다.

아이들과 헤어지는 시간은 항상 가슴이 아팠는데 특히 무뚝뚝하고 겉으론 '센 척하는' 타일러가 나와 헤어질 때 몰래 눈물 훔치던 모습이 자꾸만 떠올랐다. 피부색이 다른 아이를 입양했을 때 아이가 성장하면서 받게 되는 정신적 충격을 누가 보상해 줄 것인가 하는 의문이 들었고 해외 입양도 같은 인종끼리 이루어져야 한다는 생각까지 했다.

하지만 지난 봄, 두 남매의 집을 방문한 나는 깜짝 놀라고 말았다. 타일러의 방에 큰 태극기가 걸려 있었고 그 옆엔 타일러가 손수 만든 '아이 러브 코리아' 라는 배너가 걸려 있었던 것이다. 올리비아는 나에게 한국 슈퍼마켓에 갔는데 '너무 신기한 과자가 많았다' 며 한국산 '새콤달콤' 을 자랑했다. 남매의 부모는 '아이들이 한국을 사랑하게 되었다' 며 좋아했고 '하버드 입양아 멘토링 프로그램' 과 나에게 그동안 함께해 줘서 고맙다는 인사를 전했다. 타일러는 학교에서 누가 자신을 중국인이라고 놀리면 이제 꼭 한국인이라고 고쳐 준다는 말도 덧붙였다.

나는 한 일이 아무것도 없었기에 인사를 받기가 쑥스러웠지만 하버드 학생들이 열정을 바쳐 이끌어 나가는 사회봉사단체들이 실제로 그 누군가의 삶에 긍정적인 영향을 줄 수 있다는 사실이 새삼 놀라웠고 기뻤다.

'우리에겐 대학생활의 일부인 과외활동이지만 그들에겐 삶과 직결된 문제이니까 우리가 더 노력하고 최선을 다해야 한다.'

그 동안 임원으로 일해 오면서도 그 파급 효과에 대해 다소 회의를 가지고 있었던 북한 인권단체에서도 더 큰 믿음을 가지고 활동할 수 있게 되었다. 우리가 지금 할 수 있는 것이라곤 미국 사람들의 북한인권 의식 향상을 위한 자선음악회, 강연회 등 당장 가시적인 결과를 볼 수 없는 행사들뿐이지만 우리의 작은 날갯짓이 언젠가는 하버드를 통해서, 미국을 통해서, 그리고 세계를 통해서 북한 땅에 큰 '나비효과' 로 나타날 것이라고 믿는다.

사회봉사활동 다음으로 많은 수의 하버드 학생들이 하고 있는 과외활동은 예술활동이다. 많은 수의 학생들이 교실에선 충족시킬 수 없는 창조와 창작의 열정을 불태우고 자기 자신에 대해 알아가기 위해서 예술활동에 매진한다. 하버드에는 합창단, 아카펠라, 실내악, 무용, 연극 등의 다채로운 단체들이 있다. 나는 특히 아카펠라의 공연에 가는 것을 좋아하는데 샌더스 극장에서 그들의 음악을 듣고 있노라면 음악에 취해 하버드 캠퍼스 전체가 세상에서 가장 로맨틱한 노천 카페로 느껴지기도 한다. 이들은 클래식 곡뿐만 아니라 팝송, R&B 등 일반 학생들의 귀에 익은 대중음악도 편곡하여 부르기 때문에 각종 사교클럽 행사에 단골 게스트로 초청되기도 하고 해마다 여름방학 때는 해외 순회공연도 한다.

하버드 예술활동 단체들의 특징은 대부분이 기술 · 제작 · 연출 · 감독까지 모두 학생들이 직접 맡아서 공연을 무대에 올린다는 점이다. 친구 중에는 1학년 때부터 뮤지컬 감독을 맡아 오고 있는 벤이라는 남학생이 있는데 그의 일상을 살펴보면 학업에 소요되는 최소한의 시간을 제외하곤 삶이 온통 뮤지컬 리허설로 가득 차 있었다. 뭔가 어수룩하고 수업시간에도 꾸벅꾸벅 졸 때가 많아서 난 벤이 어떻게 감독 일을 해낼까 싶었는데 그가 무대를 지휘하는 순간, 난 벤의 카리스마 넘치는 모습에 입을 다물지 못했다. 하버드에는 이렇게 평상시와 과외활동 때의 모습이 180도 다른 친구들이 많은데, 그래서 더욱더 새로운 사람들과 교류하고 알아가는 재미가 있는 것 같다. 학부 졸업 후에도 공연 관계 일을 계속할 것이라는 벤의 앞날이 기대된다.

뮤지컬 단체 중 하나인 '헤이스티 푸딩' 극단은 특히 그 깊은 전통과 명성을 자랑한다. 헤이스티 푸딩의 뮤지컬들은 물론 '헤이스티 푸딩이 뽑은 올해의 여성과 남성' 시상식 또한 매년 사람들의 화젯거리가 되곤 한다. '올해의 여성과 남성' 상은 매년 큰 공을 세운 남녀 연기자에게 주어지는데 과거에 이 상을 받은 스타로는 톰 크루즈, 톰 행크스, 리처드 기어, 스칼렛 요한슨, 세라 제시카 파커 등이 있다. 2008년도에는 샤를리즈

테론과 크리스토퍼 워킨이 '올해의 남녀'로 뽑혀 하버드에서 열린 퍼레이드와 시상식에 참가했다. 캠퍼스에 할리우드 스타나 정계의 유명 인사들이 아무렇지도 않게 걸어 다니는 모습을 볼 때마다 아주 가끔이긴 해도 나는 내가 정말 하버드에 와 있다는 사실을 다시 한 번 실감하게 된다.

토론과 글쓰기를 낙으로 여기는 하버드 학생들이 가장 많이 활동하고 있는 분야 중 하나는 아마 '학생 신문'과 '잡지'일 것이다. 하버드의 가장 대표적인 신문으로는 그 이름 유명한 「크림슨」, 「인디펜던트」, 「세일리언트」, 「하버드 가제트」 등이 있는데 이 중 크림슨은 워낙 규모가 커 매년 엄청난 수의 신입생들과 상급생들이 '컴핑'이라 불리는 6개월간의 훈련을 끝내고 정식기자로 들어간다. 친구들 중에는 크림슨에서 기자로 일하는 학생들이 많이 있는데 웬만한 임원진 자리를 따내기 위해서는 평소부터 성실한 자세로 동료들로부터의 신뢰를 얻어야 하고 치열한 선거판에서 이겨야 하기 때문에 언제나 신문사에 매여 사는 모습을 보았다. 크림슨 뉴스부의 중역 기자로 일하고 있는 친구 메들린과 함께 방학을 맞아 여행을 간 적이 있는데 평소에 얼마나 스트레스를 받았던지 우리가 "크림슨!"이라고만 하면 곤히 자다가도 벌떡 깨곤 했다. 그래서 여행 내내 '크림슨!'은 우리의 금지어가 되었다. 하지만 크림슨에서의 임원 경력은 「뉴욕 타임즈」와 같은 일류 신문사에서도 높이 평가를 해 줄 정도로 충분히 값진 경험이 되는 것 같다.

신문 이외에 학교 잡지로는 『램푼』, 『투스데이 매거진』, 『애드보켓』, 『하버드 인터내셔널 리뷰』 등이 있다. 나는 이 중 세계정세를 다루는 저널, 『하버드 인터내셔널 리뷰HIR』의 미디어 부서에서 시니어 에디터로 일하고 있는데 우리가 1년에 네 번씩 찍어 내는 저널은 폭 넓은 구독자

층을 형성하고 있고 세계 몇 십 개국으로 퍼져 나간다. 고등학교 시절, 일본 공항의 한 신문 판매대에서 HIR을 처음 접했던 기억이 있는데 이렇게 내가 직접 HIR의 임원으로서 일하게 되니 기분이 묘하기도 했다. HIR 또한 '컴핑' 을 성공적으로 끝내는 예비 기자에 한하여 정식기자 타이틀을 준다. 매주 수요일마다 학교 내 '라몬트 도서관' 에서 임원회의를 하며, 일요일에는 '힐리스 도서관' 에 위치한 HIR 사무실에서 '오피스 시간' 을 갖고 잡지 편찬과 함께 예비 기자들 훈련에 힘쓴다.

유머잡지인 『램푼』은 내가 2학년 때 살았던 기숙사 방 바로 맞은편에 큰 전속 빌딩을 가지고 있어 왠지 친근하게 느껴지는 잡지이기도 하다. 『램푼』은 기숙사들 가까이에 위치해 있음에도 불구하고 주중에도 새벽 네다섯 시까지 시끄럽게 파티를 하곤 하는데 한 번은 참다못한 내 룸메이트가 하버드 경찰이 아닌 케임브리지 시의 경찰서에 전화를 걸어 『램푼』을 고소하기도 했다. 새벽 와중에 전화를 걸어 『램푼』을 비방했던 룸메이트의 행동이 장난이라고 생각했는지 결국 케임브리지 시 경찰차는 도착하지 않았지만 내 룸메이트도 다행히 곧 잠이 들었으니 그 어느 쪽도 손해를 본 것 같진 않다. 『램푼』은 올해 2월 '올해의 여성' 수상자로 패리스 힐튼을 선정하여 시상했는데 시상식 날은 『램푼』 건물 주위로 패리스 힐튼의 얼굴을 보러 온 학생들이 인산인해를 이루어 그 자체만으로도 하나의 장관을 연출하였다.

신문이나 잡지는 아니지만 학생 출판단체로 '하버드 졸업앨범 출판사' 가 있는데 학생들이 졸업할 때 주문 생산하는 졸업앨범의 편찬을 담당하는 곳이다. 나는 이곳에서 신입생 시절부터 약 2년 간 사진부 기자로 일을 했는데 덕분에 수동카메라를 사용하는 법을 배웠고 하버드 곳곳의 모습들을 사진으로 남겨 놓을 수 있게 되었다. 한국만큼 사진 찍는 문화가 많이 발달되어 있지 않은 미국 대학 생활에선 일상 중에 카메라를 들고 다니며 사진 찍을 기회가 적은데 나는 사진부 기자로서 하버드의 사계절 모습뿐만 아니라 각종 음악 · 운동 단체들의 단체 및 개인 사진을 찍을 수 있어서 좋았다. 지난 3학년 2학기 때는 기자로서가 아니라 이제 곧 4학년에 올라가는 예비 졸업생으로서 졸업사진을 찍기 위해 오랜만에 '하버드 졸업앨범 출판사' 사무실에 들렀는데 그 곳에서 '컴핑'을 하던 풋풋한 신입생 시절의 내 모습이 떠올라 감회가 새롭기도 했다.

이외에도 하버드에는 라디오 방송국, 정치 연구소, 전교 학생회, 기독교 학생단체, 소수계 학생단체, 농구 · 풋볼 · 스키 · 수영 · 테니스 · 수영 · 육상 · 스쿼시 · 조정 · 아이스/필드 하키 등의 스포츠 분야를 아우르는 하버드 운동부 등 수많은 학생단체들이 존재한다.

내 룸메이트들 중 대부분이 학교 대표 운동선수들인데 게임 시즌에는 정말 악착같이 훈련을 한다. 그중 몇 명은 의대 진학을 준비하고 있는 중이라 학업만 해도 벅찰 텐데 매일 새벽 5시에 일어나 아침을 먹고 훈련을 한 후 수업에 간다. 수업이 끝난 오후부터 저녁까지 2차 훈련을 하고 숙제를 초스피드로 끝낸 다음 밤 10시 정도만 되면 잠자리에 드는 룸메이트들의 모습을 보면서 운동선수들의 끈기와 노력을 다시 한 번 존경하게 되었다.

한국의 '연고전'을 떠오르게 하는 '하버드-예일 풋볼경기' 때는 승패에 상관없이 학교가 축제 분위기에 휩싸여 전교생이 풋볼 경기를 관람하거나 스타디움 옆에서 진행되는 먹거리 마당에서 즐거운 시간을 보낸다. 소속감이라는 게 뭔지 평소엔 아무런 감정이 없던 예일대학인데

예일 풋볼경기의 한 장면.
하버드 관중석은 하버드의 상징인 크림슨 색으로,
반대편 예일 관중석은 남색으로 극명히 대조되는 색상의 물결이 넘실댄다.

도 풋볼경기를 관람하는 동안에는 왜 그렇게 예일 응원단이 얄밉게 보였는지 모른다. 이번 가을에는 경식이가 나와 반대편의 예일 응원석에 앉아있게 될 텐데 걱정이다. 경기가 끝난 후 밤에는 하버드, 예일 학생들이 모두 함께 파티를 하며 새벽까지 싱그러운 젊음의 낭만을 즐기기도 한다.

'하버드-예일 풋볼경기' 못지않게 인기를 끄는 스포츠 행사가 하나 더 있다. 바로 '헤드 오브 더 찰스' 조정 경기다. 세계에서 가장 큰 규모로 이틀 간에 걸쳐 개최되는 이 행사에는 매년 7,500명의 선수들이 모두 55개의 조정 경기에서 승부를 겨룬다. 행사 이름에서도 알 수 있듯이

해가 저물어 가는 초겨울 하늘 아래 한창 연습에 몰두 중인 하버드 조정팀.

조정 경기는 하버드 캠퍼스를 끼고 흐르는 '찰스강' 에서 열리는데 다리 위에서 경기를 관람하다 보면 누가 누군지, 어떤 배가 우리 팀인지 헷갈려 그냥 무조건 "GO! 하버드!"를 외치며 응원을 하곤 한다. 이때도 역시 박빙의 조정 경기가 펼쳐지는 강가에서는 바비큐 파티, 밴드 공연 등의 각종 행사가 열리기 때문에 친구들과 함께 경기를 하고 있는 선수들 응원도 하고 행사도 즐기며 1석 2조의 즐거운 시간을 보낼 수 있다.

이 밖에도 매년 여름 서울 중구에서 개최하는 '흑기사 여름학교' 의 든든한 동역자인 '하버드 한인유학생협회' , 바쁜 학사일정 중에도 나의 신앙을 지키게 해 준 학생 기독교 단체들, 사회 문제라면 언제라도 발벗고 나서는 열정적인 'STOP 캠페인', 비록 1년밖에 활동하지 않았지만 관객들과의 격의 없는 교류가 좋았던 '팝스 오케스트라' 등, 나의 하버드 생활을 풍성하게 해 준 고마운 과외활동들이 참 많다. 과외활동을 하다 보면 공부에서는 '미루기쟁이'가 될 수밖에 없지만 나는 그 덕분에 시간을 효율적으로 활용하는 법을 터득했고 1분 1초를 아끼는 마음을 갖게 되었다. 과외활동을 통해 공부를 하는 데도 많은 도움을 받았다. 공부를 하다가 힘이 들 땐 과외활동을 통해 만났던 사람들과의 행복한 시간들을 떠올리며 다시 힘을 낼 수 있었고, 반대로 과외활동을 하다가 몸이 지치면 차라리 머리만 쓰면 되는 공부가 더 쉽다는 생각에 갑자기 공부하고 싶은 욕구가 타오르기도 했다.

하버드에서 학생들에게 제공하는 최대한 많은 것을 누리며 세계의 젊은이들과 함께 이 시대를 살아간다는 그 느낌이 너무나도 가슴 벅차다. 누구나 다 이렇게 살아야 한다는 게 아니다. 내가 특별히 대단한 일을 해냈다는 것은 더더욱 아니다. '공부나 할 것이지'라는 비판에 100% 동의하기도 한다. 이때까지 과외활동에 바친 시간과 노력을 공부에 집중시켰더라면 난 더 좋은 평점을 가지게 되었을 터이니 말이다.

나는 다만 스스로가 원하는 나의 모습에 충실하고 싶었다. 하버드의 모토인 'VERITAS(진리)'를 따라 내 마음속 본연의 진리를 추구하며 살려고 노력했다. 나는 사람들을 직접 만나고 함께 무언가를 창조해 내는 것이 좋기 때문에 설령 평점을 조금 포기해야 한다고 해도 과외활동만큼은 포기할 수가 없었던 것이다.

얼마 전, 친구 메들린이 나의 페이스북에 방명록을 남겼다.

하이 소라! J. P. Lick's에 초코치즈 아이스크림 먹으러 가려는데 성소라를 9월 10일 9:00pm에 예약해 놔도 될까? 너의 과외활동들로 넘쳐흐르는 일정표 수첩에 우리 데이트도 좀 써 넣어 줄래?

– 2008. 8. 7

글을 읽는데 피식 웃음이 났다. 여름방학 동안 까맣게 잊고 지냈던 나의 학기 중 '미친 스케줄'이 떠올라서였다. 친구들은 내가 일단 카펜터 센터에서 그림을 그리며 너무 많은 시간을 보낸다며 불평을 했고, 또 너무 많은 과외활동을 한다면서 원래 한국 사람들은 잠도 없냐고 물어 왔다. 가끔은 새벽 3시쯤 들어와 아침 7~8시면 다시 기숙사 방을 나서기도 하는 나의 스케줄 때문에 같은 방을 쓰던 룸메이트 캐롤이 '소라야 어디 있니? 우리 소라 보시는 분은 연락 좀 해 주세요'라고 페이스북에 글을 남기기도 했다.

난 악착스럽지도 않다. 시험공부를 하다가도 친구와 여행계획을 세우며 반나절을 보내는 낙천주의자이다. 자존심은 세지만 특정한 누군가를 이겨 보겠다는 승부욕은 없는 것 같다. 하지만 나는 공부와 과외활동을 병행하는 데 있어서는 그 누구보다도 열심히 최선을 다하고 싶다. 바로 내가 좋아서 선택한 길이기 때문이다.

---

* 내가 참가했던 FUP 이외에도 미술과 음악을 아우르는 예술 프로그램인 First-Year Arts ProgramFAP; 6일 간 뉴햄프셔, 메인, 버몬트 주의 산악지대에서 하이킹을 하는 First-Year Outdoor ProgramFOP; 인터내셔널 학생들에게 대학 및 전반적인 미국생활에 대해 소개를 해 주는 Freshman International ProgramFIP이 있다. 의무사항은 아니지만 매년 대부분의 신입생들이 오리엔테이션 참가를 통해 하버드 생활을 미리 맛보고 친구들과의 우정을 쌓아 나가기 시작한다.

2. 해리포터도 울고 간 기숙사

미국에서 대학을 다닌다고 하면 많은 분들이 안쓰럽다는 듯한 눈빛으로 그럼 기숙사에 사냐고 물어 보신다. 그럴 땐 왠지 나도 함께 분위기에 맞춰야 할 것 같아서 조용히 "네"라고 대답하지만 사실 난 기숙사 없는 하버드는 상상할 수도 없을 정도로 기숙사 생활이 즐겁다.

하버드에서의 기숙사 생활은 보통 기숙사 하면 떠오르는 어두침침하고 적막한 분위기와는 대조적이다. 극소수의 특별한 경우를 제외하고는 대부분의 학생들이 4년 동안 기숙사에서 함께 살아가기 때문에 학생들 간의 유대감이 크다. 특히 '하우스'라 불리는 상급생 기숙사들은 자체적으로 도서관, 극장, 식당, 게임 아케이드 등을 갖추고 있는 데다 학기말 댄스 파티, 오페라, 음악회, 기숙사 대항 운동시합 등의 각종 행사들을 개최하여 학생들의 학교생활을 좀더 풍요롭게 만들어 준다.

신입생 시절에 난 한국에서 열렸던 '하버드 학부 동문회' 만찬에 참가했던 적이 있다. 그런데 재학생 선배들이 돌아가면서 자기 소개를 할 때마다 곳곳에 앉아 계시던 동문들께서 환호성을 터뜨리시는 게 아닌가. 무슨 일인가 했더니 자신과 같은 하우스 출신의 후배들이 인사를 하면 반가움에, 또 다른 하우스에 대한 미묘한 경쟁심에 각자의 하우스 이름을 외치는 것이었다. 실제로 졸업을 하고 나서도 자신의 이름 옆에 꼭

'OO 하우스, 00학번' 이라고 쓰고 다닐 정도로 하버드생들은 자신이 살고 있는, 또는 살았던 기숙사에 큰 애착을 가진다.

하버드는 조금 특이한 기숙사 제도를 가지고 있다. 입학하고 첫 1년은 마음에 들든 안 들든 학교에서 배정해 주는 기숙사에서 살아야 한다. 신입생들은 입학 전에 '기숙사 지원서' 를 작성하여 제출하는데 학교에서는 지원서에 나와 있는 각 학생의 취미, 특기, 관심사, 종교 등을 고려하여 함께 살 룸메이트를 정해 준다. 기숙사 지원서에는 '내가 원하는 이상적인 룸메이트 모습', '나에 대한 추가 설명' 등 다양한 질문들에 대한 답을 써 내는데 학교에서는 1,650명에 달하는 신입생들 개개인의 기호사항을 놀라울 정도로 꼼꼼하게 반영하여 룸메이트들을 골라준다.

배정된 기숙사에 몸만 들어가서 살면 되는 신입생 때와는 달리 상급생이 되는 2학년부터는 좀더 이야기가 복잡해진다. 학생들은 1학년 봄학기 즈음이 되면 마음에 맞는 친구들과 함께 '블로킹 그룹' 이라는 소그룹을 형성하고, 학교는 각 블로킹 그룹에게 앞으로 3년 간 살게 될 하우스를 무작위로 배정해 준다. 마침 내가 2학년으로 올라가던 해에는 학교에서 '링킹 그룹' 이란 제도를 탄생시켰는데, 이 제도를 통해 두 개의 블로킹 그룹이 서로 자매결연을 맺고 하나의 '링킹 그룹' 이 되었음을 공식적으로 선포할 수 있게 되었다. '링킹 그룹' 으로 연결된 두 개의 블로킹 그룹은 서로에게서 가까운 하우스에 배정된다.

정작 학교에 있을 때는 몰랐는데 이렇게 블로킹 제도에 관한 설명을 글로 쓰려니 하버드가 학생들의 학교생활에 있어 얼마나 사소한 것까지 신경을 쓰고 있는지 새삼 느끼게 된다. 입학 전엔 하버드가 소규모의 미국 리버럴 아츠 대학들에 비해 학생들을 자유 방치하는 경향이 있다는 말을 많이 들었는데 적어도 내가 느낀 하버드는 학생들이 최대한 만족스런 학교생활을 할 수 있도록 여러모로 배려해 주는 것 같다. 물론 학생들이 매년 학교에 바치는 등록금과 기숙사비, 그리고 그 젊은 열정과 재능의 값어치를 따져 보면 충분히 '왕' 대접을 받고도 남아야겠지만 말이다. 학생들을 왕으로 모시는 총 17개의 신입생 기숙사와 13개의 하우스들은 하버드 캠퍼스 주변의 '하버드 스퀘어' 와 특별한 경계선 없이 어우러져 있다.

하버드 스퀘어에는 맥도날드와 같은 패스트푸드점이 없는 대신 오랜 전통을 자랑하는 부티크, 책방, 노천 카페 등이 즐비하고, 학생들의 전폭적인 사랑을 받곤 하는 24시간 편의점, 영화관, 와인바, 다양한 가격대의 음식점들이 아기자기하게 들어서 있다. 특히 학생들 사이에선 '사케 폭탄 투여' 라고 불리는 '폭탄주' 를 즐길 수 있는 한국 음식점 '신라' 와 '하버드 스퀘어' 에서는 거의 유일하게 새벽 2~3시까지 영업을 하며 학생들을 통통하게 살찌우는 중국집 '홍콩' 의 명성이 대단하다. 근래에 들어서는 저렴한 가격대의 멕시칸 음식점들 또한 줄줄이 들어서고 있어서 학생들에게 골라 먹는 재미를 선사해 주고 있다.

비록 크진 않지만 역동적인 모습을 가지고 있는 '하버드 스퀘어' 는 워낙 고색 찬란한 건물들이 많아서인지 19세기의 뉴잉글랜드와 21세기 현대 도시의 조화로운 공존이란 느낌이 들게 한다.

전기난로 앞에서 피어난 우정

FUP에서의 모든 일정이 끝나고 나는 내가 앞으로 1년 간 살게 될 신입생 기숙사 '스트라우스'로 향했다. 17개의 신입생 기숙사들 중 13개가 하버드 캠퍼스의 중심부인 '하버드 야드' 한가운데에 자리잡고 있는데 스트라우스 또한 그중 하나였다. 스트라우스는 스트라우스家의 세 형제가 타이타닉 호에서 생을 마감한 자신들의 부모님을 기리며 지은 건물이라고 했다. 난 FUP 기간 동안 임시로 묵었던 신입생 기숙사의 삭막한 실내 분위기에 다소 실망을 하고 있었던 터라 별 기대를 하지 않고 스트라우스를 찾아 다녔다. 기숙사 방이 너무 좋으면 잠만 많이 자게 되어 안 좋다고 스스로의 마음을 위로하면서….

얼마 후, 내 눈에는 '스트라우스 홀'이라는 글이 새겨진 고풍스런 벽돌 건물의 모습이 들어왔다.

"오 마이 갓! 진짜 너무너무 예쁘다. 어쩜 좋아."

하버드 기숙사들에 대한 나의 편견이 확 사라지는 순간이었다. 〈소공녀〉와 같은, 기숙사를 배경으로 하는 소설을 읽으며 한 번쯤은 꿈꾸어 보았던 상상의 기숙사 건물이 내 앞에 서 있었다. 특히 스트라우스는 '하버드 야드'와 '하버드 스퀘어'의 경계선에 울타리를 이루며 서 있어 CVS 편의점이나 '오봉빵 베이커리'와 같은 각종 편의시설들을 바로 코앞에 두고 있다. 훗날 눈이 1m씩 쌓여 도저히 식당까지 걸어갈 수 없을 때나 엑스포즈 페이퍼 마감을 앞두고 시계와 1분 1초를 다툴 때, 또는 새벽의 출출함을 달래 줄 그 무언가가 필요할 때, 스트라우스의 이런 지리적 장점은 나의 생명의 은인이 되어 주었다. 스트라우스는 '매사추세츠 홀' 과 '매튜스' 라는 두 개의 신입생 기숙사들과 함께 한가운데 잔디밭을 두고 ㄷ 모양으로 서 있었는데 그 안에 서 있으면 마치 내가 비밀의 정원에 와 있는 듯한 안락함이 있었다. 울창한 나무와 잘 다듬어진 잔디밭이 신비하면서도 평온한 조화를 이루고 있었기 때문이다. '하버드 스퀘어' 의 북적거림과 '하버드 야드' 의 학구적 진지함 가운데서 스트라우스는 그렇게 나의 마음의 정원이 되어 주었다.

스트라우스는 A · B · C · D의 네 호로 이루어져 있었는데 나는 스위트 룸 B-21에서 네 명의 룸메이트들과 함께 살게 되었다. 각 호마다 한 명의 기숙사 사감이 배정되어 있었는데 스트라우스 B사감은 미셸이라는 마음씨 착한 하버드 대학원생이었다. 그녀는 MIT에서 박사학위를 밟고 있다는 남편, 그리고 뚱뚱한 검은 고양이와 함께 B호 꼭대기 층에서 살았다. 하버드에서는 신입생 기숙사 사감이 되기가 하늘에 별 따기일 정도로 경쟁률이 높다는데 미셸은 재색을 겸비한 '완벽녀' 였다. 학업에 지친 우리를 위해 한 달에 한 번씩 '스터디 브레이크' 라는 디저트 파티를 열어 주었고 가끔씩은 직접 브라우니와 쿠키를 구워서 나눠 주기도 했다. 미셸은 좌충우돌 신입생들이 언제나 믿고 찾아갈 수 있었던 옆집 언니나 누나 같은 존재였고 남편과 함께 매번 나의 HRO 공연에 찾아와서 나를 응원해 주기도 했다.

스트라우스의 각 스위트 룸은 2개의 침실, 거실, 그리고 화장실로 구성되어 있다. 거실은 필요 이상으로 넓어 책상 네 개, 침대 겸용 소파, 텔레비전을 놓아도 자리가 남아돌았다. 크리스마스를 앞두고는 하얀 크리스마스 트리에 장식을 주렁주렁 매달아 거실에 세워 놨는데 하우스에서 놀러 왔던 상급생 친구들조차 우리의 여유로운 거실 풍경에 울고 갈 정도였다. 화장실 또한 두 개의 싱크대와 샤워 시설이 넉넉하게 배치되어 있는 게 마음에 들었다. 그런데 문제는 침실이었다. 설립 당시 2인용으로 설계되었던 스위트 룸을 네 명이 나누어 쓰려다 보니 침실이 너무 작은 것이었다. 2층 침대와 두 개의 옷장을 놓으니 사람 한 명이 겨우 지나갈 만한 공간밖에 남지 않았다. 나와 같은 침실을 쓰게 된 룸메이트 줄리는 미국 남부에서 온 전형적인 푸른 눈의 금발머리 여학생이었는데 우리는 처음 한동안 "미안, 좀 지나갈게"라는 말을 입에 달고 살았다.

내 룸메이트들은 줄리, 킨드라, 루이사라는 미국 친구들이었는데 놀랍게도 이들 모두가 신실한 기독교 신자였고 내가 기숙사 지원서에 적어 냈던 '이상적인 룸메이트의 모습' 중 한 가지씩은 꼭 가지고 있었다. 루이사는 중학교 때 홈스쿨링을 했고 BachSoc 오케스트라에서 비올라 주자로 활동하고 있었다. 킨드라는 '크림슨 댄스 팀'의 치어리더였고 사회학에 관심이 많아 우리는 줄곧 수업을 같이 듣곤 했다. 줄리는 봉사활동에 열심이었고 패션에 관심이 많았다. 난 감사하게도 소탈하고 순수한 룸메이트들을 만나게 되어 하버드에서의 첫 1년을 무난히 넘길 수 있었던 것 같다. 1학년 때는 아직 심리적으로 불안정한 상태에서 공부를 하고 과외활동을 늘려 나가는 시기이기 때문에 어떤 룸메이트와 함께 생활하느냐가 참 중요하다. 실제로 룸메이트와의 불화로 마음고생을 하다가 학업까지 슬럼프를 겪는 친구들을 주위에서 가끔 볼 수 있었다. 기숙사에 살고 있던 한 여학생은 룸메이트들과 돌이킬 수 없는 싸움을 하고 딴 기숙사로 격리되었는데 지금까지도 그때의 충격에서 벗어나지 못하고 사람들과 담을 쌓은 채 살아가고 있다.

나는 특히 줄리와 둘도 없는 단짝 친구가 되어 어딜 가나 붙어 다녔다. 줄리는 남부사람 특유의 낙천적이고 따뜻한 마음씨를 가지고 있었는데 하버드에서 칼날같이 이성적인 동부 출신 학생들에게 상처를 받을 때마다 나에게 달려오곤 했다. 나 또한 스트레스를 받거나 힘든 일이 있으면 줄리한테 가장 먼저 털어놓았다. 좁은 침실에서 같이 2층 침대를 쓰다 보니 매일 밤 새벽녘까지 수다 꽃을 피우기 일쑤였고 그러면서 더 가까워질 수 있었다. 우리는 겉모습이나 자라온 환경은 서로 많이 달랐지만 성격만큼은 쌍둥이라고 생각될 정도로 비슷했는데 종종 엉뚱한 발상하기를 좋아해서 같이 붙어 있으면 본의 아니게 특이한 행동들만 골라 하게 되었다.

특히 폭풍우가 몰아치던 1월 어느 날의 일화는 아직도 기억 속에 생생하다. 새벽 2시, 한창 시험공부를 하고 있던 우리는 문득 하버드의 명물이자 곰만한 몸집의 개 '거스'를 보고 싶다는 생각에 무작정 '거스 찾아 3만 리'를 떠났다. 거스는 '윈쓰롭'이라는 하우스의 개였는데 새벽이라 어느 방에서 자고 있는지 우린 한 시간이 넘도록 거스를 찾을 수가 없었다. 아쉬운 마음을 뒤로한 채 스트라우스로 돌아온 우리는 다시 시험공부 모드로 돌아갔다. 우린 '사회정의' 과목 기말고사에 대비하여 공부를 하고 있던 중이었다.

"아아아아, 머리 터진다 터져. 뭐 이렇게 알아야 할 철학사상이 많은 거야!"

"우리 디즈니 OST 다운받자. 왠지 그거 들으면 공부가 잘될 거 같아!"

난데없이 디즈니 송에 심취된 우리는 그날 새벽부터 시험 당일까지 매일 밤 그렇게 포카혼타스와 라이온 킹의 노래를 들으며 '사회정의'를 공부했다. 새벽엔 거실에 난방이 잘 되지 않아 추웠는데 우리는 CVS에서 산 조그마한 전기난로를 틀어 놓고 그 앞에 쪼그리고 앉아 동이 터올 때까지 소크라테스와 플라톤을 논했다. 학생들에게 사회정의를 가르치면서 정작 신입생 기숙사에는 난방을 약하게 틀어 주는 학교의 처사는 사회정의에 위배된다는 열띤 토론과 함께….

아직 모든 게 불완전했지만 그래서 하루하루가 더 새롭고 즐거운 긴장이 이어졌던 신입생 시절이 그립기도 하다.

하우스 로또에 당첨되다

3월 초가 되었을 때 신입생들은 '블로킹 그룹'을 짜느라 신경이 잔뜩 곤두서 있었다. 신입생들끼리 모여 있으면 어김없이 블로킹 이야기가 나왔다. 앞으로 3년 간의 학교 생활에 막대한 영향을 미치게 될 결정인지라 우린 심지어 잠자리에 들면서도 누구와 블로킹 그룹을 형성할 것인지에 대해 고민했다. '최대 8명까지'라는 수칙 앞에서 친구들간에 싸움이 일어났고 심지어는 우정이 깨지는 경우도 있었다. 자존심 강한 하버드생들이라 사소한 싸움이 크게 발전되곤 했던 것 같다. 가십을 좋아하는 일부 여학생들은 당시 캠퍼스에서 일어나고 있던 블로킹 그룹 관련 드라마를 모두 꿰고 있었는데 나는 '이게 무슨 대수라고 난리법석들인가' 하다가도 궁금한 마음을 이기지 못해 그녀들로부터 가십을 전해 듣곤 했다. 사실 나 또한 마음 고생이 아예 없는 것은 아니었기에 다른 신입생들의 드라마틱한 이야기를 들으며 내 작은 고민은 아무것도 아니라는 위안을 얻고 싶었던 것인지도 모르겠다.

'과연 누구와 앞으로 남은 3년을 보내면 좋을까?'

줄리와 나는 명실상부한 베스트 프렌드였지만 난 그 동안 과외활동을 통해 알게 된 여러 친구들과도 많이 친해진 상태였다. 특히 학생단체나 클럽을 통해 알게 된 친구들과는 공통 관심사가 있다는 이유 때문이었는지 함께함이 즐거웠고 진실되었다. 블로킹 그룹을 만들 때는 그룹의 전체적인 균형과 조화 또한 고려해 보아야 한다는 말에 나와 줄리는 우리의 '가상 블로킹 그룹 멤버들' 을 열거해 보았는데 뭔가 불안정해 보였다. 함께 파티하고 놀 때 좋은 친구들과 24시간을 함께 할 수 있는 편한 친구들이 항상 동일한 것만은 아니라는 사실을 깨닫게 되었다. 우린 오랜 고민 끝에 결국 각자의 길을 가기로 결정을 내렸다.

"우린 같은 블로킹 그룹에 안 들어도 어차피 맨날~ 만날 사이잖아. 그지?"

난 기독교 학생단체를 통해 처음 만났던 리베카, '애넌버그' 신입생 식당에서 만나 친해졌던 수영선수 캐롤, 필드하키 선수 애비와 카일리, 라크로스 선수 세라, 그리고 리베카를 통해 만나게 된 사라와 함께 블로킹 그룹을 만들었다. 우리 블로킹 그룹엔 '세라, 사라, 소라' 가 있어 서로 부르면서도 헷갈려 하곤 했는데 경기여고 시절 친하게 지냈던 친구들의 이름이 '세라, 아라, 소라' 였던지라 나의 트리플 '라' 인연이 신기하게 느껴지기도 했다. 우리는 '움락UMLC' 이라는 블로킹 그룹의 이름까지 지었다. 뭐 별다른 의미가 있는 것은 아니었고 그냥 '멋지다, 쿨하다, 판타스틱하다' 등등의 좋은 수식어를 갖다 붙인 이름이다. 그리고 대부분의 블로킹 그룹들이 그랬듯 우리도 페이스북에 '최강 블로킹 그룹 움락' 이라는 메뉴를 만들었고 멤버 각각에게 타이틀을 지어 주었다. 나의 타이틀은 '전설' 로 낙찰되었는데 그 이유는 비밀!

온라인으로 학교에 블로킹 그룹 신청서를 내는 날, 우린 모두 '에넌버그 신입생 식당' 에 모여 자화자찬의 축배를 들었다.

"움락UMLC은 하버드 역사상 최고의 블로킹 그룹이야! 이젠 최고의 하우스로 배정받을 수 있도록 기도하는 일만 남았어. 파이팅!"

하버드의 총 13개의 하우스들 중 '선택받은' 9개는 찰스 강변에 자리잡고 있고 3개는 하버드 야드에서 걸어서 약 20분 정도의 거리인 '쿼드랭글' 이라는 곳에 따로 떨어져 있다. 전자를 '리버하우스', 후자를 줄여서 '쿼드하우스' 또는 '쿼드' 라고 부른다. 학교에서 무료로 운행하는 셔틀버스만 타면 쿼드와 하버드 야드간의 이동이 5분 안에 가능하지만 캠퍼스 중심에서 소외되었다는 이유 하나만으로도 많은 학생들이 쿼드로 가길 꺼리곤 한다. 13개 중 마지막 하나는 대학원생들이 주로 사는 기숙사라 학부생들에게는 해당이 되질 않는다.

3월 23일 밤, 모든 하버드 신입생들의 마음은 초조함의 극을 달리고 있었다. 이튿날이 기숙사 배정을 발표하는 '하우징 데이' 로 아침 8시

반이면 각 블로킹 그룹의 기숙사 발표가 나기 때문이었다. 친절한 하버드 당국은 초조해 하는 신입생들을 위해 애넌버그 식당 로비에서 아이스크림과 피자 파티를 열어 주었고, 불친절한 『램푼』 잡지는 신입생 전체에게 '미안하지만 당신은 쿼드로 가게 되었습니다' 라는 가짜 이메일을 보내 신입생들의 가슴을 철렁하게 만들기도 했다. 이 이메일을 받고 울음을 터뜨린 여학생들이 '라몬트 도서관' 곳곳에서 목격되었다고도 한다.

난 진심으로 리버하우스로 배정받길 기도했다. 아무리 쿼드가 더 쾌적한 환경을 제공한다지만 난 리버하우스들의 벽돌과 담쟁이덩굴로 뒤덮인 고풍스러움이 더 마음에 들었다. 하버드 스퀘어의 생동감 넘치는 분위기를 매일매일 느끼며 살고 싶었기에 조용한 주택가에 위치하고 있는 쿼드는 나에게 매력적으로 다가오질 않았다. 무엇보다도 학기 중엔 단 5분도 아까운데 쿼드에 살게 되면 셔틀버스 운행 시간에 나의 스케줄을 맞춰야 하니 시간 낭비가 많을 것 같았다.

나는 리버하우스 중에서도 '아담스 하우스' 를 간절히 원하고 있었다. 빨간 벽돌 건물과 낭만적인 정원, 벽화로 꾸며진 지하 터널 등의 외관상의 아름다움 외에도 아담스는 강의실, 도서관, 사이언스 센터 등이 몰려 있는 하버드 야드와의 거리가 그 어떤 하우스보다도 가깝다. 특히 카펜터 센터, 사회학과 · 정치학과 건물에서 밤 늦은 시간까지 수업이나 작업이 많은 나에게는 최상의 조건이었다. 수업시간 5분 전에 아담스를 떠나도 20~30분 전에 방을 나온 다른 하우스의 학생들보다 먼저 강의실에 도착할 수 있다. 하버드에는 '하버드 타임' 이라고 불리는 제도가 있는데 모든 수업은 하버드 타임에 의해 정해진 시간보다 7분 늦게 시작한다. 학생들의 수업이 연속으로 붙어 있을 경우를 대비하여 7분 간의 '이동 시간'을 주는 것이다. 따라서 아침 9시에 수업이 있다 하면 정확히 말해서 9시 7분에 수업이 시작되고, 아담스에 살고 있는 나는 9시 수업을 위해 9시 정각에 일어나서 5분 간 준비를 하고 강의실을 향해 걸어가도 전혀 늦지 않는다. 게다가 아담스는 만인의 야식 명소인 중국집 '홍콩'으로부터 걸어서 1분 내에 위치하고 있고 이외에도 각종 바, 카페, 편의점, DVD 가게 등과 가까워 학생들의 삶의 풍성하게 해 준다. 실제로 '하우징 데이' 전날 밤엔 많은 신입생들이 술에 취한 채 소리를 지르며 아담스로 몰려와 종이배를 태우는 의식을 행할 정도이다. '리버하우스를 상징하는 종이배를 태우면서 학생들은 '아담스에서의 3년'을 염원한다.

3월 24일, 하버드 캠퍼스는 아침부터 난리가 났다. 케임브리지 동네 주민들이 와서 구경을 할 정도였으니 말이다. '애넌버그'가 위치한 메모리얼 홀 앞에는 각 하우스를 대표하는 상급생들이 떼거리로 몰려나와서 음악을 틀어 놓고 나팔과 호루라기를 불어 가며 하우스의 기상을 드높이고 있었다. 그들은 특별 제작된 '하우징 데이' 티셔츠를 입거나(하우스에 살고 있는 상급생들이 매년 투표로 티셔츠 디자인을 결정한다) 하우스 마스코트로 특수분장을 하고 하우스 문장이 수놓아진 깃발을 흔들며 신입생들을 맞을 준비에 박차를 가하고 있었다. 한편, 블로킹 그룹의 대표들은 아침 8시 반에 학교로부터 흰 봉투를 받았는데 그 속엔 각 그룹에 배정된 하우스 이름이 적혀 있었다. '움락' 멤버들은 애비와 카일리의 필드하키 아침 훈련이 끝나는 아침 9시 45분에 다 같이 만나서 봉투를 열어 보기로 했다. 나 또한 그날 점심 12시까지 써 내야 하는 종

스트라우스 기숙사의 내 방 모습.

윈쓰롭 하우스.

스트라우스 기숙사.

매튜스 기숙사

아담스 하우스.

교학 페이퍼가 있었는데 무슨 일이 있어도 페이퍼를 9시 45분까지는 완성시키기 위해 손가락에 불이 나도록 타이핑을 하고 있었다.

'제발, 제발, 아담스가 되길…'

8시 반이 되자 봉투를 열어 본 친구들로부터 전화가 빗발치기 시작했다. 리버하우스가 되어 좋아 죽는 친구들과 쿼드로 배정되어 좌절하는 친구들의 희비가 엇갈리는 모습을 보니 더 긴장이 되었다. 사실 지금 생각해 보면 쿼드도 나쁘지만은 않은데 그땐 우리 모두가 참 어렸던 것 같다.

9시가 조금 넘었는데 갑자기 우리 B-21 문을 두드리는 소리가 났다. 문 밖에선 사람들의 "아담스 아담스 아담스!"를 외치는 소리가 나고 있었다. 문을 열자 〈셰익스피어 인 러브〉에 나올 법한 복장을 하고 가발을 쓴 남녀 단체가 우리 방으로 뛰어들어와 나를 껴안으며 아코디언을 연주하고 노래를 불러 주었다. 그들이 남기고 간 초대장을 열어 보았다.

소라 양,

아담스에 오게 된 것을 진심으로 환영합니다. 당신은 세상에서 가장 힘들고 값진 로또를 이긴 거에요. 오늘 4시에 신입생들을 위한 칵테일 파티가 아담스 Lower Common Room에서 있을 예정이니 꼭 와 줘요. 다시 한 번 축하합니다!

아담스 하우스 학생 대표

팀 스미스 & 아맨다 윌리스

3. 베일에 가려진 하버드 일상들

3학년에 올라가자 주위 친구들의 눈빛이 달라졌다. 얼마 전까지만 해도 '일도 열심히! 놀기도 열심히!' 라는 모토를 가지고 살아가던 친구들이 GPA 관리를 위해 하루 종일 공부와 과외활동에만 열을 올리는 순도 100% 모범생들로 돌변했고 그중 일부는 여름 인턴십 자리를 얻기 위해 이력서 챙기랴, 인터뷰 준비하랴 바쁜 일상을 보내고 있었다.

가을학기가 무르익을 즈음이 되면 주로 맥킨지, 베인, 골드만 삭스, 크레딧 스위스와 같은 컨설팅 · 투자은행 분야의 대기업들이 '인재 사냥' 을 위해 하버드를 방문하기 시작하여 3, 4학년 학생들을 대상으로 기업 설명회나 디너파티 등을 개최한다. 특히 설명회와 같은 행사는 주로 '오픈 이벤트' 로 열리기 때문에 관심 있는 학생들은 아무나 참가할 수 있는데 참가 학생들은 각 기업에서 나온 홍보사원들이나 인사과 대표들과 이야기를 나누며 취업에 관한 전반적인 궁금증을 푼다. 그리고 무엇보다도 짧은 시간 안에 그들에게 '눈도장' 을 찍기 위해 각별히 신경을 쓴다. 대부분의 기업들이 특별한 경우를 제외하고는 1월경부터 미국 지사 인턴/풀타임 사원 모집을 시작하는데 아무래도 기업 관계자들의 눈도장을 받아 놓으면 지원 과정에서 눈에 띄기가 수월해지기 때문이다.

나는 당시 다른 진로를 생각하고 있었지만 경험 삼아 기업설명회에 참가해 본 적이 몇 번 있다. 그런데 평소 학교 캠퍼스에서 같이 뒹굴던 친구들의 모습이 그때만큼 낯설게 느껴졌던 적도 없는 것 같다. 그들은 사회 진출의 등용문에서 지덕을 겸비한 완벽한 예비 사회인의 모습으로 기업 관계자들을 압도하고 있었다.

"야, 나 양복 빼 입었더니 수트발이 장난 아니야! 좀만 기다려."

어느 날 밤, 장난꾸러기 친구 크리스로부터 전화가 걸려 왔다. 국제적 명성을 갖고 있는 기업에서 몇몇 학생들만 선발하여 디너파티를 열어 주었는데 주최측에서 자신을 너무 좋아했다면서 한껏 들떠 있었다. 그러면서 자신의 그러한 '프로페셔널' 한 모습을 기숙사에서 썩고 있는 불쌍한 중생들에게도 보여 주겠노라며 우리 기숙사 방으로 달려오고 있다는 것이었다.

"디너파티에선 완전 무게잡고 앉아 있었을 텐데… 다 사기라니까."

그러나 '똑똑' 소리와 함께 문밖에 나타난 크리스의 모습은, 인정하고 싶진 않았지만 정말 멋졌다. 그는 워낙 사교성이 많아 1학년 때부터 모은 각 기업 인사과 사람들의 명함만 해도 백 장이 넘었고, 아직 가을 학기 중순인데도 불구하고 각 기업들로부터 인턴십 러브콜을 받고 있었다. 평소엔 친구들과 놀기 좋아하고 인권 문제에 관심이 많아 사회봉사 활동에도 열심인 크리스는 그렇게 '학생의 순수함' 과 '사회인의 전문성' 을 함께 가꾸어 나가며 사회로 나갈 채비를 하고 있었다.

많은 분들이 '하버드 대학' 이라는 이름이 사회에서 발휘하는 영향력 때문에 재학생들의 일상 또한 뭔가 다를 것이라고 기대한다. 또한 겉으로 보이는 학생들의 성숙함과 학문적 진지함에 항상 그렇게 진지하면 무슨 재미로 사냐는 질문도 해 온다. 하지만 베일을 벗겨 보면 그 안엔 영락없는 20대 초반의 싱그러운 삶이 진행되고 있다. 회사 중역들을 상대로 지성미를 뽐내던 젊은 하버드 경제학도가 파티장을 나서는 순간 자신의 '수트발'을 친구들에게 뽐내려 달려가는 소년으로 바뀌어 있을 것이라고 그 기업은 상상이라도 했겠는가.

1년 간의 파노라마

미국 대학은 거의 4개월에 달하는 긴 여름방학과 짧은 겨울방학을 가지고 있다. 긴 여름방학을 이용하여 뭔가 생산적인 경험을 쌓아 보라는 학교측의 뜻인 것 같다. 원래부터 '튀기 좋아하는' 하버드는 그중에서도 유별난 학사일정을 가지고 있는데 2008~2009학년도를 예로 들어 보자면 다른 학교들보다 보름~한 달 정도 늦은 9월 중순부터 가을학기가 시작된다. 11월 말에 나흘 간의 추수감사절 방학이 있고 12월 중순에 겨울방학을 한다. 추수감사절과 겨울방학엔 대부분의 학생들이 각자 집으로 향한다. 미국 사람들이 가장 중요시하는 두 명절이라고 해도 과언이 아닐 추수감사절과 크리스마스는 특별한 일이 없는 한 꼭 가족과 함께 보낸다는 신조가 있기 때문이다.

"소라, 추수감사절 때 우리 집에 같이 가자! 우리 할머니 칠면조 요리 솜씨가 진짜 멤피스 최고라니까!"

추수감사절을 몇 주 앞두고 줄리는 나를 자기 집으로 초대했다. 큰 명절인데도 불구하고 내가 집이 한국에 있어 가족과 함께 시간을 보내지 못한다는 사실이 마음에 걸렸나 보다. 줄리는 엘비스 프레슬리의 고향으로 유명한 멤피스 출신인데 마침 줄리네 아버지가 엘비스 프레슬리에 관한 한 미국 내 최고의 전문가라서 난 4일 동안 로큰롤에 관한 특별 개인강좌를 받을 수 있었다. 그리고 대망의 추수감사절 저녁시간! 미국 각지에서 날아온 줄리의 친척들과 함께 정답게 이야기를 나누고 있는데 드디어 주방에 계시던 할머니께서 나오셨다. 내 생애 보아 오던 중 최고로 크고 탐스러운 칠면조 요리와 함께.

모두들 '해피 뉴 이어'를 외치며 신년의 기쁨을 나누는 1월 1일이 하버드 학생들에게는 황금 같은 겨울방학의 마지막 날이다. 학생들은 이튿날 학교로 돌아오는 즉시 3주 간에 걸친 '자습 및 기말고사 기간'에 돌입하게 된다. 겨울방학 전에 1학기 기말고사를 끝내는 다른 대학들과는 다소 차이가 나는 학제인데 이로 인해 겨울방학을 즐길 수 없다는 학생들의 끝없는 탄원으로 인해 하버드도 내년부터는 기말고사 기간을 앞당기겠다고 약속했다.

하버드에서 '기말고사 기간'이 시작되기 전 11일 동안은 '자습기간'이다. 이 기간 동안에는 '랭귀지 수업'을 제외하곤 따로 수업이 없고 대부분의 학생단체들도 '타임아웃'을 하기 때문에 학생들은 페이퍼 쓰기와 기말고사 대비에 전력을 다할 수 있다. 특히 '자습기간' 마지막 날 밤에는 하버드만의 전통의식이 치러지는데 바로 '프라이멀 스크림'이라고 불리는 '나체 달리기'이다. 기말고사를 시작하는 학생들에게 스트레스를 해소할 기회를 준다는 취지의 행사이다. 하버드 밴드가 캠퍼스를 돌며 팡파르를 울리면 드디어 행사가 시작된다. 우리의 용감한 남녀 전사들은 '하버드 야드'를 돌며 젊음을 불사르는데 때론 소속된 하우스 깃발을 휘날리며 달리기도 하고, 남학생들이 여학생을 태운 썰매를 끌고 달리기도 한다. 곳곳에서 터지는 카메라 플래시에도 묵묵히 달리는 이들은, 그러나 이튿날 아침에 페이스북에 올라와 있는 자신들의 사진을 보고 뒤늦게 후회하기도 한다. 물론 사진은 모자이크 처리와 함께 적당한 수위를 지키며 올린다.

기말고사에 대한 부담감으로 겨울방학 동안 마음껏 쉬지도 못하는 학생들이 안쓰러운지 학교측에선 나름대로 배려를 하여 1월 말에 약 일주일 동안의 깜짝 방학을 제공해 주는데 그 기간을 우린 '인터세션'이라고 부른다. 인터세션 때는 학교 차원에서 단체로 스키여행을 떠나기도 하고, 학생단체별로 MT나 순회공연을 다녀온다. 이렇듯 1월 말에 방학을 한 학교는 하버드가 유일무이하다 보니 우리는 어쩔 수 없이 우리끼리만 놀아야 하는 상황에 처하는데 인터세션을 통해 다른 학교 학생들의 방해 없이 하버드생들간의 유대감을 향상시키려는 학교측의 계략이 아니겠냐는 말도 떠돈다. 인간의 정신적 · 육체적 한계를 시험해 보는 듯한 기말고사 기간을 끝마치고 또다시 바쁜 일상이 이어지는 봄학기를 시작하기 전에 맛보는 그 일주일 간의 자유는 참 달콤하고 소중하다.

인터세션이 끝나는 1월 말부터 봄학기가 시작된다. 봄학기엔 날씨가 서서히 풀리면서 학생들이 기숙사 방에서 하나둘씩 나오기 시작한다. 도서관 책상에 쌓여 있던 책들을 싸 들고 밖으로 향한다. 학생들은 잔디밭에서 짙은 선글라스를 낀 채 페이퍼를 쓰고, 와이드너 도서관 앞 계단에서 삼삼오오 토론을 한다. 찰스 강변에서 스타벅스 커피를 손에 들고 머리카락을 휘날리며 책을 읽기도 한다. 우리 유행어로 '된장남 · 녀'의 모습을 한 하버드생들이 많아지는 것이다. 많은 분들께서 말씀하신다.

"쟤네 영화 찍나? 잔디밭에선 공부가 안 될 텐데… 일부러 저러는 거야."

맞다. 사실 공부는 잘 안 된다. 지나가는 사람들 신경 쓰랴, 노트북에 역광 피하랴, 날리는 치마 다잡으랴… 할게 너무 많기 때문이다. 그러나 이 학생들은 절대 자아도취가 된 것도, 영화 〈러브스토리 인 하버드〉의 한 장면을 따라 하는 것도 아니다. 4월 초에도 눈이 오는 케임브리지의 혹독한 겨울 추위로 몇 달 동안 방안에 웅크리고 앉아 있어야 했던 하버드의 젊은이들은 봄 햇살을 보는 순간 기쁜 마음을 주체하지 못하고 밖으로 뛰쳐나가게 되는 것이다. 뭔가 공부는 해야겠으니 책을 집어 들고 뛰쳐나갈 뿐이다.

"어떤 원피스가 더 예뻐? 구두는 뭘 신지? 근데 오늘은 와이드너 계단 말고 찰스강 쪽으로 갈 거야. 지금 딱 조정하는 애들 훈련 시작할 시간인데…"

그런데 강가에 책 읽으러 나간다면서도 한 시간 넘게 옷을 고르고 화장을 하는 룸메이트들을 보니 햇살이 좋아서 나가는 것만은 아닌가 보다.

5월 초~말까지는 봄학기 '자습 및 기말고사 기간' 이다. 기말고사가 끝남과 동시에 자유의 몸이 되는 4학년생들은 집에 돌아가지 않고 6월 초의 졸업식 때까지 학교에 남아 낭만적인 '졸업생 주' 를 즐기게 된다. 졸업생 주엔 캠퍼스에서 각종 행사들이 열리는데 그중 최고 인기는 아마 '마지막 찬스 댄스' 일 것이다. 졸업을 코앞에 두고도 아직 짝을 찾지 못한 외로운 영혼들이 하버드에서의 '좋은 시절' 을 끝내기 전에 사랑을 찾기 위한 마지막 찬스를 당겨 본다는 취지이다. '마지막 찬스 댄스' 는 학교 공식 웹사이트에도 4학년들이 졸업 전에 꼭 해봐야 할 일 중 하나로 아래와 같이 명시되어 있다.

> 같은 섹션의 귀여운 그/그녀에게 '마지막 찬스 댄스' 같이 가자고 데이트 신청하기

나도 내년엔 '마지막 찬스 댄스' 에 가게 될 텐데 누구한테 같이 가자고 하지? 4학년 봄학기 때는 처음부터 섹션 선정에 각별한 신경을 써 둬야겠다.

아름다운 그대여, 사랑하는 그대여

"헛, 재는 뭐야? 혹시 『램푼』의 '올해의 여성' 상 받으러 온 할리우드 배우?"

사회학 강의시간에 미모의 여성이 나타났다. 180cm에 달하는 키에

어깨 너머로 내려오는 긴 금발머리, 백옥 같은 얼굴과 하늘을 담은 듯한 스카이 블루 눈빛이 도저히 사람들로 하여금 눈을 떼지 못하게 했다. 그녀는 엘리사라는 같은 학년의 여학생이었는데 인턴십 인터뷰가 있어 수업에 늦었다고 했다. 친구의 룸메이트라 가끔 지나다니며 본 적이 있었으나 이렇게 정장을 입고 들어오는 그녀의 모습을 보니 정말 감탄사밖에는 나오지 않았다. 여자인 나도 황홀한데 남자들은 오죽하랴. 자존심 센 하버드생들이라 모두 황급히 시선을 돌리는 듯했으나 엘리사 주변의 남학생들은 내심 회심의 미소를 짓고 있었다.

하버드에는 소위 말하는 예쁘고 잘생긴 사람들이 없을 것이라 생각했는데 학교에 가 보니 내 생각이 얼마나 잘못되었는지 알 수 있었다. 동서양을 막론하고 연예인 급의 미모를 지닌 학생들이 곳곳에서 발견되었는데 바쁜 스케줄로 평소엔 많이 꾸미지 않는데도 불구하고 그들은 자체적으로 빛이 나는 듯했다. 미스코리아 진의 금나나 언니는 말할 것도 없고 gap-year를 하고 프랑스와 이탈리아에서 모델 일을 하다 왔다는 크리스토퍼, 미스 아이오와 대회에서 순위권에 입상한 앤-마이클, 미스 아메리카 주니어 출신의 메이건 등 반짝반짝 빛나는 외모의 학생들도 학교에서는 학생의 신분으로 돌아와 학업에 열중하고 있었다.

그러나 그 무엇보다도 날 놀라게 했던 것은 우리가 흔히 생각하는 공식, '미국인=뚱뚱하다'가 성립되는 케이스가 하버드에는 거의 존재하지 않는다는 것이었다. 고등학교를 갓 졸업하고 살이 통통하게 오른 모습으로 하버드에 입성했던 신입생들도 학년이 올라가면서 살이 빠지기 시작했다. 사실 1학년 때는 학생들이 학업 부담감에서 오는 스트레스를 먹는 것으로 푸는 경우가 허다해 1년에 15파운드가 찐다는 의미의 '신입생 15' 라는 말까지 생겨났다. 15파운드면 7kg에 달하는 몸무게인데 나도 경험해 보아서 알지만 신입생 시절엔 몸매가 어떻게 되든 상관없이 무조건 먹고 보자는 심리였던 것 같다. 심리적 스트레스로부터 스스로를 방어하다 보니 자신도 모르게 무언가를 끝없이 집어먹게 되었다. 설상가상으로 케임브리지는 겨울이 길어서 몇 달 동안이나 두툼한 옷을 껴입고 살다 보니 자신의 몸매 변화에 대해 정확하게 자각을 할 기회가 없었다. 식당에서 미국 음식을 마음껏 먹으며 종종 '홍콩' 에서 야식까지 즐겨 주니 7kg은 그야말로 눈 깜짝할 새였다. 방학을 맞아 한국에 나온 나를 아버지께서도 못 알아보셨을 정도였으니 말이다.

그런데 여름방학을 끝내고 2학년 개학을 맞아 학교로 돌아갔을 때, 대부분의 학생들이 '신입생 15' 전보다도 더 늘씬해진 몸매로 학교에 속속들이 도착하고 있었다. 놀라웠다. 이들은 그 후로도 학교생활을 하면서 고집스러우리 만큼 철저한 건강식단과 엄청난 운동량으로 몸매 관리를 했다. 예쁘고 잘생긴 얼굴은 자신의 노력으로 일구어 낸 것이 아니지만 철저한 '자기 관리' 로 건강과 몸매를 가꾸어 나가는 하버드생들의 모습에 난 감동해 버렸다. 공부에, 과외활동에 숨돌릴 틈도 없을 텐데 말이다. 특히 일부 여학생들은 몸매 관리를 위해 하우스 식당에서도 시금치, 오이, 두부에 식초 소스를 뿌린 초저열량 샐러드와 라이트 콜라로 한끼를 해결하고 하루에 한 번씩은 꼭 학교 내 스포츠센터에 가서 운동을 한다. 비가 억수같이 퍼붓던 오후에 mp3를 귀에 꽂고 조깅하러 나가던 리베카와 캐롤의 모습은 아직도 눈에 선하다. 남학생들 또한 상대적으로 많이 먹기는 해도 엄청난 운동량으로 탄탄한 몸매를 유지한다.

어느 날 새벽, 아담스 브레인 브레이크에서 레몬케이크 두 조각을 들고 방으로 돌아왔는데 룸메이트 캐롤의 책상에 놓여 있던 큰 쪽지가 눈에 띄었다. 캐롤이 잠자기 전에 스스로에게 써 놓은 듯한 쪽지는 내 목구멍으로 넘어가고 있던 레몬 크림을 순식간에 맛없게 만들어 버렸다.

> 캐롤, 오늘 넌 너무 많이 먹었어! 탄수화물 덩어리 씨리얼은 너의 적! 10알만 먹자.

이렇게 자기관리에 철저한 하버드생들은 그만큼 자존심도 세다. 일반화시킬 수는 없겠으나 대부분의 학생들이 사랑에 있어서도 우리가 흔히 말하는 '밀고 당기기'를 한다. 절대 남자보다 먼저 '대시'를 해서는 안 되기 때문에 마음속에도 한 우물만 파 놓지 않는 여학생들과, 대시는 하되 적당히 하여 서로를 알아가는 관계 정도로만 남겨 놓는 남학생들 사이에선 불꽃 튀는 기 싸움이 일어나곤 한다.

이들은 파티가 있어도 쉽게 데이트 신청을 하지 않는다. 함께 파티에서 즐거운 시간을 보내고 왔지만 '밀고 당기기'의 늪에 빠져 애꿎은 우정까지 상하게 하는 경우도 있다. 내가 속해 있는 여학생 사교단체 '$\Delta\Gamma$(델타 감마) 소로리티'에서는 여러 종류의 이벤트를 개최하는데 유독 파티가 있을 때면 $\Delta\Gamma$ 단체이메일 계정이 폭주를 한다. 서로 데이트를 대신 신청해 주고, 친구를 소개받고, 소개를 해 주고… 여자의 자존심을 지키기 위해 신경 쓸 것이 한두 개가 아닌 것이다.

단, 이성에게 데이트 신청을 하기에 딱 좋은 절호의 찬스가 있으니 바로 사조직 단체가 아닌 학교에서 개최하는 '하우스 포멀'이다. 학기말

'델타 감마' 소로리티 단체사진.
영화 〈금발이 너무해〉 에서 리즈 위더스푼이 속한 소로리티로 나오는 '델타 뉴' 는 델타 감마에서 따온 것이라고 한다.

자습기간이 되면 하우스마다 '하우스 포멀' 이라는 댄스 파티를 성대하게 여는데 이때는 '포멀을 통하여 학생들간의 친목을 도모한다' 는 학교 당국의 공식적인 입장 뒤에 자기 자신의 특별한 감정을 숨기고 원하는 이성에게 '쿨' 하게 데이트 신청을 할 수가 있는 것이다. 마치 함께 친목 도모나 하러 가자는 느낌으로 말이다. 그래서 가끔은 뜻하지 않은 오해가 생기기도 한다.

"소라, 나 너무 화나 죽겠어! 글쎄 로리가 나한테 포멀을 같이 가자는 거야!!"

"야, 축하해! 너 원래 로리 좋아했잖아. 근데 왜 화가 나는 거야, 대체?"

"근데 하우스 포멀이잖아. 나한테 아무런 감정이 없나 봐. 날 친구로만 여기나 봐."

결국 친구는 못이기는 척 '호감남' 로리와 포멀에 다녀왔는데 그 곳에서 로리의 진심을 알게 되었다고 했다. 로리는 정말로 친구를 좋아했고 순수한 마음으로 용기를 내어 데이트 신청을 했던 것인데 친구의 과도했던 심리분석으로 인해 하마터면 큰일날 뻔했던 것이다.

미국 친구들과 함께 생활하면서 한국과 많이 다르다고 느낀 것 중 하나가 있다면 그들은 섣불리 이성에게 '사랑해' 라는 말을 하지 않고, 대신 '좋아해', '너와 함께하는 것이 좋아' 라는 표현을 쓴다는 것이다. 물론 동성끼리는 우정의 표현으로 '아이 러브 유' 를 연발하지만 정작 마음에 드는 이성에게는 사랑한다는 말을 몇 주, 몇 개월, 심지어는 1년이 지나서야 하기 시작한다. 이때는 '밀고 당기기' 때문이 아니라 먼저 그 사람과 많은 시간을 보내며 서로를 알아가야 한다고 생각하기 때문이다. 그래서 가족을 사랑하는 마음으로 그/그녀를 사랑할 수 있게 됐을 때 비로소 '사랑한다' 는 말을 조심스레 꺼낸다. 물론 첫눈에 사랑에 빠져 버렸다는 커플들도 있지만 말이다.

아직 '좋아해' 와 '사랑해' 의 차이점을 인지하지 못했던 신입생 시절, 난 HRO의 완소남에 대해 친구와 이야기를 나누다가 동서양의 사랑에 대한 개념 차이를 처음으로 절감했다.

"야야, 지난번에 말했던 그 남자애 있지? 나 걔 LOVE하나 봐. 아 어떡해~"

"뭐라고? 말도 안 돼. 소라 너 걔랑 안 지 얼마 안 됐잖아. 데이트도 안 해봤고!"

"아니 그냥 내가 혼자서 LOVE한다고. 그게 뭐 어때서?"

"그럼 LOVE가 아니라 좋아하는 거겠지. 나도 니콜라이를 아직 안 사랑하는데…"

친구는 남자친구 니콜라이와 몇 달째 사귀고 있던 중이었는데 아직 마음이 LOVE까지는 도달하질 않았다고 했다. 어쩌면 영원히 도달하지 않을 것 같다는 말도 덧붙였다.

이성을 사랑하는 데는 그에 합당한 시간과 노력이 필요하다고 철저히 믿는 하버드생들은 그래서 그런지 이성과 함께 시간을 보내는 데에는 한국보다 훨씬 더 개방적이다. 시간을 함께 보내기 전까지는 사랑을 알 수 없다는 말을 역설적으로 하자면 굳이 사랑하지 않아도 사귈 수가 있는 것이고, 사귀지 않아도 가슴 콩닥거리는 데이트는 할 수 있고, 데이트는 하지 않아도 얼마든지 함께 밤을 보낼 수 있다는 논리이다. 이러다 보니 키스는 오히려 가볍게 할 수 있지만 손을 잡는다는 것은 사귀기 시작했다는 뜻의 중대 사건으로 여기기도 한다. 물론 다양한 문화, 종교가 공존하는 대학이다 보니 이와는 대비되는 사고방식을 가진 학생들도 많지만 말이다.

어느 날 아침 일찍 기숙사 방문을 나서서 계단을 내려가는데 예전에 수업을 같이 들으면서 알게 된 친구 마이클을 만났다.

"마이클! 너 여기 살았어? 쿼드에 사는 줄 알았는데?"

"아, 나는 쿼드에 사는데 여자친구가 아담스에 살거든. 그러니 나도 뭐 거의 여기서 산다고 보면 되지. 그러고 보니 내 여자친구랑 너랑 같은 호 라인이네."

마이클은 나한테 또 보자며 명랑하게 인사를 하고 기숙사 문을 빠져 나갔다. 한국과는 달리 하버드 기숙사에는 특별한 규율이 없고, 아무리 높은 기숙사 사감이라고 해도 학생들의 기숙사 생활에 대해 참견할 권한이 없다. 그래서 하버드 기숙사엔 서로 알아가는 중인 진행형 커플들이 참 많다. '정상의 자리는 외롭다' 라는 문구가 마치 학교의 모토인 양 가슴속에 품고 살아가는 젊은 하버드생들은 그렇게 누군가를 좋아하고, 서로를 알아가며, 성숙한 사랑을 배운다.

21번째 생일

미국에선 만 21세, 스물한 살이 큰 의미를 가진다. 만 스물한 살이 되어야 청소년들이 비로소 합법적으로 공공장소에서 술을 마실 수 있기 때문이다. 9월에 1학기가 시작되는 미국의 학제로 인해 보통 한국 유학생들은 미국 친구들에 비해 한 살 정도 나이가 많은데 게다가 나는 1년을 아프리카에서 보내고 하버드에 입학한 터라 다른 친구들에 비해 나이가 평균 두 살 정도 더 많았다. 그러다 보니 난 2학년 1학기 때 벌써 만 21살이 되었고, 아이디 검사를 철저하게 하는 레스토랑이나 바에 갈 때마다 주위 친구들의 부러움을 한 몸에 받곤 했다.

나의 21살 생일을 2주 앞두고 룸메이트들은 나에게 근사한 생일파티를 해 주겠다며 기대하고 있으라고 했다. 우리의 욺락 블로킹 그룹 멤버들 중 내가 가장 먼저 21살의 티켓을 끊게 될 주자였기 때문에 나를 위해 뭔가 성대한 생일파티를 열어 줘야겠다는 부담감을 가지고 있는 듯했다. 난 중간고사가 얼마 남지 않은 시점에 룸메이트들에게 부담을 주기가 싫어서 난 괜찮으니 신경 쓰지 말라고 사양을 했지만 다들 의미심장한 미소만 지을 뿐이었다.

며칠이 지나지 않아 룸메이트 사라는 나에게 어린 꼬마 시절 사진이 있으면 이메일로 좀 보내 달라고 했고 리베카는 생일파티에 초대하고 싶은 친구들 명단을 넘겨 달라고 했다. 난 룸메이트들의 시간을 빼앗는 것 같아 미안하면서도 내심 기대가 되기 시작했다.

내 생일 D-7일. HRO 리허설에 갔는데 친구들이 나에게 다가와 깔깔대며 말을 하기 시작했다.

"소라~ 페이스북으로 너 생일파티 초대장이 와서 내가 간다고 예약했어! 기대하고 있을게! 근데 초대장 내용이 진짜 압권이던데? 하하하."

나는 내 생일파티가 어디서 언제 열리는지도 몰랐고 친구들에게 초대장이 배포되었다는 사실도 전혀 모르고 있었다. 게다가 초대장 내용이 압권이라니…?

기숙사로 돌아가 리베카한테 혹시 내 생일 초대장에 대해 아는 바가 있냐고 물어 보았더니 내가 지난번에 넘겨준 명단에 있는 친구들에게 모두 보냈다고 했다. 초대장에는 나의 얼굴을 크게 확대해 놓은 사진과 함께 다음과 같은 문구의 내용이 적혀 있었다.

Sorah's 21st! 한국식으로 따지자면 소라는 22살이고 한국에 있을 땐 4년 전부터 언제 어디서나 합법적으로 알코올을 섭취할 수 있는 신분이었다고 합니다. 그러나 만 21살 이전엔 술을 절대 마실 수 없는 미국법에 따라 그녀는 미국으로 건너온 지난 9월부터 지금까지 무려 1년 2개월 동안이나 술과 담을 쌓고 살아와야 했습니다. 물론 공식석상에서 말입니다. 그래서 돌아오는 11월 10일, 우리는 다 같이 그녀의 21번째 생일을 성대하게 축하하고자 합니다. 생일파티는 하버드 스퀘어의 Uno's에서 밤 9시부터 시작을 할 예정이고 선착순 60명만 받습니다. 61명째부터는 죄송하지만 우리의 사랑하는 이웃 친구이자 이제 곧 18살이 될 어린아이 윌 스키너의 18번째 돌잔치로 가 주시면 고맙겠습니다.

난 보는 내내 웃음을 참을 수가 없었다. 윌 스키너는 역시 아담스에 사는 친구였는데 어릴 때부터 월반을 너무 많이 해서 우리와 같은 학년인데도 불구하고 아직 17살밖에 되지 않은 소년이었다. 하필이면 나와 생일이 같아서 파티가 겹치는 모양이었는데 항상 윌 스키너가 너무 어리다고 놀려 오던 리베카가 초대장에다가 공개적으로 익살맞은 농담을 써 놓은 것이었다.

내 생일 D-1. 왠진 몰라도 하루 종일 룸메이트들이 분주하게 돌아다녔다. 파티 시간이 가까워지자 나 보고는 Uno's에 먼저 가 있으라고 했는데 알고 보니 나를 위해 멀리 떨어져 있는 베이커리에서 특별 대형 케이크를 주문해 놓은 것이었다. 큰 하드보드지에 화려한 장식과 함께 나의 어린 시절 사진들을 확대 프린트하여 붙여 놓고 삐뚤삐뚤 서툰 한글체로 '성소라, 생일 축하해'를 써 놓기까지 했다. 인터넷에서 '해피 버스데이'를 한글로 쓰는 법을 찾아보았다고 한다. 이름은 언젠가 내가 한

글로 내 이름을 써 놓았던 종이를 다시 찾아내 베껴 썼다고 했다. 하드보드지를 Uno's 출구에 세워 놓아 나의 생일파티에 오는 손님들에게 한 명씩 사인을 받을 것이라고 했다. 난 너무나도 감격스러워서 말문이 막히고 말았다.

룸메이트들은 나를 위해 Uno's의 지하실은 물론 가라오케 시설까지 빌려 놓아 파티에 온 친구들이 마음껏 즐길 수 있도록 했다. 전문 DJ가 파티의 흥을 한껏 돋우어 주었고 나는 하나둘씩 모여들던 친구들과 함께 내 생애 처음이자 마지막인 21번째 생일파티의 추억을 만들어 나갔다. 밖에는 비가 주룩주룩 내리고 있는 데다 목요일 저녁이라 다들 시간의 여유가 없었을 텐데도 나의 생일을 함께 축하해 주기 위해 모여 준 친구들이 너무나도 고마웠다.

특히 가장 기억에 남는 순간 중의 하나는 내가 당시 듣고 있던 음악수업의 노교수님께서 내 생일 파티장에 손수 찾아오신 것이었다. 워낙 소규모의 수업이라 교수님과 학생들이 모두 가족 같은 분위기로 친하게 지내곤 했는데 같이 수업을 듣는 친구 한 명이 교수님께 나의 생일파티 소식을 말씀드렸더니 대뜸 당신도 참가하겠다고 하셨단다. 친구는 교수님이 출입구에서 나를 기다리고 계신다며 자기가 마음대로 초대를 해서 미안하다고 했다.

"와. 교수님이 오셨다면 정말 영광이지!"

교수님께선 어색하셨는지 차마 젊은이들로 넘쳐나는 지하 파티장소까지는 내려오시지 못하고 출입구에서 나를 기다리고 계셨다. 그리고 나의 21번째 생일을 축하한다며 정성스럽게 포장된 초콜릿 상자를 건네

주셨다. 난 믿을 수가 없었다. 제자의 생일을 챙겨 주시며 선물까지 준비해 오신 교수님의 그 정성과 사랑을 난 평생 잊지 못할 것 같다.

드디어 시계가 12시를 가리켰고 나는 공식적인 21살이 되었다. 친구들의 박수 속에서 생일 케이크 촛불을 불었고 나의 첫 번째 '합법적 샷'을 맛보았다. 난 촛불을 불면서 생일 소원 대신 생일 감사의 기도를 드렸다. 1년 전 이맘때쯤만 해도 나에게 있어서 하버드는 학업의 전당일 뿐이었고 이렇게 좋은 사람들을 많이 만나게 될 줄은 상상도 못했는데 너무나도 귀중한 인연들을 허락해 주셔서 감사하다고 말이다.

새벽이 되어 생일파티가 끝나고 룸메이트들과 함께 뒷정리를 한 후 기숙사로 돌아가려는데 밖에서 내가 나오기를 기다리고 계시던 분들이 있었으니 바로 한국 선배들이었다. 그중에는 오래 전에 졸업하고 현재 보스턴에서 일을 하고 계신 오빠들까지 계셨는데 깜짝 놀라는 나를 향해 오빠들은 이렇게 말씀하셨다.

"야, 시시하게 뭐야~ 우리 이젠 진짜 '한국식'으로 생일빵 해야지? 소라의 21번째 생일을 축하한다!"

나는 그렇게 선배들과 함께 또다시 생일빵을 하러 길을 떠났다. 한국 선배들의 카리스마에 놀라워하는 룸메이트들을 뒤로한 채.

하버드 공부벌레들 도서관에 가다

과외활동에 열정을 쏟아 붓는 학생들도, '미루기쟁이' 학생들도, 알고 보면 모두 '하버드 공부벌레'의 특성을 가지고 있다. 학생의 본분은 공부인 만큼 공부에 대한 욕심이 많은 것이다. 학생들은 학기마다 평균 네 개의 과목을 수강하는데 각각 과제 양이 엄청나기 때문에 과목 네 개만으로도 공부할 시간이 빠듯하다. 그런데 학년이 높아질수록 좀더 욕심을 내어 다섯 개 이상의 과목을 듣는 학생들의 비율이 많아진다. 긴 것 같아도 따지고 보면 4년 간 총 8학기밖에 되지 않는 대학생활 동안 최대한 많은 것을 배우고 습득하기 위해서이다. 또 학교라는 안락한 보호막 안에 있을 때 실컷 공부를 해봐야 나중에 사회에 나가서도 후회하지 않을 것이란 생각들이다.

나 또한 그 생각에 동의하는 학생 중 한 명이라 네 개 이상의 과목 수강이 허용되지 않는 1학년 첫 학기를 제외하고는 항상 수업을 다섯 개씩 들어 오고 있다. 학년이 올라갈수록 들어야 하는 전공과목의 수준이 올라가고 최상의 학습효과를 내기 위해 대학원 과정 수업도 함께 듣기 때문에 과목 수를 다섯 개로 유지한다는 것이 쉽지만은 않다. '수업등록카드' 를 학교에 제출할 때마다 수강 과목을 하나 줄여야 되는 게 아닌지 고민하곤 한다. 온라인 GPAgrade point average 계산기를 이용하여 A가 네 개일 때와, A와 B가 섞여서 다섯 개일 때, 언제 더 학기말 GPA가 좋은지 계산해 보기도 한다. 학점의 노예가 되지 않겠다고 다짐하지만 대학 이후의 진로를 준비하는 입장에서는 GPA로부터 완전한 자유인이 될 수 없나 보다. 한 번은 며칠 밤을 고민하다 겨우 결정을 내렸는데 정작 '수업등록카드' 제출하는 것을 잊어 먹고 오케스트라 MT를 떠나 버려 벌금을 물어야 했던 적도 있다. 그러나 매번 느끼는 것이지만 난 '과목 네 개' 의 학교생활로는 다시 못 돌아갈 것 같다. 아무 걱정 없이 공부만 할 수 있는 감사하고도 사치스러운 환경이 주어졌는데 게으름을 피우면

훗날 나 자신에게 미안하지 않겠는가 하는 생각이 들어서이다. 실제로 사람의 '정신력' 이라는 게 참 신비로워서 학생들은 과목 수나 난이도에 상관없이 항상 비슷한 학기말 성적을 유지하곤 한다.

'정신력의 승자' 하면 난 내 친구 유진이 떠오르는데 그는 수업을 여섯 개씩이나 들었다. 청강하는 과목까지 합하면 일곱 개였다. 쾌활한 스포츠 마니아인 그였지만 학기 중엔 학업으로 인한 만성 피로로 반쯤 넋이 나간 채 캠퍼스를 돌아다니곤 했다.

"소라, 우리 오늘 리허설 30분만 일찍 끝내도 돼? 페이퍼랑 시험이 몰려 있어. 지난 두 주 동안 매일 한 시간씩밖에 못 잤더니 지금 완전 제정신이 아니야."

"그러니까 수업 좀 줄여! 세상에, 다섯 개씩이나 어떻게 대학원 레벨로 들어?"

"여름에 인턴십 해보니까 내가 얼마나 더 공부를 해야 하는지 알겠더라고."

물론 학생마다 전공과목과 듣는 수업들이 천차만별이다 보니 '몇 개 과목의 수업을 듣느냐' 로 그 사람의 학구열이나 천부적인 재능을 판단할 수는 없다. 자신의 한계선을 넘나들며 대학원 과정 과목들을 서너 개 듣는 2학년 학생과 다섯 개의 기초과목들을 들으며 다양한 공부를 해보는 신입생 중 누가 더 '열심' 인지는 판가름할 수가 없다. 세계 일류 교수님들과의 공동연구를 위해 하루 10시간 이상을 연구실에서 보내는 물리학도와 넓은 견문과 화려한 언변술로 관중을 압도하는 정치학도 중에 누가 더 천부적인 재능의 소유자인지 또한 가를 수가 없다.

우린 모두 비교될 수 없는 다른 모습을 한 채 살아가지만 목표를 향해 열심히 정진하고 있다는 사실만큼은 같은 것 같다. 그리고 이렇게 '다르면서도 같은' 하버드생들의 모습을 빼 닮은 것이 하나 있으니 바로 하버드의 도서관들이다.

학문의 전당답게 하버드에는 80개가 넘는 도서관들이 있다. 도서관 안에는 Reading Room이라 불리는 소위 '독서실'이 있기 때문에 대다수의 학생들이 '하버드 공부벌레'라는 말이 무색하지 않게 그 곳에서 많은 시간을 보낸다. 그중 학부생들의 삶과 가장 밀접한 관계를 맺고 있는 하버드 도서관 두 개는 '라몬트'와 '캐봇'인데, 둘은 참 다르면서도 같은 분위기를 지니고 있다. 평소에도 금·토요일만 제외하고는 24시간 풀가동인 라몬트는 물론이고 '사이언스 센터' 1층에 위치한 캐봇도 자습·기말고사 기간에는 24시간 열려 있어 하버드 공부벌레들의 보금자리가 되어 준다. 두 도서관 모두 한국 독서실들처럼 자리마다 칸막이가 있어서 집중해서 공부해야 할 때 도움이 된다. 칸막이 책상 외에도 푹신한 소파가 곳곳에 즐비하여 수업과 수업시간 사이에 잠시 들러 과제물을 준비하거나 책을 읽을 때, 혹은 잠시 눈을 붙이고 싶을 때 유용하다.

또한 라몬트 1층에는 몇 년 전에 새로 개장한 '라몬트 카페'가 있고, 캐봇 주위에도 '그린하우스'라는 카페가 엎어지면 코 닿을 곳에 위치하고 있어 공부를 하다가 휴식을 취하기 안성맞춤이다. 자습기간이 시작됨과 동시에 자리 차지하기가 하늘의 별 따기가 되어 버리는 두 도서관은 학생들이 열심히 공부하는 공간이란 점은 똑같지만 서로 내부의 분위기는 사뭇 다르다.

라몬트는 아늑한 실내 분위기와 부드러운 조명 탓인지 학생들의 학업에 대한 열기가 느껴지면서도 전체적인 분위기가 화기애애한 반면, 캐봇은 그 안에 들어서는 순간 학생들의 두뇌 돌아가는 소리가 온몸으로 느껴질 정도로 분위기가 긴장되고 다소 삭막하다. 우리끼리 우스갯소리로 공부할 양이 미치도록 많은 날은 캐봇으로, 조금 많은 날은 라몬트로 가자는 말을 할 정도이다. 실제로 라몬트 카페는 전교생의 '사교장소' 라는 말이 나돌 정도로 항상 학생들로 북적대고 활기차다.

"어제 캐봇에서 과자를 먹으며 공부하는데 하도 옆사람들이 눈치를 주길래 과자를 커피에 찍어 먹었어. 그러니까 눅눅해져서 씹는 소리가 안 나더라고. 어떤 맛이었는지는… 우웩, 생각하고 싶지도 않아."

"난 라몬트에서 샌드위치도 먹어 봤는데… 경비 아저씨한테 걸리긴 했지만."

라몬트와 캐봇 이외에도 외부인들에게도 잘 알려진 '와이드너 도서관' 은 92km에 달하는 책 진열대에 300만여 권의 장서를 보유하고 있어 명실공히 하버드 최고의 도서관이라 불린다. 와이드너 도서관은 그 웅장한 외관뿐만 아니라 내부 독서실들도 고풍스럽고 아늑하게 꾸며져 있어서 학생들에게 저절로 공부할 마음을 불어넣어 주곤 한다. '기분' 이라는 게 어떻게 그렇게 사람의 마음을 좌지우지하는지 신기할 뿐이다. 끝없이 이어진 '와이드너 도서관' 의 책 진열대 사이를 걷다 보면 인류 역사와 함께 축적되어 온 인간들의 무한한 지식과 경험을 다시 한 번 느끼게 되면서 말로 표현할 수 없는 위압감도 들지만 말이다. 실제로 영문학 전공인 내 친구 안드레스는 와이드너 도서관이 세상에서 가장 슬

▲ **하버드의 상징, '와이드너 도서관.'**

1907년 하버드 졸업생이자 책 수집광이었던 '해리 와이드너'는 타이타닉호에서 운명을 달리하고, 그의 어머니는 그의 이름을 딴 '와이드너 도서관'을 지어 달라며 하버드대에 거금을 기부했다고 한다.

▼ **와이드너 도서관의 원거리 모습.**

픈 곳이라고 했다.

“소라, 이곳에 있으면 내가 얼마나 작은 존재인지를 깨닫게 돼. 위대한 문학 작품들이 너무 많은데 평생을 바쳐도 다 읽을 수 없다는 사실이 너무 슬퍼.”

마지막으로 CGIS(하버드 정치 · 국제학 연구소)의 ‘펑Fung 도서관’을 소개하고 싶다. 펑 도서관은 지하 1층에 위치하고 있는데 자연채광 확보를 위해 높게 트인 유리 천장과 인체공학적으로 설계된 의자들로 이루어진 도서관 내부는 학생들에게 안락한 환경을 제공해 준다. 특히 도서관과 연결되어 있는 컴퓨터실에는 겨울정원이라는 쉼터가 있는데 피라미드형 유리로 탁 트인 천장과 화초가 자라고 있는 가든, 그 옆을 둘러싼 푹신한 벤치들이 학업에 지친 영혼들에게 휴식을 제공해 준다. 사회학 전공인 난 특히 학기말 자습기간이 되면 몇 십 장에 달하는 페이퍼를 써 내야 하는 ‘죽음의 2주’를 맞이하곤 하는데 나와 비슷한 운명에 처해져 있는 친구들과 함께 이곳을 찾아 신세한탄 및 원기회복을 하기도 한다.

이렇게 도서관마다 모습이 다르고 분위기가 달라 나는 ‘도서관 순회’를 즐긴다. 한 도서관에 너무 오랜 시간 있으면 좀이 쑤시고 정신까지 멍해지기 때문에 친구들과 함께 ‘오늘의 도서관 순회 계획’을 짜고 그대로 실천에 옮기곤 한다. 각 하우스마다 도서관이 꼭 있기 때문에 순회할 도서관의 옵션은 무궁무진한 것이다. 특히 자습 · 기말고사 기간에는 도서관 순회가 삶의 유일한 낙이 될 정도로 그 재미가 쏠쏠하고 집중력 향상의 효과까지 준다.

3학년 봄학기가 끝을 향해 달려가고 있던 5월 초, 나는 자습기간이 끝나는 날까지 80장에 달하는 페이퍼를 쓰고 시험공부를 해야 했는데 그땐 HRO 한국 순회공연을 3~4주 앞둔 막바지였기 때문에 공부에 총력을 기울일 수가 없었다. 하지만 페이퍼와 시험은 학기말 성적의 30~50%을 차지하고 있었기 때문에 난 두 마리의 큰 토끼들을 한꺼번에 쫓아야 하는 상황이었다. 둘 다 잡을 수 있을지는 미정이었지만.

그래서 선택한 방법이 바로 이 '도서관 순회'였다. 워낙 페이퍼를 위한 준비작업과 리서치를 오래 하는 형이라 나는 출국을 36시간 정도 앞두고도 20여 장을 더 써야 했는데 공항 가는 시간, 출국 수속을 하는 시간을 제외하면 채 30시간이 남지 않은 상황이었다.

HRO 리허설이 끝나자마자 밤 10시에 라몬트로 향한 나는 손가락만 움직이는 유령이 되어 꼼짝도 하지 않고 페이퍼를 썼다. 주위 학생들이 한두 명씩 자리를 떠날 때엔 묘한 승리감까지 느껴가면서 난 스스로를 다독였다.

'좀만 더 힘내자! 머리에 있는 걸 종이로 옮기기만 하면 되잖아? 파이팅, 소라!'

창 밖으로는 서서히 날이 밝아 왔고 난 '순회 도서관 #2'로 캐봇을 지목했다. 그런데 캐봇에 발을 디디는 순간 난 충격에 휩싸이고 말았다. 어둑한 실내에서 소파에 쭈그리고 앉아 새우잠을 청하는 학생들, 실신하다시피 책상에 뻗어 있는 학생들, 초점 잃은 눈으로 노트북을 들여다보는 학생들의 모습은 마치 유령 물고기들이 떠다니는 어항 같은 느낌이었다. 그 살벌함의 한기가 뼈 속까지 파고들어 난 집중을 할 수가 없었다. '급우울' 이라는 말이 바로 이런 것을 두고 하는 말이란 생각이 들었다. 난 일반 도서관들이 문을 여는 아침 9시가 되었을 때 캐봇 도서관 문을 박차고 나와 버렸다. 그리고 경비 아저씨가 열어 주는 셔터문을 지나 미대 도서관으로 들어가 구석에 자리를 잡고 다시 페이퍼에 매진했다.

저녁 6시, 나는 마지막 페이퍼를 제출함과 동시에 한 학기에 걸친 공부와의 전쟁을 끝냈고 기숙사로 돌아가 한국으로 갈 준비를 시작했다. 지난 1년 간 미운 정 고운 정이 들었던 기숙사 아담스 하우스 G21호 방에 인사를 하고 난 그렇게 새벽 비행기를 잡기 위해 공항으로 떠났다. 매순간이 바쁘고 고되지만 동시에 가슴 벅찬 성취감을 돌려주는 하버드에서의 1년이 기숙사 문을 나서는 순간 벌써 그리워졌다.

또다시 새로운 시작

"소라야, 넌 대학 졸업하고 뭐 할 거야? 난 요즘 취업 생각으로 잠이 안 와."

"사실 처음엔 로스쿨을 가려다가 대학원이냐 취업이냐를 놓고 고민을 정말 많이 했어. 또 한동안은 디자인을 공부하려고도 했다? 진짜 너무 머리가 아파."

4학년을 바라보는 나이가 되니 요새는 친구들과 만나도 졸업 후 진로 얘기를 하기에 바쁘다. 불과 몇 년 전만 해도 대학원 진학이나 취업 문제로 골머리를 앓는 선배들을 볼 때면 나와는 거리가 먼 이야기라고 생각을 했는데 벌써 시간이 이렇게 흘러 버린 것이다. 대학입시라는 관문을 넘고 잔뜩 부푼 마음을 가지고 대학생활을 시작했던 것이 엊그제 같은데 이제 우리는 또다시 새로운 시작을 해야 한다.

미국 대학에서는 졸업식을 '시작' 이라는 의미의 'commencement' 라고 부르는 경우가 많은데 대학 졸업과 동시에 삶을 향한 또 다른 '시작' 이 시작되기 때문이다. 가끔씩은 나에게 예지 능력이 있어서 미래를 미리 알 수 있다면 얼마나 좋을까 하는 생각을 해보지만 그렇지 못하기 때문에 인생살이가 더 가치가 있는 것 아닌가 하는 생각도 든다.

학교에서 친구들과 진로에 대한 고민을 나누다 보면 항상 거론되는 사항들이 몇 개가 있다. 과연 우리가 각자 가지고 있는 인생의 '궁극적인 목표' 를 향해 지금부터 그 중간 스텝들을 어떻게 밟아가야 하는지 아리송하다는 것이다. 예를 들어 훗날 비영리 단체나 재단을 운영하고 싶을 경우엔 처음부터 그 쪽 분야의 밑바닥부터 경험을 쌓아 나가야 하는 것인지, 아니면 젊은 시절에는 돈을 많이 벌어 놔야 나중에 자신이 진정 원하는 일을 할 수 있을지에 대해 고민을 한다. 혹시 후자가 스스로의 금전적인 욕심에 대한 자기 합리화는 아닐까 하는 생각과 함께 말이다. 이상과 꿈, 그리고 현실 사이에서 어떻게 줄다리기를 해 나가야 하는지가 가장 큰 문제거리인 것 같다.

또한 어느 나라나 마찬가지지만 명문대 졸업생이라는 꼬리표가 당장 대학원이나 직장을 지원하는 데 있어서 도움이 되기도 하지만 또 그만큼의 큰 부담감으로 다가오기도 한다. 사실 대학 이름과는 상관없이 개인의 능력은 다 다르고 명문대라고 일을 더 잘하는 것도 결코 아닌데, 일단 그 꼬리표에 합당하는 세상의 기대치와 기준치를 자기 자신의 진로 선택에 있어 부과하다 보니 스스로를 만족시키기가 힘들고 그 과정에서 스트레스도 많이 받게 된다. 많은 사람들이 하버드를 졸업하고 나면 취업은 문제없겠다고 생각을 하는데 정작 학생들은 그에 대해 고개를 내젓곤 하는 이유가 여기에 있는 것 같다.

특히 요즘처럼 세계적으로 경기가 좋지 않은 때는 하버드 졸업생들끼리 서로 피 터지는 경쟁을 하여 좋은 직장을 얻고, 직장을 얻어서도 언제 회사에서 해고될지 모르는 불안감 속에서 살벌한 경쟁을 해야 하는 경우가 많다. 만약 졸업 후 대학원 진학이 목표라면 어떻게 학점관리를 완벽하게 하고, 수많은 학생들 중에서 교수의 눈에 띄어 좋은 추천서를 받아야 하는지 등의 고민을 하게 된다.

물론 위에 나열한 사항들은 어떻게 보면 나부터 쉬쉬하고 싶은 지극히 현실적인 이야기들인지도 모르겠다. 순수 인문학을 중요시하고 또 그런 풍토를 적극적으로 권장하는 하버드를 자랑스럽게 생각하는 재학생으로서 난 하버드 학생들이 모두 졸업 후의 진로는 전혀 개의치 않고 자신의 학문에만 전념한다고 말하며 다니고 싶다. 또 사실로 그런 학생들도 학교엔 참 많다는 말도 함께 덧붙이고 싶다. 평생 자신이 선택한 분야의 길을 묵묵히 걸어가고자 하는 뜻 있는 학생들이 말이다. 하지만 사실 미국이라고, 또 하버드라고 별 수 있겠는가. 어디나 졸업 이후의 학업, 취업 전쟁은 벌어지고 있고 수많은 하버드생들이 그 전쟁에서 패하고 상처받고 좌절하는 것이 현실이다.

이런 와중에서 나도 요즘 참 많은 고민을 하고 있다. 평소엔 미리 걱정을 하지 않는 스타일이지만 이젠 졸업 후의 삶을 준비하는 입장에서 긴장과 걱정이 되는 것을 부인할 수가 없다. 나 또한 궁극적인 목표를 위한 중간 단계들을 선택하는 과정에 있고, 스스로에 대한 기대치와 기준치를 비교해 가며 현실에서 끝없이 조율을 해보고 있다.

또한 나는 학교의 다른 친구들과는 달리 한국 유학생이라는 '신분적 요소' 와, 상투적으로 들릴 수도 있겠지만 정말 진심을 담아 이야기하자면 먼 훗날 우리나라의 발전을 위해 일할 수 있는 큰 그릇이 되고 싶다는 '개인적인 목표' 가 있기 때문에 당장의 진로를 생각하는 데에 있어서 좀더 생각이 많아지는 것 같다.

대학생들은 고등학교 시절이 고생스럽기는 해도 가장 행복할 때라고 말하고, 사회인들은 그래도 사회에 나오기 전인 대학생 때가 가장 편할 때라고 말한다. 얼마 전에 친척 동생들이 서로 이야기를 나누는 것을 들었는데 초등학교 2학년짜리가 어이가 없다는 듯 1학년짜리에게 말했다.

"야, 1학년이 힘들다고? 내년 되어 봐라. 2학년은 진~짜 힘들다."

과거를 회상하며 적어도 현재보다는 낫다고 생각하는 것은 나이와 학년을 불문하고 다 똑같은가 보다. 지금 나의 고민들도 먼 훗날 사회에 나가 되돌아봤을 땐 대학생일 때만 허용이 되는 '팔자 좋은 소리' 정도로 남게 될까.

스물네 살 시절의 성소라가 10년 뒤의 나 자신에 의해 또 어떤 모습으로 평가가 될지 모르겠지만 난 일단 지금 나에게 주어진 젊음의 순간들을 최대한 멋지게, 행복하게, 그리고 열심히 살아가 보련다. 인생의 선배님들의 발자취를 따라 그분들의 조언을 마음속 깊이 새겨듣고, 또 뒤따라오는 후배들을 힘차게 끌어 주며 그렇게 차근차근 나의 미래를 준비해 보고 싶다. 지금 이 순간까지 하나님의 치밀하신 계획하심 안에서 한없이 미약하기만 했던 내가 넘어지지 않고 걸어올 수 있었던 것은 순전히 하나님의 사랑과 은혜가 있었기 때문이라고 생각한다. 그리고 앞으로도 그분의 뜻을 믿고 나아가고자 한다. 이제부터 시작될 나의 또 다른 시작을 위해 젊은 그대들과 함께 열심히 달려 나가고 싶다.

가을의 하버드 야드.

하버드 수시입학 제출 에세이 I: "정복자"

Conqueror

My ambition is to conquer the world. Neglecting those mocking faces of people who take it as another cliche, I have stuck to it doggedly. But then, how?

I have thought of two methods that worked in the past, at least for some measure of time, force and ideology. However, both suffered from a fundamental flaw: ignorance of people's fundamental needs.

Many have tried force. Ghengis Kahn's empire and Alexander's empire that ruled over Middle Asia are some of the most salient examples. But the force-achieved invasion, whatever form it had taken, always had its declining stage at the end. At first, the balance of the system was attained by exerted force. As the system developed, it failed because of the presence of corrupted culture, derived from the evil side of human tendencies called "greed."

Many ideologies have attempted to manipulate the thoughts

and lives of people within a society; Confucianism confined East Asians' private and public lives to its own moral principles. However, preserving the "purist" form of ideology made it difficult to be responsive to change. Communism attained fanatical support from the people at first, but waned as those same people began to adhere too rigidly to ideology, failing to accommodate capitalism and free competition. In sum, ideology doesn't take into consideration dynamic changes in people's fundamental needs.

The failings of these methods point to a more compelling method: that of culture. By definition, culture is people's learned responses to their basic needs. Culture defines a template, or a shaping model, to regulate responses to change. Without making its presence obvious, culture can penetrate through the minds of people, evolve with time, and create dependencies to ultimately change the world.

Ancient Mayans, for instance, responded to their constant impulse to chew by chewing gum-like substances. Chewing became everyone's part of life when Wrigley Jr. packaged a stick of gum wrapped in a silver foil. His template—Unwrap it, Chew it, Spit it—survived the continuous change of people's tastes with new flavors, images, and ideas. Wrigley indeed conquered the world by sneaking into the everyday habits of people.

Although it may contradict the notion that culture is a conscious response, I believe people sometimes respond to their needs unconsciously. Culture can also touch the common needs of people without affectation. Imagine! Himalayan horse-riding nomads with own rhythms of herding cattle. Oriental farmers raking heaps of manure by swaying their bodies to certain rhythms. Musicians and artists using their cultural rhythms to reaffirm their national spirit. They all, without realizing it, have been responding to their need to work efficiently, ease labor, and evoke artistic inspiration with rhythms passed down in their heritage from time immemorial.

Rhythm! This may just be the means to conquer the world. I am going to collect all the latent rhythms hidden in human society. The more basic the rhythm, the more applicable to people around the world. Assorted rhythms will not be packaged in wrappers like a stick of gum; I don't want affected behaviors stopping people from tapping into their original being. People around the world who lack unconscious culture will enjoy my packaged rhythms. The template of using my product will be Feel, Enjoy and Live with it. No spitting required.

하버드 수시입학 제출 에세이 II: "구부러진 길 위에서의 여정"

Journey on the Winding Road

My schoolteachers disagreed with my decision to drop out of school. They thought I was too "normal" to be a dropout; I didn't have either a learning disability nor was I a super genius. What I had was a dream of becoming a world famous violinist performing at the Lincoln Center. I needed time to develop my creativity and musical mind as well as to sharpen my technical ability. But school left me with no time to discuss or practice the violin besides those mandatory hours of studying thirteen subjects per a semester. My parents, who were in the educational industry as professors, supported my idea. Finally, after much persuasion, my schoolteachers came around. I was set free from school, or as I saw it, from the rigid educational system of Korea. I was thirteen and ready to embrace the whole new world.

"A total master of twenty-four empty hours." I loved my title. These "empty hours" didn't mean a state of blankness but rather, in the word of Noh-tzu, an "active emptiness" filled with many possibilities.

I decided to experience every single thing I wasn't able to try until then. I set my own curriculum in preparation of the high school qualification exam. I peeped into others' lives through books, movie, and travel. I became addicted to Fritz Kreisler for his human qualities in music that I stayed up several nights listening to his recordings. I struggled with a single violin string for days to get a richer sound. I loved the tenseness of the violin bow; how it evoked an image of riding on a black stallion across the open fields of Plamir Plateau. Although I couldn't chat with my school friends as often as I had before, I felt more than compensated by making new acquaintances with whom I could share music.

Luck was on my side; some adults claimed to be my supporters and introduced me to the several renowned musicians. They also arranged for me to take an audition from Professor Hyo Kang of Julliard when he visited Korea. Every music major in my country dreamed of meeting him, and I, who was about to take the violin as a major, was accepted as one of his two private students. Like in a movie, opportunities knocked on the very door I was standing behind, so that I could greet them in one-by-one.

After one year of filling in those empty hours, I left for America by myself. I attended Eastern Christian Middle School (ECMS) in New Jersey during the weekdays and took a bus and subway to Manhattan every Monday to take violin lessons from

Professor Kang. Among the pushy mothers of Korean students at Julliard, I became the subject of gossip: There is a recent new girl who's coming to and fro from the boarding house in NJ every week by her own. They must have felt sorry for me. But I didn't care. I had my teacher and violin.

As I tread further into the classical music world, however, I came to see the reality. Inspiration and efforts were not everything I needed to become a violinist.

"Expensive, more expensive, most expensive!"

My fingers were producing the music not to bring joy to others, but as a vehicle to more fame, big budgets, and more expensive violins.

"Allegretto, Allegro, Presto!"

Amidst the atmosphere of placing higher value on younger musicians, classical music was stressing on the speed and exactitude like a modern science. I was no longer holding the violin with my heart but grasping it with two cold hands instead.

It was getting toward the end of my first year in New Jersey. I gave a speech as valedictorian and stepped down from the podium of ECMS's auditorium. Waving to the audience who gave me a cheerful standing ovation, I cried inside. It wasn't a performance on stage of Lincoln Center, and I didn't even know whether it was a dream worth attaining. I was empty inside and started to wonder whether it was too late for me to turn around and start over again. After weeks of self-conflict, I set myself free from the worries of speed and exactitude. I called my parents. And I told them I would quit majoring music and study back in Korea. It wasn't the dreadful practices or the competitiveness of the demanding industry, but rather the disappointment I felt as a result of the fact that I could no longer follow what brought me to music in the first place—that true essence of music, to make people feel, think, and come away with more. It required a great courage to return to my initial spot on the winding road.

Two and a half years of getting the most out of active emptiness disciplined me to survive the cramming academic schedule and still have enough room to think, be creative, and do other activities. I wanted to study about my own country before thrusting myself into the wider world, and struggle through the so-called "deadly" high school years of Korea.

Leaving behind what I had achieved in music and at school to begin a new life in Korea might have been a great loss to me. Perhaps I have been taking a winding road toward Harvard. But it was a road where I could equip myself with a truer identity before taking onto a much greater and multifaceted journey, filled with even greater ability for self-discovery.

에필로그Epilogue♥

놓칠 수 없는 시간이기에

"여러분!! 박태환 선수가 해냈습니다! 한국 수영 사상 최초로 자유형 400m 결승에서 금메달을 따냈습니다!"

태극전사들과 함께했던 2008년 여름은 참 행복했던 것 같습니다. 비록 흐르는 시간과 함께 언젠간 '2008 베이징 올림픽' 열기 또한 식어 버리겠지만 우리는 선수들이 흘렸던 눈물과 땀을 잊지 못할 것입니다. 끝없는 자기 자신과의 싸움으로 세상에서 가장 '무거운' 희망을 들어올린 장미란 선수, 어려운 여건 속에서도 보란 듯이 세계 야구를 제패한 우리 야구 선수들, 또 결과와는 상관없이 자신의 한계를 넘어 최선을 다해 준 많은 태극전사들의 그 당당한 모습을 보며 같은 대한민국 사람으로서 무한한 자긍심을 느낍니다. 자랑스럽고 또 자랑스럽습니다.

예전엔 올림픽 출전 선수들이 모두 언니 오빠, 또는 아줌마 아저씨들이었는데 언제부터인가 저보다도 훨씬 나이 어린 선수들이 대한민국의 이름을 드높이며 세계를 제패하고 있으니 참 놀라울 뿐입니다. '언제 이렇게 시간이 지나 버렸지?' 라는 풀리지 않는 의문과 함께 '2012 런던

올림픽' 은 좀 천천히 와 줬으면 하는 바람이 듭니다. 살면서 힘든 기억도 있지만 소중한 추억이 더 많은데 거침없이 흘러가 버리는 시간이 너무 아쉬워서요.

아직은 스물넷의 어린 나이지만 조금씩 세상을 다르게 볼 수 있는 눈이 생기는 것 같습니다. 그리고 새로운 눈으로 바라보는 세상엔 위대한 사람들이 너무나도 많습니다. 비록 세속적인 성공의 기준으로 보았을 땐 대단하다고 할 수 없어도, 또 우리에게 '와!' 라는 희열을 느끼게 해 주는 능력은 없어도, 생각하면 생각할수록 마음속 깊은 곳에 감동을 주는 사람들이 우리 시대의 진정한 위인들이 아닐까 하는 생각이 듭니다. 사람들의 빡빡한 일상 속에 부드러운 '생크림' 이 되어 줄 수 있는 그런 사람들 말입니다.

사실 처음엔 미국 명문대학의 학생이 되었다는 사실이 너무 행복했습니다. 그 사실에 스스로 취해도 보았고 자랑스러워도 해보았습니다.

많은 관광객 분들이 하버드 캠퍼스를 찾아 주시니 저의 그런 알량한 오만이 사그라질 새가 없었던 모양입니다. 어쩌면 제가 지난 3년 동안 더욱더 열심히 살려고 노력했던 것도 저에겐 과분하기만 한 '하버드생' 타이틀에 대해 최소한의 밥값이라도 하기 위함이었을지도 모릅니다. 더 큰 꿈을 이루기 위해 기꺼이 밤잠을 포기했지만 사실 마음속 깊은 한구석에선 그보다 먼저 '넌 충분히 자격이 있어' 라는 스스로를 위한 자기 합리화가 이루어지고 있었을 테니까요.

누군가가 그랬습니다. 하버드 신입생 중 80%가 스스로 하버드에 입학할 자격이 없다고 생각하지만 4년이 지나 졸업할 무렵이 되면 '난 역시 자격이 있었어' 라고 생각한다고요. 이제 저도 졸업할 날이 1년 앞으로 다가오고 있으니 그런 생각이 들 법도 한데 전 아직도 자기 합리화에 성공하지 못했나 봅니다. 아니, 전 아마 평생 성공할 수 없을 것 같습니다. 저의 미래에 있어 든든한 버팀목이 되어 줄 하버드에서의 4년이 평생 과분하게 느껴질 것이고 그래서 지금처럼 언제나 더 열심히 살아가려고 발버둥치지 않을까 싶습니다.

이제 그 끝없는 발버둥의 길 위에서 세상의 '생크림' 같은 존재가 되고 싶다는 큰 꿈이 생겼습니다. 제가 인위적인 노력을 가한다고 해서 이룰 수 있는 꿈이 아니라는 것을 잘 알고 있습니다. 아직은 그 꿈을 어떻게 이루어 나가야 할지도 잘 모릅니다. 그래도 그냥 한 번 믿어 보려고 합니다. 제가 선택한 길을 따라 묵묵히 걸어가다 보면 언젠가는 그렇게 다른 사람들에게 힘이 되고 감동을 줄 수 있는 사람이 될 수 있을 것이라고요.

내년 이맘때쯤에는 제가 또 어떤 모습으로 대학 이후의 삶을 맞이하고 있을지 모르겠지만 항상 자랑스러운 대한민국의 딸임을 잊지 않고 행복하게, 힘차게, 최선을 다해 나아가겠습니다.

'생크림 같은 꿈' 을 향한 놓칠 수 없는 시간이기에…